U1076541

建设工程纠纷案件
疑难法律问题及案例精析

孔令昌 —— 编著

中国法制出版社
CHINA LEGAL PUBLISHING HOUSE

自　序

2021年1月1日《民法典》[①] 施行，同日施行的还有《最高人民法院关于审理建设工程施工合同纠纷案件适用法律问题的解释（一）》（以下简称《建设工程施工合同司法解释（一）》），同时废除了最高人民法院此前关于建设工程施工合同的所有司法解释。这标志着建设工程施工合同纠纷案件的法律适用问题进入一个新的阶段，《民法典》和《建设工程施工合同司法解释（一）》既对建设工程领域的法律适用问题进行了系统总结，又有所创新。

借此良机，笔者再次对建设工程领域的法律法规系统地进行了学习和研究，并对自己十多年来从事建设工程领域法律服务的实务经验和教训进行回顾和反思。建设工程领域的法律实践经过几代法律人，尤其是建设工程专业法律人的不断探索，已逐渐成熟，并日益发展为一个专业的法律领域。建设工程领域的法律思维初见端倪，部分法律争议问题也已有定论，但是实践仍在不断发展，新的问题也还在不断出现。

笔者将多年学习与办案的心得体会和实务经验进行梳理和总结，形成这部著作。本书不想面面俱到地介绍建设工程领域的法律适用问题，而是抓住时下实务中关注度较高的疑难法律问题做些分析，兼顾整个建设工程领域法律体系的系统性。既然是疑难、有争议的法律适用问题，自然是百家争鸣，各有主张，因而，作者的观点也不免偏颇甚或错误。好在笔者精心选择了最高人民法院和部分高级人民法院的典型判例作为探讨分析的例证，增加几分可信度，对于相关问题的厘清是较为权威的佐证。需要说明

① 为便于表述，本书中所有法律文件名称中起始的“中华人民共和国”均予以省略。

的是，本书所收录案例均来源于裁判文书网等专业网站。为了更简洁、明了地释明相关法律问题，便于读者阅读，也为了更好地保护案件当事人的信息，我们对收录的案例均进行了改编，包括对当事人的情况以及与本书想说明的主要法律问题无关的情节均作了简化处理。

真诚地希望本书能给从事建设工程领域的法律人带去一定的启发，同时也能作为与资深建设工程专业法律人商榷的媒介，从而对有志于从事建设工程领域法律研究和司法实务的新人们起到抛砖引玉的效果。

是为序！

2021 年 6 月于庄胜

目　录

Contents

·第一章·

建设工程招标投标疑难法律问题

一、通过招标投标程序订立建设工程合同的成立时间问题

通过招标投标程序签订建设工程合同的，建设工程合同是在中标通知书发出时成立，抑或在中标通知书到达中标人时成立，还是在招标人和中标人签订建设工程合同书时成立？由于法律没有明确的规定，在建设工程司法实践中仍存在争议。

笔者认为，通过招标投标程序订立建设工程合同的，建设工程合同的成立时间是中标通知书到达中标人之日。具体阐述如下：

（一）依据《民法典》的规定，采用合同书形式订立的建设工程合同应自双方当事人在合同书上均签名、盖章或者按指印时合同成立，对于通过招标投标程序订立建设工程合同的，合同成立时间并不明确

对于合同成立的时间，《民法典》第四百八十三条规定："承诺生效时合同成立，但是法律另有规定或者当事人另有约定的除外。"对于承诺生效的时间，《民法典》第四百八十四条、第一百三十七条规定，以通知方式作出的承诺，到达相对人时生效，采用到达生效主义。按照通说，中标通知书的法律性质属于承诺。因而以中标通知书方式作出的承诺，应在到达中标人时生效。所以，依据《民法典》的规定，通过招标投标法律程序签订建设工程合同，应自中标通知书到达中标人时承诺生效，同时建设工程合同成立。但是，《民法典》第四百八十三条有但书的规定，如果其他法律有特别规定，应该适用特别规定。

《民法典》第四百九十条规定："当事人采用合同书形式订立合同的，自当事人均签名、盖章或者按指印时合同成立……"《民法典》第七百八十九条规定："建设工程合同应当采用书面形式。"依据以上两条规定，建设工程合同只有当事人在书面的合同书上签名、盖章或者按手印时才成立。《民法典》第四百八十三条和第四百九十条规定的内容应理解为一般和特殊的关系，第四百八十三条是对所有合同成立时间的一般规定，而第四百九十条是对采用合同书形式订立合同成立时间的特殊规定。建设工程合同作为一种书面合同书形式，依据《民法典》第四百九十条的规定，应该自当事人在建设工程合同书签名、盖

章或者按手印时成立。

《民法典》第四百九十条是对所有建设工程合同成立时间的规定，尤其是对没有经过招标投标程序订立的建设工程合同而言，当事人签名、盖章或者按手印时建设工程合同成立，自然没有任何问题。但是对于当事人通过招标投标程序订立建设工程合同的，是否适用本条，可能存在不同的理解，其成立时间在法律上尚不明确。

（二）《招标投标法》对招标投标建设工程合同成立时间的规定也不明确

《招标投标法》第四十五条第二款规定："中标通知书对招标人和中标人具有法律效力。中标通知书发出后，招标人改变中标结果的，或者中标人放弃中标项目的，应当依法承担法律责任。"对于该法律责任的性质，存在不同的解读，大多数人倾向于认为属于缔约过失责任，因为此时建设工程合同尚未成立，任何一方悔标的，属于在订立合同过程中存在违背诚实信用原则的行为，应该对另一方在订立合同过程中的损失进行赔偿。也有人认为属于违约赔偿责任，解读为违约赔偿责任的前提条件是中标通知书发出后，建设工程合同已经成立，否则违约责任就没有存在的条件。而如何解读中标通知书发出后建设工程合同已经成立，显然缺乏理论支持。因为根据承诺生效到达主义的立法规定，中标通知书在发出时还没有到达中标人，承诺还没有生效；承诺未生效，建设工程合同就不可能成立。

《招标投标法》第四十六条第一款规定："招标人和中标人应当自中标通知书发出之日起三十日内，按照招标文件和中标人的投标文件订立书面合同。招标人和中标人不得再行订立背离合同实质性内容的其他协议。"第五十九条规定："招标人与中标人不按照招标文件和中标人的投标文件订立合同的，或者招标人、中标人订立背离合同实质性内容的协议的，责令改正；可以处中标项目金额千分之五以上千分之十以下的罚款。"通过招标投标程序签订建设工程合同的，法律规定除招标人要发出中标通知书外，招标人和中标人还要签订书面合同。不签订书面合同的，根据《招标投标法》第五十九条的规定将受到行政处罚。

从对《招标投标法》第四十六条、第五十九条作体系化的解释来看，《招标投标法》对建设工程合同的成立时间还是倾向于双方签订书面合同时，但是并不明确。因为，如果中标通知书发出时或者中标人收到中标通知书时建设工程合同成立，那么再订立书面合同的必要性就会大打折扣。如果没有签订书面合同的必要性，那么法律也没有必要对不签订书面合同的行为进行惩罚。

《招标投标法》虽然强制要求招标人和中标人签订书面的合同，但是就是否只有签订书面的合同，建设工程合同才成立的问题，并没有明确。而根据我国法律部门的分类，《招标投标法》属于经济法部门，经济法既有私法的性质，规定民事主体相互之间的权利义务关系；也含有公法的内容，规定国家行政机关对经济活动的行政监管。而《招标投标法》更倾向于行政机关对招标投标的监管，所以强制招标人和中标人签订书面的建设工程合同显然是为了行政监管的需求，而不是对民事合同成立时间的规定。

（三）最高人民法院主张招标文件、投标文件、中标通知书可作为工程价款结算依据，即具有合同的性质，而不是在签订书面合同时建设工程合同才成立

《建设工程施工合同司法解释（一）》第二十二条规定："当事人签订的建设工程施工合同与招标文件、投标文件、中标通知书载明的工程范围、建设工期、工程质量、工程价款不一致，一方当事人请求将招标文件、投标文件、中标通知书作为结算工程价款的依据的，人民法院应予支持。"

依据该条规定，如果招标人和中标人在中标通知书发出后签订的建设工程合同与招标文件、投标文件、中标通知书载明的工程范围、建设工期、工程质量、工程价款不一致的，应该以招标文件、投标文件、中标通知书作为结算工程价款的依据，当事人签订的建设工程合同书不能作为结算工程价款的依据。既然能够作为当事人结算工程价款的依据，说明招标文件、投标文件、中标通知书已经产生法律约束力，当事人之间的合同权利义务关系已经成立，否则，就不能作为结算工程价款的依据。

最高人民法院明确了招标文件、投标文件、中标通知书的法律效力，明确肯定了招标文件、投标文件、中标通知书能够成为工程价款结算的法律依据。但是，对于招标文件、投标文件、中标通知书是何时在当事人之间成立建设工程合同，是在中标通知书发出时，还是在中标通知书到达中标人时，最高人民法院也没有给出明确的答案。

（四）中标通知书到达中标人时当事人之间建设工程合同成立，招标文件、投标文件和中标通知书构成建设工程合同

笔者根据法律法规及司法解释，结合建设工程招标投标的实际情形，认为招标文件、投标文件和中标通知书在招标人和中标人之间成立合同，且应在中标通知书到达中标人时合同成立，对当事人具有合同约束力，当事人此后悔标不签订书面合同，或者不按照招标文件和投标文件签订书面合同的，均构成违约行为，应承担违约责任，而不是缔约过失责任。

1. 招标文件、投标文件和中标通知书已经完全具备建设工程合同的所有内容，能在招标人和中标人之间成立合同

建设工程招标投标符合《民法典》关于合同通过要约、承诺方式成立的基本理论和成立的过程。但是建设工程招标投标与其他普通合同要约承诺成立的过程还不完全一样，招标文件和投标文件均具有很详细的合同内容。招标文件在理论和实践上一般被认为属于要约邀请，但是招标文件不是一般的要约邀请，其招标的内容非常详细，对建设工程的规模、质量标准、建设工期、最高限价和违约责任等建设工程合同的实质性条款都有明确详细的约定，并且附有建设工程合同文本，中标人和招标人要按照所附的合同文本签订建设工程合同，投标人如果对该合同文本有异议，应该在投标之前提出疑问，中标后原则上不得再提出异议，尤其是对合同的实质性内容不得提出异议，不得修改。所以在招标文件发出后，建设工程合同内容实际上已经基本具备。

投标文件在理论和实践上一般被认为是要约，但是投标文件的要约内容完全根据招标文件作出，而且投标文件必须完全响应招标文件中的实质性内容，主要是对建设工程价款、建设工程工期和建设工程质量标准等作出响应。如果不响应，或者不完全响应，招标人就会否决投标人的投标文件。

所以招标文件和投标文件结合在一起，就构成了建设工程合同的完整内容，中标通知书不过是招标人发出承诺的方式，是承诺的外在表现形式。在招标人确定中标人时，双方关于建设工程合同的内容已经完全确定，不得修改，法律也不允许修改。否则，如果招标人和投标人在中标后还能允许修改招标文件或投标文件的话，尤其是投标文件，招标的程序就没有存在的实质意义，对于其他的投标人也是不公平的，招标公开、公平和公正的法律价值也就荡然无

存了，招标的法律制度将形同虚设。这也就是最高人民法院为什么规定在当事人签订的建设工程书面合同和招标文件、投标文件发生冲突时，应该以招标文件、投标文件确定双方的权利义务，尤其是作为合同工程价款的结算依据。

2. 招标文件、投标文件和中标通知书成立合同的时间应该是中标通知书到达中标人时

第一，中标通知书发出时，虽产生法律约束力，但产生的不是建设工程合同成立的民事法律约束力，而是行政监管的法律约束力。

《招标投标法》第四十五条第二款规定："中标通知书对招标人和中标人具有法律效力。中标通知书发出后，招标人改变中标结果的，或者中标人放弃中标项目的，应当依法承担法律责任。"《招标投标法》规定中标通知书发出后就产生法律约束力，一方悔标的，要承担法律责任。这里对中标通知书发生法律效力采用的是发信主义，而不是到达主义。但是这里的法律效力不应理解为合同成立的法律效力，而应理解为行政监管上的法律效力。因为《招标投标法》属于经济法，而不是民事法律，所以《招标投标法》是从行政管理的角度规范招标投标行为，中标通知书发出后，对双方产生行政管理的法律约束力，如果一方违反，要承担行政处罚的法律后果。而对于双方民事上的法律效力，《招标投标法》没有作出规定，也不属于其规定的范围，应该由民事法律进行规范。

所以应正确理解《招标投标法》第四十五条规定的法律责任的性质。正如上文分析，在理论和实践上一般认为属于缔约过失责任，而不是合同违约责任，因为此时建设工程合同尚未成立。其实，从民事法律角度理解，其是对任何一方在中标通知书发出后悔标可能给另一方造成的损失如何承担民事赔偿责任的规定。这里的法律责任也是一种行政法律责任。《招标投标法实施条例》第七十三条规定："依法必须进行招标的项目的招标人有下列情形之一的，由有关行政监督部门责令改正，可以处中标项目金额10‰以下的罚款；给他人造成损失的，依法承担赔偿责任；对单位直接负责的主管人员和其他直接责任人员依法给予处分：……（三）中标通知书发出后无正当理由改变中标结果；（四）无正当理由不与中标人订立合同……"第七十四条规定："中标人无正当理由不与招标人订立合同，在签订合同时向招标人提出附加条件，或者不按照招标文件要求提交履约保证金的，取消其中标资格，投标保证金不予退还。对依法必须进行招标的项目的中标人，由有关行政监督部门责令改正，

可以处中标项目金额10‰以下的罚款。”这两条规定了违反《招标投标法》第四十五条的行政处罚责任。

因而，《招标投标法》第四十五条规定中标通知书发出时产生了法律约束力，但并不是在招标人和投标人之间成立合同的法律约束力，此时建设工程合同尚未成立。

第二，中标通知书到达中标人时，招标文件、投标文件和中标通知书在招标人和中标人之间成立建设工程合同。

根据《民法典》的规定，我国对承诺生效采取的是到达主义，即承诺到达要约人时生效，对要约人产生法律约束力。通过招标投标程序订立建设工程合同符合要约承诺的基本立法理论，所以建设工程合同也应在承诺生效时成立。中标通知书作为承诺的形式，在其到达要约人即中标人时生效，建设工程合同成立。

招标文件、投标文件和中标通知书已经具备建设工程合同的核心内容，如建设工程规模、质量标准、建设工期、工程价款、违约责任和争议解决等合同内容。招标人和中标人再签订的建设工程合同也不得与招标文件、投标文件和中标通知书的内容相违背。因而在中标通知书到达中标人时，建设工程合同内容已经确定且不得修改，建设工程合同当然成立。

如果认定中标通知书发出时承诺生效，建设工程合同成立，采用发信主义，就会与《民法典》规定的承诺到达主义基本立法理论相冲突，对我国民事法律的基本理论基础构成损害。

典型案例解析

案例1.1 招标投标建设工程合同的成立时间

——新疆某资源公司与某油田公司建设工程设计合同纠纷案

【案例来源】

（2016）最高法民再11号

【基本案情】

2008年3月2日，新疆某资源公司下属的北京商贸分公司（以下简称新疆某资源公司北京分公司）向某油田公司发出了《投标邀请函》及《中新资源EM油田50万吨产能建设地面建设工程设计标书》，就某地区中心资源EM油田50万吨产能建设地面建设工程设计项目进行招标邀请。

某油田公司应邀参加了该项目的投标。2008年3月17日，新疆某资源公司北京分公司向某油田公司发出了中标通知书，该中标通知书确定的设计费用标准为直接工程费的10%，同时记载某油田公司应于2008年3月22日与新疆某资源公司签订合同。但双方没有签订书面合同。在收到该项目中标通知书后，某油田公司实施了该项目的初设工作。2008年4月13日，新疆某资源公司北京分公司下发《审查程序通知》，主要内容：对《EM油田地面工程方案设计》进行审查。审查委员会主任为新疆某资源公司总经理。

2008年4月14日，新疆某资源公司北京分公司召开“EM油田地面建设工程初步设计方案审查会”。主持人为新疆某资源公司总经理。初步设计方案审查会议纪要记载：某油田公司完成的初步设计方案整体布局合理，基本反映了业主单位的设计要求，但对该初步设计方案提出了进一步完善相关技术参数的要求。嗣后，某油田公司对初步设计方案进行了完善。在此之后，新疆某资源公司一直未提供技术参数，导致某油田公司的设计工作无法继续进行，某油田公司多次与新疆某资源公司进行联系，但均未获得答复。另查明，在本案涉及项目的招投标过程中只有某油田公司和中国石油工程设计有限公司北京分公司参与。

某油田公司现提起诉讼，要求新疆某资源公司按照合同约定支付初步设计方案编制费，并赔偿自2008年4月15日至2008年11月29日共计176天的窝工损失。

新疆某资源公司答辩称：本案诉争工程设计项目不具备招标条件和设计条件，初步设计方案最终没有完成；EM油田属于A国，其所有权和经营权属于A国注册成立的公司，所以该设计项目应由A国公司依照A国的法律进行招标，新疆某资源公司无权依照中国法律进行招标，而新疆某资源公司北京分公司更无权在未经新疆某资源公司授权的情况下以其名义举办EM油田地面建设工程的设计招标。对于前述情况，某油田公司是明知的，即使新疆某资源公司北京分公司有权进行油田地面建设设计的招标，但是招投标行为违反了招投标法的诸多规定，主要体现在只邀请了两家参与招标，投标的单位也只有两家，某油田公司在开标之后对投标条款的内容作了实质性的修改，评标委员会的成员也根本不具备评标的资格，出售招标文件的日期至投标截止的日期不足20日，投标的截止日期与开标的日期也不一致，某油田公司对上述招投标行为中存在的违法违规行为是明知的，故招投标行为违反法律规定，应认定为无效。新疆某资源公司最终也没有与某油田公司签署设计合同。综上所述，新疆某资源公司和某油田公司之间没有成立合同关系，也不存在事实合同关系，双方如果因为设计合同未能成立而又遭受经济损失，那么也应该是在确定经济损失的大小和双方过错大小的前提下，公平地分配各自应当承担的法律责任。新疆某资源公司与某油田公司之间因未能成立委托设计合同关系而导致的责任承担，应当适用缔约过失责任原则。

【争议焦点】

1. 本案某油田公司与新疆某资源公司的建设工程设计合同是否成立？

2. 本案新疆某资源公司的法律责任如何认定，是承担缔约过失责任还是违约赔偿责任？

【法院裁判】

关于某油田公司与新疆某资源公司的建设工程设计合同是否成立及内容如何确定的问题，新疆某资源公司主张本案所涉及项目必须经法定招投标程序，同时主张因本案的招投标程序中存在诸多违反《招标投标法》相关规定的情节，因此招投标行为无效，进而某油田公司与新疆某资源公司之间的委托设计合同不成立。对此一审法院黑龙江省大庆市中级人民法院认为：并无相关法律规定本案涉及的项目必须经招标投标程序。由于整个招标过程是由新疆某资源公司负责，虽然在招标过程中存在瑕疵，但导致上述问题的原因在于新疆某资源公司的招标行为不规范，新疆某资源公司主张某油田公司对此招标过程中存在的违规行为是明知的，并无证据支持。某油田公司依照新疆某资源公司的邀请参与投标，其在投标过程中并无违规行为，因此新疆某资源公司应对此承担不利后果，新疆某资源公司不能依据此理由对抗某油田公司的主张。某油田公司与新疆某资源公司之间的建设工程设计合同成立，某油田公司向新疆某资源公司发出的投标文件应视为合同的要约行为，新疆某资源公司向某油田公司发出的中标通知书应视为对某油田公司要约的承诺。由于新疆某资源公司发出的中标通知书并未对某油田公司的投标文件进行实质性内容的改动，因此某油田公司与新疆某资源公司之间的合同应依照某油田公司的投标文件及新疆某资源公司的中标通知书来确定。

关于某油田公司与新疆某资源公司责任承担问题。某油田公司依照双方成立的事实合同约定及时完成了涉诉项目的初步设计方案，并且此方案受到了新疆某资源公司组织的审查，审查结论为“一是业主应根据上述要求，尽快提供满足设计要求的各种技术参数；二是设计单位要按上述要求和业主提供的技术参数，对初步设计方案进行完善；三是对涉及须由业主决定的不同方案，设计方案中应进行对照比较，以便业主向董事会汇报后作最后确定”。因此，新疆某资源公司关于某油田公司并未完成初步设计方案的主张，一审法院不予支持。现新疆某资源公司未能继续提供设计所需技术参数，导致某油田公司的设计无法完成，因此新疆某资源公司构成违约。

二审法院黑龙江省高级人民法院认为：虽然本案诉争工程在 A 国，但诉争工程的设计行为发生在中华人民共和国境内，故应适用中华人民共和国的法律。本案诉争工程系石油工程项目，总投资额约定为 5641 万美元。根据《招标投标法》第三条，国家发展计划委员会《工程建设项目招标范围和规模标准规定》① 第二条、第七条之规定，本案诉争工程的石油设计项目必须进行招投标。一审法院认定本案诉争工程的石油设计项目不属于必须进行招投标的项目，系适用法律有误。

新疆某资源公司与某油田公司委托设计合同依法成立，双方应按照招投标文件的内容履行各自的义务，新疆某资源公司主张其与某油田公司未形成委托设计合同法律关系，不予支持。

根据 2008 年 4 月 13 日新疆某资源公司下发《审查程序通知》及 2008 年 4 月 14 日召集某油田公司进行的“EM 油田地面建设工程初步设计方案审查会”纪要内容，某油田公司于 2008 年 4 月 14 日已完成了 EM 油田初步设计方案的部分内容。因而支持了部分设计费。

关于新疆某资源公司与某油田公司之间的委托设计合同是否成立并生效的问题。再审法院最高人民法院认为：根据《合同法》② 的规定，当事人订立合

① 2018 年 6 月 1 日废止，被《必须招标的工程项目规定》《必须招标的基础设施和公用事业项目范围规定》取代。

② 2021 年 1 月 1 日废止，并入《民法典》。

同，采取要约、承诺方式，承诺生效时合同成立。因此，判断合同是否成立的标准取决于双方当事人对合同的主要条款是否经过要约和承诺两个阶段并最终达成合意，双方当事人对合同的主要条款达成合意，意思表示一致时，合同即告成立。同时，案涉建设工程设计合同是以招投标方式订立的合同，尚应受《招标投标法》的调整。根据《招标投标法》的规定，公开招标的，应当发布招标公告；邀请招标的，应当发出投标邀请函。因此，作为公开招标的“招标公告”与作为邀请招标的“投标邀请函”具有相同的法律性质，其目的都是希望他人向自己发出要约的意思表示，在性质上为要约邀请。《合同法》第十五条①亦明确了招标公告为要约邀请。按照《招标投标法》第十九条、第二十七条、第四十六条的规定，招标文件中应当包括拟签订合同的主要条款，投标文件应当对招标文件提出的实质性要求和条件作出响应。双方应当按照招标文件和中标人的投标文件订立书面合同。从上述法律规定可以看出，经过招投标的合同，中标通知书生效后，双方的合同权利义务关系已经明确，合同的主要条款已经确定。

本案中，案涉EM油田50万吨产能建设地面工程设计项目系新疆某资源公司依照《招标投标法》的规定，以邀请招标的方式与某油田公司订立的。新疆某资源公司于2008年3月2日向某油田公司发出的《投标邀请函》系新疆某资源公司向潜在投标人发出的要约邀请。某油田公司收到《投标邀请函》后，按照新疆某资源公司的招标文件的要求，编制投标文件，对新疆某资源公司招标文件的实质性要求和条件作出响应，提出了设计项目的报价，参加了项目投标，递交了投标文件。某油田公司的投标文件内容具体确定，表明经新疆某资源公司接受，即受该意思表示约束，故某油田公司投标行为的性质应为要约；新疆某资源公司经过开标与评标程序，于2008年3月17日向某油田公司发出中新建2008－001号《中标通知书》，同意某油田公司的要约行为，新疆某资源公司发出的《中标通知书》的性质应为承诺，该中标通知书到达某油田公司时起承诺即生效。依照《合同法》第二十五条②的规定，承诺生效时合同成立。故双方当事人之间的建设工程设计合同已经成立。新疆某资源公司认为，此时

① 与本条相对应的条文是《民法典》第四百七十三条。
② 与本条相对应的条文是《民法典》第四百八十三条。

“双方作为合同主体的地位固定下来，但是合同内容有待双方进一步商榷”，双方当事人之间成立的是预约合同，不能认定新疆某资源公司与某油田公司之间存在或者成立委托设计合同关系，既无事实依据，又与《招标投标法》的规定相悖，不能成立，本院不予支持。

关于新疆某资源公司的违约责任，应支付某油田公司的设计费，最高人民法院同意二审法院认定意见，予以维持。

【律师解析】

在招标投标建设工程合同成立时间的问题上，本案是较为典型的案例。关于本案建设工程设计合同是否成立以及成立时间问题，一审、二审和再审法院均认为合同已经成立生效。一审法院和二审法院没有认定本案建设工程设计合同成立的时间，再审法院最高人民法院明确认定本案《中标通知书》到达某油田公司时承诺即生效，双方的建设工程合同成立。这对于类似案例具有很强的指导作用。

但是，在建设工程的司法实践中，仍然存在不同的认识和裁判标准。在（2012）绍民初字3554号民事判决中，法院认为，铭威公司作为招标一方，在履行招投标活动过程中已向施工企业即深圳公司发出了中标通知书，该中标通知书记载的中标价为19350000元总价包干。依据《招标投标法》第四十六条第一款的规定，招标人和中标人应当自中标通知书发生之日起三十日内，按照招标文件和中标人的投标文件订立书面合同。本案招标人与中标人未按照上述规定订立施工合同，中标合同并未成立，本院据此采纳被告的辩称意见。仍有一些法院持有该观点并据此裁判。

由于本案建设工程设计合同成立，某油田公司履行了合同部分义务，新疆某资源公司存在违约行为，所以法院依照中标通知书和投标文件的约定内容支持了某油田公司主张的设计费。

特别提示的是，通过招标投标程序订立建设工程合同的，其成立时间为中标通知书到达中标人之日，但是中标必须有效，如果中标无效，双方的建设工程合同不成立。

本案建设工程项目属于石油工程项目，依据当时施行的《工程建设项目招标范围和规模标准规定》第二条、第七条的规定，属于必须招标的项目。依据2018年6月6日施行的《必须招标的基础设施和公用事业项目范围规定》第二条和2018年6月1日施行的《必须招标的工程项目规定》第五条规定，本案石油项目也属于必须招标的大型基础设施、公用事业等关系社会公共利益、公众安全的项目。所以，本案建设工程设计项目进行了招标，虽然招标中存在违法违规行为，但是依据《招标投标法》的规定，招标中存在的违法违规行为不会导致中标无效，中标仍有效。所以在中标通知书到达中标人时建设工程设计合同成立。如果本案招标存在的违法违规行为导致中标无效，那么当事人双方之间的建设工程设计合同不成立。

二、招标人或中标人悔标的民事法律责任

1. 在中标通知书发出后到达中标人之前招标人或中标人悔标的，应当承担缔约过失赔偿责任

由于中标通知书发出后到达中标人之前，招标人和中标人之间的建设工程合同尚未成立，招标人悔标撤回中标通知书；或者中标人拒收中标通知书的，均属于当事人在签订合同过程中存在违背诚实信用原则的行为，应依据《民法典》第五百条的规定承担缔约过失赔偿责任。缔约过失赔偿责任赔偿的是一方的信赖利益损失，即一方当事人基于对对方当事人的信任而相信合同能成立，在缔约合同过程中产生的所有实际损失，但是不包括合同成立并履行后的预期利润等间接损失，因为此时合同尚未成立。

2. 在中标通知书到达中标人后，招标人或中标人悔标的，应承担违约赔偿责任

中标通知书到达中标人时，建设工程合同成立，招标文件、投标文件和中标通知书构成双方建设工程合同的内容。任何一方悔标的，应该承担违约责任。

《民法典》第五百七十七条规定："当事人一方不履行合同义务或者履行合同义务不符合约定的，应当承担继续履行、采取补救措施或者赔偿损失等违约责任。"依据该条规定，违约责任主要包括继续履行、采取补救措施和赔偿损失三种责任形式。所以一方悔标的，另一方可以诉请法院要求对方继续履行合同，要求对方按照招标文件、投标文件和中标通知书签订书面建设工程合同并履行，也可以要求对方赔偿损失。赔偿损失的范围，既包括当事人招标投标过程中产生的实际损失，也包括合同履行后可以获得的预期利益损失。对承包人而言，如果在签订书面建设工程合同前已经进场施工或者进行施工前期准备工

作，发包人悔标不签订书面建设工程合同书，承包人可以要求发包人继续履行建设工程合同，也可以追究发包人的违约责任。发包人不仅应赔偿承包人的实际损失，还应赔偿承包人的预期利润损失。对发包人而言，如果承包人在接到中标通知书后悔标，发包人既可以要求承包人赔偿招标投标过程中的损失，也可以要求承包人赔偿再次招标的损失，包括再次招标后合同价款高于原招标合同价款的差价损失。

违约赔偿责任与缔约过失赔偿责任的范围不同，违约赔偿责任的范围要大于缔约过失赔偿责任的范围，对违约一方有一定的惩罚性赔偿责任。这对于招标人和中标人有更大的法律约束力，一定程度上有利于遏制招标人和中标人违约悔标的行为，保证招标投标结果的稳定性和严肃性。

典型案例解析

案例 1.2　招标人悔标违约赔偿责任的认定

——铝业公司与厦门某公司建设工程合同纠纷案

【案例来源】

（2018）闽 02 民终 4782 号

【基本案情】

厦门某公司系裕景中心项目工程的建设方、发包方，某建设公司系总承包方。裕景中心项目幕墙分包工程（以下简称讼争工程）由厦门某公司于 2013 年 8 月发布招标文件进行招标。该招标文件中含有《分包合同书》《分包合同条款》《工料规范基本要求》等。《工料规范基本要求》中载明该工程正式开工日期以发包方开工指令所示的开工日期为准，分包单位须配合总承包工程的工期、总承包方的施工进度及供应单位的送货时间执行及完成本分包工程，以使总承包工程能在预定的完工日之前完成。之后，厦门某公司又对前述招标文件进行了修订，并对投标疑问进行回复。

铝业公司具有建筑幕墙工程专业承包一级资质，该公司于 2013 年 9 月 15 日向厦门某公司提交了相关投标文件，其中在商务标回标表格中载明，愿意按前述文件以 299990950. 82 元或依照分包合同文件规定的时间和方式而应该支付的其他款项，作为分包单位承担上述工程的代价；投标文件中还包括了铝业公司前述招标文件中所附的《分包合同书》《分包合同条款》《工料规范基本要求》等，并附有各项目的单价报价及综合单价明细。

之后，厦门某公司关于讼争工程的顾问单位公司自2013年9月29日起多次与铝业公司进行议标，并将投标总价调整为228808519.8元，双方议标过程直至2014年7月23日止。2014年7月30日，铝业公司收到了厦门某公司发出的《中标通知书》，载明铝业公司对讼争工程进行投标，并与厦门某公司就投标内容进行磋商，经双方友好协商后，现按下列条件正式委托铝业公司承包本工程。约定条件：（一）合同总价为228808519.8元，合同总价除按本合同的规定外，不能作任何调整；（二）合同工期：本分包工程正式开工日期以发包方开工指令所示的开工日期为准，工期为600个日历天……（五）合同文件：(1) 在招标过程中发出之往来文件为本分包合同的有效组成部分，其作为解释和执行本分包合同的依据……（4）在签署正式合同前，经分包单位签署回执的本中标通知书为有效的合同文件，对发包方及总承包方均有法律效力及约束力。《中标通知书》发出后，双方至今仍未签署书面分包合同，厦门某公司也从未通知铝业公司进场施工。

2014年9月12日，厦门某公司以电子邮件方式向铝业公司发出工作暂停函件，内容为：……我司已发出裕景中心幕墙中标通知书，选定贵司作为幕墙分包中标单位，因我司内部调整，现由我司合约顾问单位公司发函要求贵司暂缓本分包合同签署等相关工作……

2016年6月24日，铝业公司向厦门某公司发出一份《律师函》，告知其收到函件后10天内继续履行双方因招投标关系成立的建设工程施工合同，包括但不限于按照中标通知书内容完善分包合同文件，允许铝业公司进场施工等。厦门某公司已于次日收到该函件。2016年7月19日，铝业公司再次向厦门某公司发出一份《律师函》，载明因厦门某公司经多次催促仍不履行合同主要债务，铝业公司有权解除合同，告知双方因招投标成立的建设工程施工合同关系于厦门某公司收到该律师函时解除；厦门某公司已于次日收到该函件。

铝业公司向一审法院提出诉讼请求：厦门某公司立即赔偿铝业公司损失共计17367103.6元。审理中，铝业公司主张预期利润损失12104891.32元，包括《中标通知书》中原投标总价所对应的利润，在双方议标过程中的《综合单价明细表》有体现该部分利润金额；另还有《中标通知书》中 GFRC 板品牌更换为“倍立达”后价格增加部分的利润。

铝业公司主张合同已成立。本案采用招标投标方式订立合同，招标公告为要约邀请、投标文件为要约、中标通知书为承诺。经过双方要约承诺已确定合同主要条款，故合同已成立。厦门某公司在合同成立后拒绝铝业公司进场施工且未再回复铝业公司的行为已构成违约，依法应向铝业公司赔偿损失，损失范围包括预期利润损失、打印装订费用、出差补助、差旅费、工资及奖金。

厦门某公司主张合同未成立，本案应为缔约过失责任纠纷。本案为招标投标方式订立合同。依据《招标投标法》第四十六条的规定，招投标双方应在中标通知书生效后三十日内签订正式合同，该规定属于特别规定，应当得到适用。另，《合同法》① 规定合同应采用书面形式订立。因此，合同应于双方当事人签订书面合同时才成立。同时，关于预期利润损失 12104891.32 元：首先，该主张计算系源于铝业公司自制表格，不具客观性，不应予以支持；其次，工程未实际动工，铝业公司未有任何付出，也无须承担任何风险，即便应赔偿，也应予以大幅度扣减。

【争议焦点】

1. 本案建设工程合同是否成立，何时成立？

2. 本案赔偿责任如何认定，赔偿范围和数额如何确定？

【法院裁判】

一审法院福建省厦门市思明区人民法院认为：铝业公司于 2013 年 9 月 15 日向厦门某公司提交投标文件后，双方自 2013 年 9 月 29 日起多次进行议标，对投标总价作出调整。2014 年 7 月 30 日，厦门某公司向铝业公司发出《中标通知书》，其对分包工程项目、合同总价、合同工期、付款办法、商务及技术条件澄清、来往合同文件做出最终确认，应当认定《中标通知书》为不同于投标文件的一个新要约，铝业公司在《中标通知书》回执部分签字盖章的行为应视为承诺。然而，诱发争议的起因是《中标通知书》合同文件部分表明，双方当事人将另行签订正式合同。但是一审法院认为合同已成立，厦门某公司应向铝业公司承担包括赔偿预期利润损失在内的违约责任，理由如下：

① 已失效。

本案采用招标投标方式订立合同，理应先从《招标投标法》入手。依据该法第四十六条第一款的规定，招标人和中标人应当自中标通知书发出之日起三十日内，按照招标文件和中标人的投标文件订立书面合同。招标人和中标人不得再行订立背离合同实质性内容的其他协议。对比《合同法》第三十二条①的规定模式，即“自双方当事人签字或者盖章时合同成立”。因此，可以认定《招标投标法》第四十六条第一款并非对建设工程合同成立要件的规定，即并未规定合同于当事人签字盖章时才成立。本案中，厦门某公司发出的《中标通知书》为要约，且要约人在要约中明确约定不得再对合同总价作任何调整，故要约人要求承诺人于《中标通知书》回执部分签字盖章的行为明显为要求承诺人作出承诺行为，承诺人认可《中标通知书》内容并于《中标通知书》回执部分签字盖章的行为即应为承诺行为，此时应当认定双方对合同的主要条款已达成合意，权利义务已经明确，合同依法于承诺生效时成立。综上所述，本案不属于《合同法》第三十二条规定的采用合同书形式订立合同的情形，而应适用《合同法》第二十五条、第二十六条②的规定，即根据要约的要求作出承诺行为时承诺生效，承诺生效时合同成立。本案中也不存在法律规定或者当事人约定的附条件、附期限生效的情形，故合同于2014年7月30日成立时生效，对双方当事人均具有约束力。厦门某公司未依约履行合同义务，铝业公司要求其承担违约责任的请求可以成立，予以支持。

关于赔偿的数额，厦门某公司已于2014年9月12日通知铝业公司暂停准备工作事项，避免铝业公司同其他第三人签订相关合同而造成巨额利益损失，结合本案投标总价为228808519.8元，酌定预期利润损失为600万元。酌定打印装订费用损失为2万元、工资损失为50万元、差旅费损失为8万元。至于铝业公司主张的项目配备人员奖金系属铝业公司内部的奖惩管理制度，与本案无直接关联，对该部分诉求，不予支持。综上所述，酌定厦门某公司赔偿铝业公司各项损失合计660万元。

二审法院福建省厦门市中级人民法院认为：铝业公司与厦门某公司就涉案项目的价格，自2013年9月29日起进行了多次议标，厦门某公司向铝业公司

---

① 与本条相对应的条文是《民法典》第四百九十条。
② 与该两条相对应的条文是《民法典》第四百八十三条、第四百八十四条。

发出的《中标通知书》包含分包工程项目、合同总价、包干方式、合同工期、付款办法等内容，铝业公司收到《中标通知书》后亦按厦门某公司的要求，于2014年7月30日向厦门某公司进行回复，确认同意按《中标通知书》的条件接受厦门某公司的委托执行及完成涉案工程。可见，铝业公司接受了厦门某公司的要约并作出承诺，依照相关法律规定及《中标通知书》约定的"在签署正式合同前，经分包单位签署回执的本中标通知书为有效的合同文件，对发包方及总承包方均有法律效力及约束力"，一审法院认为双方当事人就涉案项目的合同已成立，并无不当。厦门某公司认为涉案合同未成立的理由，不能成立，本院不予采信。

双方当事人均应诚信地履行该合同，否则应承担相应的法律责任。虽然厦门某公司于2014年9月12日向铝业公司发出暂缓签署合同的工作函，但该行为为厦门某公司的单方行为，未得到铝业公司的认可。铝业公司已于2016年6月24日以律师函方式要求厦门某公司履行涉案合同、允许铝业公司进场施工，厦门某公司收到该函件后未予答复，铝业公司以厦门某公司拒绝履行合同义务为由，要求解除涉案合同，符合法律规定。铝业公司要求厦门某公司承担赔偿责任，有相应的事实和法律依据，应予以准许。按照《合同法》第一百一十三条[①]的规定，损失赔偿额包括合同履行后可以获得的利益，但应当以订立合同时当事人应当预见违约可能造成的损失额为限。铝业公司要求厦门某公司赔偿其预期利润损失符合上述法律规定，应予以支持，但铝业公司主张的包括打印装订费用、工资损失、差旅费等直接损失均系铝业公司为订立合同应当支出的费用，不应予以支持。铝业公司投标报价的金额包含每个单项工程的制作利润和安装利润，并以每个单项工程的价格为基础，根据相应的工程量，确定了投标总价为225808519.8元。厦门某公司亦确认其向铝业公司发出的《中标通知书》中的原投标总价（2013年11月20日）的金额225808519.8元系铝业公司投标总价，由此可见，厦门某公司接受了铝业公司包含利润的投标价格。铝业公司主张原投标总价225808519.8元对应的利润12046058.75元，有相应的事实依据，本院予以采纳。同理，因《中标通知书》中GFRC板品牌更换为"倍立达"后价格增加300万元的报价，亦包含制作利润58832.57元，亦应予以支持。厦门某公司应于本判决生效之日起十日内赔偿铝业公司各项损失。

① 与本条相对应的条文是《民法典》第五百八十四条。

【律师解析】

中标通知书到达中标人时，当事人之间的建设工程合同成立，招标文件、投标文件和中标通知书构成建设工程合同的内容，双方应诚信履行，任何一方违约，应承担违约赔偿责任。

当时有效的《合同法》第一百一十三条第一款规定："当事人一方不履行合同义务或者履行合同义务不符合约定，给对方造成损失的，损失赔偿额应当相当于因违约所造成的损失，包括合同履行后可以获得的利益，但不得超过违反合同一方订立合同时预见到或者应当预见到的因违反合同可能造成的损失。"依据法律规定，违约赔偿责任除了赔偿直接损失，还包括赔偿合同预期利益损失。

本案在认定铝业公司的预期利益损失时，将其建设工程合同的全部利润认定为预期利益损失，并由厦门某公司予以赔偿。主要是因为铝业公司在其投标报价中已经写明，厦门某公司已经明知，所以未超出厦门某公司应当预见的范围。关于预期利益损失如何认定是司法实践中的难题，如果建设工程合同根本未履行，要求违约一方赔偿守约方合同中的全部利润损失，就会造成守约方未做任何投入，却获得了全部投入的利润这一结果，该结果是否公平合理尚存争议，也有可能鼓励守约方故意造成违约方违约的不道德行为，对违约方的惩罚显然过重。至于预期利益的数额如何确定，要根据违约方违约行为的严重程度、守约方的实际损失等进行综合判断更为公平合理。解除已经部分履行的建设工程合同，其预期利益损失应以未履行部分的利润为基础，同时结合违约方违约行为的严重程度进行综合认定为宜。

律师提示，《民法典》第五百八十四条对《合同法》第一百一十三条仅仅做了细微修改，继续规定了违约赔偿预期利益损失。该条规定："当事人一方不履行合同义务或者履行合同义务不符合约定，造成对方损失的，损失赔偿额应当相当于因违约所造成的损失，包括合同履行后可以获得的利益；但是，不得超过违约一方订立合同时预见到或者应当预见到的因违约可能造成的损失。"对于建设工程的施工方而言，在投标或者签订建设工程合同时将合同的利润列明，有利于将来预期利益的索赔。对于发包人而言，应该将建设工程合同的利润率限定在一定的范围内，限定承包人利润索赔的最大数额，有利于保护其自身利益。

三、建设工程黑白合同的认定及适用问题

（一）建设工程黑白合同的认定

1. 建设工程黑白合同的含义

建设工程黑白合同并不是一个严格的法律概念，而是建设工程司法实践中的一种习惯性称谓。所谓建设工程黑合同一般是指招标人和中标人另行签订的与中标合同实质性内容不一致的合同。所谓建设工程白合同也就是中标合同，一般是指招标人与中标人根据招标文件、投标文件和中标通知书签订的建设工程合同。

2. 如何认定建设工程黑合同

认定建设工程黑合同应符合以下条件，并注意相应的法律问题：

第一，必须有一个合法有效的中标合同，即法律规定必须进行招标或者未规定必须进行招标的建设工程，均经过招标投标程序签订了合法有效的中标合同，事后又签订了与中标合同实质性内容不一致的合同，才能认定为黑合同。

如果是法律规定必须进行招标的建设工程未经过招标，或者经过招标但是中标无效的，签订的中标合同也无效，不存在合法有效的中标合同，也就不存在黑白合同的问题。如果签订多份建设工程合同，应该以反映双方真实意思表示并实际履行的合同作为依据。

如果不是法律规定必须进行招标的建设工程，也未经过招标投标程序订立建设工程合同，即使签订多份建设工程合同，不存在中标合同的问题，自然也不存在黑白合同的问题，多份建设工程合同可能均有效，也可能均无效，应根据当事人实际履行合同的情形确定双方的权利义务。

如果不是法律规定必须进行招标的建设工程，经过招标投标程序签订中标合同后又签订其他建设工程合同，但是招标程序违法导致中标无效或者虚假招标的，中标合同和其他合同是否有效，还存在争议。有人认为依据《建设工程施工合同司法解释（一）》第一条的规定，中标无效的建设工程合同无效，同时签订的其他建设工程合同也无效。有人认为不是法律规定必须招标的建设工程，即使中标无效，其签订的中标合同和其他建设工程合同只要体现了当

事人的真实意思表示，应该均有效，根据当事人实际履行合同的情形认定双方的权利义务关系。这种情形下，无论中标合同和其他合同的效力如何认定，均不存在黑白合同的问题，因为中标合同不是确定双方权利义务关系的唯一依据。

第二，黑合同与中标合同必须存在实质性内容不一致。《建设工程施工合同司法解释（一）》第二条第一款规定："招标人和中标人另行签订的建设工程施工合同约定的工程范围、建设工期、工程质量、工程价款等实质性内容，与中标合同不一致，一方当事人请求按照中标合同确定权利义务的，人民法院应予支持。"因而实质性内容是指工程范围、建设工期、工程质量、工程价款等。

第三，中标合同中的结算条款也可能被认定为黑合同的情形。《建设工程施工合同司法解释（一）》第二十二条规定："当事人签订的建设工程施工合同与招标文件、投标文件、中标通知书载明的工程范围、建设工期、工程质量、工程价款不一致，一方当事人请求将招标文件、投标文件、中标通知书作为结算工程价款的依据的，人民法院应予支持。"即签订的中标合同与招标文件、投标文件、中标通知书载明的工程范围、建设工期、工程质量、工程价款不一致的，应将招标文件、投标文件、中标通知书作为结算工程价款的依据，而中标合同中的结算条款将不被适用，但是中标合同并不会整体被认定为黑合同，仍为有效合同。因为司法解释只规定工程价款的结算依据招标文件、投标文件、中标通知书，没有规定工程范围、建设工期、工程质量的确定依据招标文件、投标文件、中标通知书，按照一般逻辑推理，工程范围、建设工期、工程质量的确定应依据中标合同。

第四，招标人和中标人在中标合同之外就明显高于市场价格购买承建房产、无偿建设住房配套设施、让利、向建设单位捐赠财物等另行签订变相降低工程价款的合同。该合同也属于背离中标合同实质性内容，应认定为黑合同，同时还应认定为无效合同。《建设工程施工合同司法解释（一）》第二条第二款规定："招标人和中标人在中标合同之外就明显高于市场价格购买承建房产、无偿建设住房配套设施、让利、向建设单位捐赠财物等另行签订合同，变相降低工程价款，一方当事人以该合同背离中标合同实质性内容为由请求确认无效的，人民法院应予支持。"

第五，依法不属于必须招标的建设工程进行招标，签订中标合同后因客观情况发生了在招标投标时难以预见的变化而另行订立建设工程合同的，虽然与中标合同实质性内容相背离，但不属于黑合同，要依据另行订立的建设工程合同确定双方的权利义务。这里所指的另行订立的建设工程合同，不是对中标合同的部分补充或变更，而是对合同整体实质性内容的背离。客观情况发生了招标投标时难以预见的变化，如何认定，尚待司法实践经验积累。

对于必须招标的建设工程进行招标签订中标合同后，实际履行过程中，建设工程因设计变更、规划调整等客观原因导致工程量增减、质量标准、工程价款或建设工期发生变化，当事人签订补充协议、会谈纪要等书面文件对中标合同的实质性内容进行变更和补充的，属于合同履行中的正常变更。补充协议、会谈纪要不属于黑合同，应以补充协议、会谈纪要确定当事人的权利义务。

（二）建设工程黑合同的法律效力

《招标投标法》第四十六条第一款规定："招标人和中标人应当自中标通知书发出之日起三十日内，按照招标文件和中标人的投标文件订立书面合同。招标人和中标人不得再行订立背离合同实质性内容的其他协议。"法律禁止当事人签订与中标合同实质性内容不一致的合同，但是对黑合同的法律效力，是无效还是有效，并没有明确。

《建设工程施工合同司法解释（一）》第二条规定："招标人和中标人另行签订的建设工程施工合同约定的工程范围、建设工期、工程质量、工程价款等实质性内容，与中标合同不一致，一方当事人请求按照中标合同确定权利义务的，人民法院应予支持。招标人和中标人在中标合同之外就明显高于市场价格购买承建房产、无偿建设住房配套设施、让利、向建设单位捐赠财物等另行签订合同，变相降低工程价款，一方当事人以该合同背离中标合同实质性内容为由请求确认无效的，人民法院应予支持。"

依据该规定，招标人和中标人在中标合同之外就明显高于市场价格购买承建房产、无偿建设住房配套设施、让利、向建设单位捐赠财物等另行签订的变相降低工程价款的合同无效。但是招标人和中标人另行签订的与中标合同实质性内容不一致的黑合同，是否无效没有明确，只是规定按照中标合同确定双方的权利义务。

笔者认为应该明确黑合同的法律效力为无效，这不仅统一了建设工程合同纠纷案件的裁判标准，同时也可对规范建设工程合同的签订和履行起到重要的司法引导作用。具体阐述如下：

1. 建设工程黑合同效力没有认定带来的法律问题

由于法律法规和司法解释没有明确规定黑合同无效，那么黑合同的效力就没有被法律所否认，其应该是有效的。既然是有效的合同，自然应该对双方产生法律约束力。

此时就产生一个问题，当事人均不请求按照中标合同，而是按照黑合同确定权利义务的，或者一方请求按照黑合同确定权利义务，另一方不反对的，人民法院应该如何适用呢？人民法院是依据中标合同还是黑合同认定双方的权利义务？因为黑合同也有法律效力，所以在双方均请求按照黑合同确定双方权利义务时，人民法院就会面临一个比较尴尬的问题：如果按照双方请求履行的黑合同确定双方权利义务，那实际上就等于认可了双方的黑合同而否决了中标合同，与建设工程相关法律的司法价值取向背道而驰；如果强行按照中标合同确定双方权利义务，又没有法律依据，与当事人的真实意思相违背，就会导致司法强行干预当事人意思自治的结果。

所以，应该对黑合同的法律效力作出明确的司法认定意见，明确否定黑合同的法律效力，不能在黑合同法律效力的认定上犹豫不决。

2. 认定建设工程黑合同为无效的法律依据及其对建设工程合同实践的重要司法引导价值

建设工程黑合同无效认定的法律依据是《民法典》第一百五十三条第一款的规定："违反法律、行政法规的强制性规定的民事法律行为无效。但是，该强制性规定不导致该民事法律行为无效的除外。"建设工程黑合同违反《招标投标法》第四十六条第一款的规定："招标人和中标人应当自中标通知书发出之日起三十日内，按照招标文件和中标人的投标文件订立书面合同。招标人和中标人不得再行订立背离合同实质性内容的其他协议。"因而建设工程黑合同违反了《招标投标法》的强制性规定。

但是，对于建设工程黑合同违反了《招标投标法》的强制性规定，是否一定导致其无效，可能会有争议。笔者倾向于认为建设工程黑合同违反了《招标投标法》第四十六条第一款的强制性规定应导致无效的法律后果。首先，该条法律规定是禁止性规定，即禁止招标人和中标人再行订立背离中标合同实质性内容的其他协议，如果当事人违反该条规定，再行订立背离中标合同实质性内容的其他协议，那么法律对其评价是否定的，即否定其法律效力，达到该法律条款禁止性规定的目的。其次，如果招标人和中标人再行订立背离中标合同实质性内容的其他协议，法律如没有否定其效力，那么就认可了其法律效力，最终禁止招标人和中标人再行订立背离中标合同实质性内容的其他协议的目的便落空，法律将形同虚设。

同时《建设工程施工合同司法解释（一）》第二条第二款规定，招标人和中标人在中标合同之外签订其他变相降低工程价款的合同无效。其他变相降低工程价款的合同与中标合同在工程价款上存在实质性不一致，也属于变相的黑合同。既然对在工程价款上背离中标合同实质性内容的其他合同，司法解释认定其无效，根据举重以明轻的基本法律原则，除包括工程价款外，还包括工程范围、建设工期、工程质量等均背离中标合同实质性内容的黑合同，当然更要认定为无效。

对建设工程黑合同明确认定为无效，对建设工程合同的司法实践具有重要的引导价值，能更好地规范招标投标建设工程合同的签订和履行，打消当事人在黑合同效力认定上打擦边球的侥幸心理。

（三）关于建设工程黑白合同的法律适用

依据《建设工程施工合同司法解释（一）》第二条的规定，建设工程黑合同不能作为认定合同当事人权利义务的依据，应以白合同即中标合同确定当事人双方的权利义务。

但是，《建设工程施工合同司法解释（一）》第二十二条规定："当事人签订的建设工程施工合同与招标文件、投标文件、中标通知书载明的工程范围、建设工期、工程质量、工程价款不一致，一方当事人请求将招标文件、投标文件、中标通知书作为结算工程价款的依据的，人民法院应予支持。"所以，当事人签订的中标合同与招标文件、投标文件、中标通知书在工程范围、建设工期、工程质量、工程价款有不一致的，应将招标文件、投标文件、中标通知书作为结算工程价款的依据。对于工程范围、建设工期、工程质量方面，还要依据中标合同确定当事人的权利义务。

如果不存在合法有效的中标合同，即中标合同无效，当事人签订的其他建设工程黑合同也无效，要参照当事人实际履行的建设工程合同确定双方的权利义务。

典型案例解析

案例 1.3　如何认定双方实际履行的合同

——福建某建设公司与泉州某房产公司建设工程施工合同纠纷案

【案例来源】

（2020）最高法民申 466 号

【基本案情】

2011 年 8 月 1 日，泉州某房产公司与福建某建设公司签订《建设工程施工合同》，约定福建某建设公司承包施工泉州某房产公司的某某商厦项目，范围为施工图涵盖的土建与安装工程，合同价款约 6300 万元等。福建某建设公司与泉州某房产公司将该份《建设工程施工合同》在建设管理部门备案。2011 年 10 月，双方又签订一份《建设工程施工合同》，约定承包的工程为某某商厦 B 地块，承包范围为施工图纸范围及工程预算书涵盖的土建、装饰工程，合同价款 4104 万元等。2012 年 1 月 12 日，泉州某房产公司向福建某建设公司发出《中标通知书》，确定福建某建设公司为中标人。案涉工程于 2013 年 6 月 16 日竣工后通过验收。福建某建设公司与泉州某房产公司出具一份《决算证明》，载明“某某商厦”项目，合同包干价 6300 万元，现已按工程包干价进行决算，工程款基本按合同约定拨付等。《决算证明》在泉州市城市建设档案馆备案。福建某建设公司向泉州某房产公司出具一份《某某商厦及地下室工程造价汇总表（土建工程）》，载明项目名称、建筑面积、工程造价、优惠 8% 后造价，并注明以上工程造价不包括外墙干挂、爆破经双方协商按 216313 元包干等。2013 年 7 月 26 日，福建某建设公司预算员陈某向泉州某房产公司出具一份《某某商厦结算汇总表（土建工程）》，载明合同包干价 4104 万元、合同内减少项目 878882 元、合同外增加 2153825 元、结算总价 42314942 元等。该汇总表上还签注“同意此结算”“以上工程造价无争议”。

【争议焦点】

是以2011年8月1日双方签订的《建设工程施工合同》还是以双方2011年10月签订的另一份《建设工程施工合同》作为结算依据?

【法院裁判】

福建某建设公司主张应以双方2011年8月1日签订并备案的《建设工程施工合同》以及根据该合同备案的《决算证明》(决算价为6300万元)作为工程款结算的依据。而泉州某房产公司主张双方2011年10月签订的另一份《建设工程施工合同》才是双方实际履行的合同,并应该以福建某建设公司预算员陈某根据这份合同提交的《某某商厦结算汇总表(土建工程)》(结算总价42314942元)作为结算依据。

本案一审、二审和再审法院根据福建某建设公司预算员陈某确认的《某某商厦及地下室工程造价汇总表(土建工程)》,以及《工程竣工结算造价汇总表(土建部分)》《某某商厦结算汇总表(土建工程)》等证据内容,均认定双方当事人实际履行的合同是2011年10月双方订立的《建设工程施工合同》,并以此作为结算依据;备案的合同不是双方实际履行的合同,不作为结算依据。

【律师解析】

首先,本案建设工程项目根据当时的法律规定,属于必须招标的建设工程项目,必须进行招标并备案。本案当事人履行了招标和备案手续,但是本案工程的招标程序违法,中标无效。根据《招标投标法》第五十五条的规定,依法必须进行招标的项目,招标人违反本法规定,与投标人就投标价格、投标方案等实质性内容进行谈判影响中标结果的,中标无效。本案当事人在招标之前就签订了《建设工程施工合同》,显然双方当事人先确定了中标结果,后又履行了一遍招标程序,属于虚假招标,中标无效。

其次,本案工程中标无效,依据最高人民法院司法解释的规定,当事人签订并备案的中标合同即2011年8月1日签订的《建设工程施工合同》属于无效合同。同时,2011年10月签订的另一份《建设工程施工合同》也属于无效合同。

最后,当事人招标并备案的建设工程合同无效,同时签订的其他建设工程合同也无效,应该参照当事人实际履行的合同结算工程价款。《建设工程施工合同司法解释(一)》第二十四条第一款规定:“当事人就同一建设工程订立的数份建设工程施工合同均无效，但建设工程质量合格，一方当事人请求参照实际履行的合同关于工程价款的约定折价补偿承包人的，人民法院应予支持。”那么如何判定双方实际履行的合同，就成为本案的关键问题，也是疑难问题。本案法院根据福建某建设公司预算员陈某确认的结算资料来认定双方实际履行的合同，具有一定的说服力。在实践中，还可以根据实际施工的内容范围、施工方案、施工组织设计、监理会议纪要、工作联系单、签证资料、来往函件、过程结算资料、进度款支付等判断双方实际履行的合同。

律师提示，无论发包人还是承包人应注意保留实际履行合同的相应证据。

·第二章·

建设工程合同效力及法律后果疑难问题

一、建设工程合同无效的具体情形

依据《民法典》《建设工程施工合同司法解释（一）》《招标投标法》《招标投标法实施条例》《建设工程质量管理条例》等法律法规，建设工程合同无效主要包括以下情形：

1. 承包人未取得建筑业企业资质签订的建设工程合同无效。

2. 承包人超越资质等级签订的建设工程合同无效，但在建设工程竣工前取得相应资质等级的，建设工程合同有效。

3. 没有资质的实际施工人借用有资质的建筑施工企业名义签订的建设工程合同无效。

借用资质即通常所说的“挂靠”。《建筑工程施工发包与承包违法行为认定查处管理办法》（建市规〔2019〕1 号）第十条规定：“存在下列情形之一的，属于挂靠：（一）没有资质的单位或个人借用其他施工单位的资质承揽工程的；（二）有资质的施工单位相互借用资质承揽工程的，包括资质等级低的借用资质等级高的，资质等级高的借用资质等级低的，相同资质等级相互借用的；（三）本办法第八条第一款第（三）至（九）项规定的情形，有证据证明属于挂靠的。”所以这里“没有资质的实际施工人”应作扩大解释，既包括没有资质的自然人和单位，也包括有资质的单位。

4. 建设工程必须进行招标而未招标签订的建设工程合同无效。

法律规定必须进行招标的建设工程范围包括：

（1）《招标投标法》第三条规定：“在中华人民共和国境内进行下列工程建设项目包括项目的勘察、设计、施工、监理以及与工程建设有关的重要设备、材料等的采购，必须进行招标：（一）大型基础设施、公用事业等关系社会公共利益、公众安全的项目；（二）全部或者部分使用国有资金投资或者国家融资的项目；（三）使用国际组织或者外国政府贷款、援助资金的项目。前款所列项目的具体范围和规模标准，由国务院发展计划部门会同国务院有关部门制订，报国务院批准。法律或者国务院对必须进行招标的其他项目的范围有规定的，依照其规定。”

（2）《必须招标的工程项目规定》（国家发展和改革委员会令第 16 号）第二条规定："全部或者部分使用国有资金投资或者国家融资的项目包括：（一）使用预算资金 200 万元人民币以上，并且该资金占投资额 10% 以上的项目；（二）使用国有企业事业单位资金，并且该资金占控股或者主导地位的项目。"第三条规定："使用国际组织或者外国政府贷款、援助资金的项目包括：（一）使用世界银行、亚洲开发银行等国际组织贷款、援助资金的项目；（二）使用外国政府及其机构贷款、援助资金的项目。"第四条规定："不属于本规定第二条、第三条规定情形的大型基础设施、公用事业等关系社会公共利益、公众安全的项目，必须招标的具体范围由国务院发展改革部门会同国务院有关部门按照确有必要、严格限定的原则制订，报国务院批准。"第五条规定："本规定第二条至第四条规定范围内的项目，其勘察、设计、施工、监理以及与工程建设有关的重要设备、材料等的采购达到下列标准之一的，必须招标：（一）施工单项合同估算价在 400 万元人民币以上；（二）重要设备、材料等货物的采购，单项合同估算价在 200 万元人民币以上；（三）勘察、设计、监理等服务的采购，单项合同估算价在 100 万元人民币以上。同一项目中可以合并进行的勘察、设计、施工、监理以及与工程建设有关的重要设备、材料等的采购，合同估算价合计达到前款规定标准的，必须招标。"

（3）《必须招标的基础设施和公用事业项目范围规定》（发改法规〔2018〕843 号）第二条规定："不属于《必须招标的工程项目规定》第二条、第三条规定情形的大型基础设施、公用事业等关系社会公共利益、公众安全的项目，必须招标的具体范围包括：（一）煤炭、石油、天然气、电力、新能源等能源基础设施项目；（二）铁路、公路、管道、水运，以及公共航空和 A1 级通用机场等交通运输基础设施项目；（三）电信枢纽、通信信息网络等通信基础设施项目；（四）防洪、灌溉、排涝、引（供）水等水利基础设施项目；（五）城市轨道交通等城建项目。"

5. 建设工程必须进行招标而中标无效签订的建设工程合同无效。

依据《招标投标法》《招标投标法实施条例》的规定，中标无效是指以下情形：

（1）招标代理机构违反《招标投标法》规定，泄露应当保密的与招标投标活动有关的情况和资料，或者与招标人、投标人串通损害国家利益、社会公共利益或者他人合法权益，并影响中标结果的，中标无效。

（2）依法必须进行招标的项目的招标人向他人透露已获取招标文件的潜在投标人的名称、数量或者可能影响公平竞争的有关招标投标的其他情况的，或者泄露标底的，该行为影响中标结果，并且中标人为该行为的受益人的，中标无效。

（3）投标人相互串通投标的，中标无效。其中，有下列情形之一的，属于投标人相互串通投标：①投标人之间协商投标报价等投标文件的实质性内容；②投标人之间约定中标人；③投标人之间约定部分投标人放弃投标或者中标；④属于同一集团、协会、商会等组织成员的投标人按照该组织要求协同投标；⑤投标人之间为谋取中标或者排斥特定投标人而采取的其他联合行动。有下列情形之一的，视为投标人相互串通投标：①不同投标人的投标文件由同一单位或者个人编制；②不同投标人委托同一单位或者个人办理投标事宜；③不同投标人的投标文件载明的项目管理成员为同一人；④不同投标人的投标文件异常一致或者投标报价呈规律性差异；⑤不同投标人的投标文件相互混装；⑥不同投标人的投标保证金从同一单位或者个人的账户转出。

（4）投标人与招标人串通投标的，中标无效。有下列情形之一的，属于招标人与投标人串通投标：①招标人在开标前开启投标文件并将有关信息泄露给其他投标人；②招标人直接或者间接向投标人泄露标底、评标委员会成员等信息；③招标人明示或者暗示投标人压低或者抬高投标报价；④招标人授意投标人撤换、修改投标文件；⑤招标人明示或者暗示投标人为特定投标人中标提供方便；⑥招标人与投标人为谋求特定投标人中标而采取的其他串通行为。

（5）投标人以向招标人或者评标委员会成员行贿的手段谋取中标的，中标无效。

（6）投标人以他人名义投标的，中标无效。使用通过受让或者租借等方式获取资格、资质证书投标的，属于《招标投标法》第三十三条规定的以他人名义投标。

（7）投标人以其他方式弄虚作假，骗取中标的，中标无效。投标人有下列情形之一的，属于《招标投标法》第三十三条规定的以其他方式弄虚作假的行为：①使用伪造、变造的许可证件；②提供虚假的财务状况或者业绩；③提供虚假的项目负责人或者主要技术人员简历、劳动关系证明；④提供虚假的信用状况；⑤其他弄虚作假的行为。

(8) 依法必须进行招标的项目，招标人违法与投标人就投标价格、投标方案等实质性内容进行谈判，该行为影响中标结果的，中标无效。

(9) 招标人在评标委员会依法推荐的中标候选人以外确定中标人的，中标无效。

(10) 依法必须进行招标的项目，在所有投标被评标委员会否决后自行确定中标人的，中标无效。

(11) 与招标人存在利害关系可能影响招标公正性的法人、其他组织或者个人，不得参加投标。违反规定的，投标无效；对中标结果造成实质性影响的，中标无效。

(12) 单位负责人为同一人或者存在控股、管理关系的不同单位，不得参加同一标段投标或者未划分标段的同一招标项目投标。违反规定的，相关投标均无效；对中标结果造成实质性影响的，中标无效。

(13) 招标人接受联合体投标并进行资格预审的，联合体应当在提交资格预审申请文件前组成。资格预审后联合体增减、更换成员的，其投标无效。对中标结果造成实质性影响的，中标无效。

(14) 联合体各方在同一招标项目中以自己名义单独投标或者参加其他联合体投标的，相关投标均无效。对中标结果造成实质性影响的，中标无效。

(15) 投标人发生合并、分立、破产等重大变化的，应当及时书面告知招标人。投标人不再具备资格预审文件、招标文件规定的资格条件或者其投标影响招标公正性的，其投标无效。对中标结果造成实质性影响的，中标无效。

6. 招标人和中标人在中标合同之外就明显高于市场价格购买承建房产、无偿建设住房配套设施、让利、向建设单位捐赠财物等另行签订合同，变相降低工程价款的，另行签订的合同无效。

这里需要注意的是，原中标合同仍然有效，只是另行签订的变相降低工程价款的合同无效。

7. 承包人非法转包的，转包的建设工程合同无效。

非法转包是指承包人承包建设工程后，不履行合同约定的责任和义务，将其承包的全部建设工程转给他人或者将其承包的全部建设工程支解以后以分包的名义分别转给其他单位承包的行为。

依据《建筑工程施工发包与承包违法行为认定查处管理办法》（建市规〔2019〕1号）第八条规定："存在下列情形之一的，应当认定为转包，但有证据证明属于挂靠或者其他违法行为的除外：（一）承包单位将其承包的全部工程转给其他单位（包括母公司承接建筑工程后将所承接工程交由具有独立法人资格的子公司施工的情形）或个人施工的；（二）承包单位将其承包的全部工程肢解以后，以分包的名义分别转给其他单位或个人施工的；（三）施工总承包单位或专业承包单位未派驻项目负责人、技术负责人、质量管理负责人、安全管理负责人等主要管理人员，或派驻的项目负责人、技术负责人、质量管理负责人、安全管理负责人中一人及以上与施工单位没有订立劳动合同且没有建立劳动工资和社会养老保险关系，或派驻的项目负责人未对该工程的施工活动进行组织管理，又不能进行合理解释并提供相应证明的；（四）合同约定由承包单位负责采购的主要建筑材料、构配件及工程设备或租赁的施工机械设备，由其他单位或个人采购、租赁，或施工单位不能提供有关采购、租赁合同及发票等证明，又不能进行合理解释并提供相应证明的；（五）专业作业承包人承包的范围是承包单位承包的全部工程，专业作业承包人计取的是除上缴给承包单位'管理费'之外的全部工程价款的；（六）承包单位通过采取合作、联营、个人承包等形式或名义，直接或变相将其承包的全部工程转给其他单位或个人施工的；（七）专业工程的发包单位不是该工程的施工总承包或专业承包单位的，但建设单位依约作为发包单位的除外；（八）专业作业的发包单位不是该工程承包单位的；（九）施工合同主体之间没有工程款收付关系，或者承包单位收到款项后又将款项转拨给其他单位和个人，又不能进行合理解释并提供材料证明的。两个以上的单位组成联合体承包工程，在联合体分工协议中约定或者在项目实际实施过程中，联合体一方不进行施工也未对施工活动进行组织管理的，并且向联合体其他方收取管理费或者其他类似费用的，视为联合体一方将承包的工程转包给联合体其他方。"

8. 承包人违法分包的，分包的建设工程合同无效。

依据《建设工程质量管理条例》《建筑工程施工发包与承包违法行为认定查处管理办法》（建市规〔2019〕1号）的规定，违法分包，包括下列行为：

（1）建设工程总承包合同中未有约定，又未经建设单位认可，承包单位将其承包的部分建设工程交由其他单位完成的；

（2）承包单位将其承包的工程分包给个人的；

（3）施工总承包单位或专业承包单位将工程分包给不具备相应资质单位的；

（4）施工总承包单位将施工总承包合同范围内工程主体结构的施工分包给其他单位的，钢结构工程除外；

（5）专业分包单位将其承包的专业工程中非劳务作业部分再分包的；

（6）专业作业承包人将其承包的劳务再分包的；

（7）专业作业承包人除计取劳务作业费用外，还计取主要建筑材料款和大中型施工机械设备、主要周转材料费用的。

9. 发包人未取得建设工程规划许可证等规划审批手续签订的建设工程合同无效，但发包人在起诉前取得建设工程规划许可证等规划审批手续的除外。

《建设工程施工合同司法解释（一）》第三条规定："当事人以发包人未取得建设工程规划许可证等规划审批手续为由，请求确认建设工程施工合同无效的，人民法院应予支持，但发包人在起诉前取得建设工程规划许可证等规划审批手续的除外。发包人能够办理审批手续而未办理，并以未办理审批手续为由请求确认建设工程施工合同无效的，人民法院不予支持。"

首先，这个条款中的"发包人"应作限制解释，仅仅指建设单位作为发包人的情形，而不是代建单位和项目管理单位作为发包人的情形。因为代建单位和项目管理单位作为发包人的，项目建设工程规划许可证是发给建设单位，而不是发给代建单位和项目管理单位。如果建设单位取得了建设工程规划许可证，代建单位和项目管理单位与施工单位签订的建设工程施工合同有效，不能因为代建单位和项目管理单位作为发包人没有取得建设工程规划许可证就认定建设工程施工合同无效。

其次，发包人违法取得建设工程规划许可证签订的建设工程施工合同也应属无效合同。依据《土地管理法》《城乡规划法》《建筑法》的相关规定，建设单位进行工程建设，应首先取得国有土地使用权证，然后办理建设用地规划许可证，再办理建设工程规划许可证，最后办理建设工程施工许可证。如发包人取得建设工程规划许可证违法，其签订的建设工程施工合同属于无效合同。但是如发包人合法取得的建设工程规划许可证在案件审理时被依法撤销，不影响建设工程施工合同的效力。

再次，发包人未取得建设工程施工许可证，不影响建设工程施工合同的效力，因为建设工程施工许可证是在建设单位取得建设工程规划许可证以后才能办理。最高院司法解释要求发包人取得建设工程规划许可证以后签订建设工程施工合同，并没有要求发包人必须取得建设工程施工许可证，所以施工许可证不是发包人签订建设工程施工合同必须具备的法定条件。

最后，对于发包人能够办理而未办理建设工程规划许可证等规划审批手续，发包人主张建设工程施工合同无效的，法院不予支持。但是对在这种情形下承包人关于合同无效的主张是否支持，司法解释并没有明确，依据一般文义解释，承包人主张建设工程施工合同无效的，也不应支持。如果对承包人在这种情形下主张建设工程施工合同无效予以支持的话，就会出现同一个合同因不同的民事主体主张的不同，出现完全不同的法律后果，与法律逻辑相悖。同时，依据民事诉讼法的规定，合同效力是法院依职权主动审查的内容，不是依据当事人主张进行审查。所以，这种情形下，无论发包人主张还是承包人主张，抑或双方均未主张建设工程施工合同无效，法院均应主动审查合同效力。无论发包人主张还是承包人主张，对法院审查合同效力均不构成任何影响。从这一角度来看，承包人主张建设工程施工合同无效的，也不应支持。

至于发包人能够办理而未办理建设工程规划许可证等规划审批手续的事实如何认定，需要司法实践经验的积累。比如依据《城乡规划法》，发包人已经具备办理建设工程规划许可证等规划审批手续的法律条件，却消极不予办理或者故意拖延在起诉之后办理的，即属于能够办理而未办理。

典型案例解析

案例 2.1 非必须招标建设工程签订数份合同效力的认定

——某建筑公司与北海某房产公司建设工程施工合同纠纷案

【案例来源】

(2020) 最高法民终 1156 号

【基本案情】

2014 年 12 月，北海某房产公司开发“某广场东区”商业项目，将工程施工总承包发包给某建筑公司，双方签订一份《施工协议》后，某建筑公司进场施工。某广场总承包工程主要包括：地下室、裙楼、公寓、屋顶独栋，建筑面积约为16.9万平方米，工程造价暂定为3.86亿元，结算时按照实际完成工程量进行调整，并约定工程计价、计量依据。另约定，总承包单位应免费协助甲方到政府部门办理各种招标手续，包括制作投标文件，加盖各类文件图章，提供一级项目经理一名。

2015年1月14日双方签订《施工合同》，2015年6月8日签订《施工补充合同》并在当地住房和城乡建设局备案。

2015年9月22日，双方又签订了一份《施工补充协议》。

某建筑公司上诉主张《施工合同》是为应对行政部门监管要求，并非当事人的真实意思表示，属于无效合同。北海某房产公司上诉主张，《施工补充协议》因与中标的《施工合同》在约定的工期范围、建设工期、工程质量、工程价款等方面存在实质性内容不一致，《施工补充协议》系无效协议。

【争议焦点】

《施工协议》《施工补充协议》《施工合同》《施工补充合同》是否有效?

【法院裁判】

一审法院广西壮族自治区高级人民法院认为某建筑公司与北海某房产公司签订的本案《施工协议》《施工补充协议》《施工合同》《施工补充合同》，均系合同当事人的真实意思表示，合同内容没有违反法律、行政法规的强制性规定，为合法有效合同。

二审法院最高人民法院认为：北海某房产公司为民营企业，案涉项目系非国有资金投资的项目，案涉工程的性质是商业用房、仓储及车位，并不属于必须招标的项目。对建设单位与施工单位在招投标程序之后签订合同的行为，应视为对合同内容的变更，在无证据证明《施工合同》存在违反法律强制性规定，损害国家、社会公共利益和第三人合法权益的情况下，不应认定合同无效。北海某房产公司主张《施工补充协议》无效，但其关于让利系数约定不明的主张明显与事实不符，亦无证据证明其签订该合同时受到欺诈、胁迫而意思表示不真实，《施工补充协议》未备案并不能成为无效的理由。某建筑公司和北海某房产公司关于合同无效的主张均不能成立。案涉《施工协议》《施工补充协议》《施工合同》《施工补充合同》均系双方当事人自愿签订，为当事人的真实意思表示，未违反法律、行政法规的强制性规定。一审法院认定上述合同合法有效，并无不当，本院予以维持。

【律师解析】

首先，本案工程项目不是必须招标的项目。本案工程项目建设时间在 2014 年 12 月，依据当时施行的《工程建设项目招标范围和规模标准规定》，商品房住宅项目，包括经济适用房项目，必须招标，商业办公项目不是必须招标的项目，所以本案工程项目不需要招标。

依据 2018 年 6 月 1 日起施行的《必须招标的工程项目规定》、2018 年 6 月 6 日起施行的《必须招标的基础设施和公用事业项目范围规定》，民营投资的商业开发项目、商品房住宅项目均不属于必须招标的工程项目，当事人无须招标。

其次，不是必须招标的项目，当事人进行了招标程序并将招标合同备案的，当事人签订的其他合同仍然有效，对当事人均有法律约束力，应根据当事人实际履行的合同确定双方的权利义务。本案中，当事人履行招标手续签订《施工合同》和《施工补充合同》并进行了备案，《施工协议》和《施工补充协议》属于另行签订的合同，法院均认定为有效，并根据合同约定内容对当事人争议的问题进行了裁判。

最后，要注意建设工程合同备案制度已经取消。2018 年 9 月 28 日公布的《住房城乡建设部关于修改〈房屋建筑和市政基础设施工程施工招标投标管理办法〉的决定》第五条规定："删去第四十七条第一款中的'订立书面合同后 7 日内，中标人应当将合同送工程所在地的县级以上地方人民政府建设行政主管部门备案'。"建设工程合同备案制度自此正式取消，无论是必须招标工程项目还是非招标工程项目，当事人签订建设工程合同后无须再备案。

律师提示，对于不是必须招标的建设工程项目，当事人完全可以通过直接磋商的方式签订建设工程合同，无须进行招标程序，节省时间和费用。但是如果要通过招标程序选择承包人订立建设工程合同，应按照《招标投标法》的规定进行，签订真实的招标合同并实际履行，没有必要再签订其他与中标合同内容不一致的合同。特别是建设工程合同备案制的取消，当事人更无必要为了备案签订一份建设工程合同。

二、无效建设工程合同效力补正的情形

所谓合同效力补正理论，是指当事人所订立的合同因违反法律禁止性规定，导致合同不能满足有效条件，当事人可以通过事后补正或者实际履行来使合同满足有效的条件，促使合同有效。对于建设工程合同，司法解释规定了两种效力补正的情形。

1. 承包人超越资质等级或未取得建筑业企业资质签订的建设工程合同无效，但在建设工程竣工前取得相应资质等级的，建设工程合同有效

依据《建设工程施工合同司法解释（一）》第一条，承包人超越资质等级签订的建设工程施工合同无效。但是《建设工程施工合同司法解释（一）》第四条规定："承包人超越资质等级许可的业务范围签订建设工程施工合同，在建设工程竣工前取得相应资质等级，当事人请求按照无效合同处理的，人民法院不予支持。"

理解本条规定，要注意以下三个问题：第一，承包人超越资质等级签订建设工程合同；第二，承包人在工程竣工前取得相应资质等级，也就是与承包工程相应等级的资质；第三，工程竣工的时间应为工程实际竣工验收合格之日，即建设单位、施工单位、设计单位、勘察单位和监理单位五方主体对建设工程共同进行竣工验收并在竣工验收合格报告上盖章签字之日，以该竣工日期为限。

但是《建设工程施工合同司法解释（一）》第一条还规定承包人未取得建筑业企业资质签订的建设工程施工合同无效。那么承包人未取得建筑业企业资质签订建设工程合同，在建设工程竣工前取得相应资质等级，建设工程合同是否有效？是否适用《建设工程施工合同司法解释（一）》第四条效力补正的规定？

目前该问题并没有明确的司法解释或者司法政策规定，但是依据法律目的解释和体系解释的基本方法，可以推断承包人未取得建筑业企业资质签订建设工程合同的也应适用效力补正的原则。因为无论承包人超越资质等级还是未取得建筑业企业资质，均不具备承包该建设工程的法定资格。但是在建设工程竣工前取得承包该建设工程的资质，说明其已经具备承包该建设工程的法定资

格。既然《建设工程施工合同司法解释（一）》对超越资质的承包人在建设工程竣工前取得相应资质，认可其签订的建设工程合同有效；同理，对于未取得建筑业企业资质的承包人在建设工程竣工前取得相应资质的，也应该认可其签订的建设工程合同有效。

承包人均取得了相应的资质，法律应该给予同样的评价和价值判断，同时，承包人超越资质和未取得资质承包建设工程导致合同无效的情形均属于司法解释的同一体系，应该适用同样的效力补正原则，否则该司法解释体系就是不统一的、相互矛盾的。依据本条司法解释规定的目的来看，其是对于事后取得相应建筑业企业资质的施工行为给予法律的认可，也是为了维护建设工程合同一定的稳定性和可预期性。所以，对于未取得建筑业企业资质的承包人在工程竣工前取得相应资质的，其签订的建设工程合同应认定为有效。

因而，超越资质等级和未取得建筑业企业资质的承包人在建设工程竣工前取得相应资质等级的，其签订的建设工程合同均应认定有效。

2. 发包人未取得建设工程规划许可证等规划审批手续签订的建设工程合同无效，但发包人在起诉前取得建设工程规划许可证等规划审批手续的，建设工程合同有效

《建设工程施工合同司法解释（一）》第三条第一款规定："当事人以发包人未取得建设工程规划许可证等规划审批手续为由，请求确认建设工程施工合同无效的，人民法院应予支持，但发包人在起诉前取得建设工程规划许可证等规划审批手续的除外。"

应注意合同效力补正时间节点问题，本条规定的是"起诉前"，不是"工程竣工前"，也不是"一审法庭辩论终结前"。对于补正时间节点的确定并没有统一的司法标准，是司法选择的结果。本条之所以确定为"起诉前"，是因为考虑到建设工程合同纠纷案件往往案情复杂，可能涉及工程价款、质量、工期、安全等争议内容，大部分还需要做建设工程价款、工程质量鉴定，审理时间较长。如果将效力补正时间定为"一审法庭辩论终结前"，会导致合同效力在法庭审理期间存在不确定性，直接影响当事人主张诉讼请求，进而影响诉讼权利的行使。将效力补正时间确定为"起诉前"，有利于当事人提起诉讼时确定诉讼请求，预判相应诉讼风险，也有利于法院确定审理案件的思路。

典型案例解析

案例2.2 发包人“能够办理建设工程规划许可审批手续而未办理”举证责任如何承担
——防城港某房产公司与广西某建筑公司建设工程施工合同纠纷案

【案例来源】

（2019）桂民终1156号

【基本案情】

2014年9月10日，广西某建筑公司（乙方）与防城港某房产公司（甲方）签订《防城港市某国际广场建设工程施工合同》，防城港某房产公司将防城港市某国际广场工程发包给广西某建筑公司。广西某建筑公司具有施工总承包特级资质，本案工程根据法律规定不需要招标，也未招标。

但是，涉案项目土地登记在泰和公司名下，2013年7月5日泰和公司（甲方）与中新公司（乙方）签订《土地转让合同》，于2013年7月8日签订《土地合作开发合同》，于2013年7月18日签订《防城港市某国际广场项目合作开发合同》，两份合同均约定“甲方董事会协助乙方办理本宗土地过户及开发建设所需的相关手续，甲方应将土地过户至乙方指定的项目公司名下，并无条件提供相关材料”。2013年9月12日泰和公司与防城港某房产公司签订《防城港市某国际广场项目合作开发合同》，于2014年10月29日签订《土地作价入股协议书》，上述合同约定由泰和公司以其自有的土地使用权作价人民币1600万元出资入股到防城港某房产公司，由中新公司出资，中新公司与泰和公司成立项目公司即防城港某房产公司开发建设涉案项目。

泰和公司与中新公司签订的上述5份合同书、协议已被防城港市防城区人民法院和防城港市中级人民法院生效民事判决予以解除。上述生效判决确认以下事实，2014年3月10日，泰和公司向防城港市住房和城乡建设委员会申请变更用地规划许可证的用地单位为防城港某房产公司，2014年3月17日涉案土地规划许可证用地单位变更为防城港某房产公司，泰和公司将国有土地使用权证交由防城港某房产公司办理过户手续。防城港某房产公司向防城港市城建办申请变更建设用地规划设计条件未获批准。

防城港市税务局作出核定税款通知书，核定泰和公司以土地投资入股到防城港某房产公司的应纳税额并限期缴清，根据泰和公司与中新公司签订的《土地转让合同》及《土地合作开发合同》的约定，该项税款应由中新公司负责缴纳，但中新公司未能完税，泰和公司及防城港某房产公司亦未缴纳该税款，以致土地使用权证未能过户登记至防城港某房产公司名下，进而导致后续建设用地规划许可证、施工许可证等手续无法办理。

防城港某房产公司主张本案建设工程施工合同无效，根据《土地转让合同》及《土地合作开发合同》的规定，缴纳税款的义务主体是中新公司，防城港某房产公司没有义务缴纳税款，土地使用权未能过户至防城港某房产公司名下是中新公司未缴纳税款所致，并非防城港某房产公司原因，涉案工程无法办理审批手续不能归责于防城港某房产公司。本案中，因泰和公司与中新公司、防城港某房产公司在土地使用权转让合同中存在不同意见，泰和公司一直没有配合防城港某房产公司办理土地过户手续，防城港某房产公司不存在故意不办理审批手续的主观恶意。《土地转让合同》等5份合同已经被人民法院生效判决解除，涉案工程客观上已无法办理建设工程规划许可证等审批手续，并不是防城港某房产公司能办理审批手续而未办理。承包人广西某建筑公司应当对“发包人能办理审批手续而未办理”承担举证责任。

广西某建筑公司主张防城港某房产公司明显存在故意不办理建设工程规划许可证审批手续的主观恶意，泰和公司提交的《核定税款通知书》证实税务部门就涉案土地过户登记，于2015年业已出具了《核定税款通知书》，仅差付款完税这一步就可完成土地过户继而办理其他规划手续。从2015年就可以完税并办理，到2018年历经4年故意不办理。防城港某房产公司能办理审批手续而不办理，涉案施工合同应有效。

【焦点问题】

1. 涉案建设工程施工合同是否有效？

2. 对“发包人能够办理审批手续而未办理”的举证责任如何承担？

【法院裁判】

一审法院防城港市中级人民法院认为：泰和公司已将涉案工程的土地使用权证交给中新公司并协助中新公司办理了土地变更事项，且已将建设规划许可证用地单位变更至防城港某房产公司名下。由于泰和公司、中新公司、防城港某房产公司能够办理涉案工程土地过户及后续规划许可等手续而不办理，依据《最高人民法院关于审理建设工程施工合同纠纷案件适用法律问题的解释（二）》第二条第二款①“发包人能够办理审批手续而未办理，并以未办理审批手续为由请求确认建设工程施工合同无效的，人民法院不予支持”的规定，对防城港某房产公司关于本案施工合同无效的主张不予支持。涉案施工合同是双方当事人的真实意思表示，没有违反法律和行政法规的强制性规定，合法有效。

二审法院广西壮族自治区高级人民法院认为：涉案项目的相关审批手续在本案起诉之前是能够办理的，防城港某房产公司与其股东泰和公司、中新公司之间的约定不能成为其不能办理相关审批手续的正当理由。防城港某房产公司作为建设工程发包方，办理审批手续是其应负之义务，在有条件能够办理涉案项目相关审批手续的情况下，未积极办理，现以涉案项目不能办理审批手续为由，主张涉案施工合同无效，依据《最高人民法院关于审理建设工程施工合同纠纷案件适用法律问题的解释（二）》第二条第二款，对防城港某房产公司关于合同无效的主张，不予支持。一审法院认定本案施工合同有效正确。

【律师解析】

本案建设工程在起诉前未取得建设工程规划许可证等审批手续，依据最高人民法院司法解释的规定，应依法认定为无效合同。但是由于发包人存在能办理审批手续而不办理的情形，且以未办理审批手续为由主张建设工程施工合同无效；承包人认为发包人存在能办理审批手续而不办理的情形，主张建设工程施工合同有效。人民法院依法支持了承包人的主张，否定了发包人合同无效的主张。

如何适用《建设工程施工合同司法解释（一）》第三条第二款的规定，司法实践中需注意以下问题。

1. 举证责任问题

在发包人能够办理审批手续而不办理的情形下，发包人主张建设工程合同无效，如承包人主张合同有效，且举证发包人存在“能够办理审批手续而未办

---

① 本条修订后并入《建设工程施工合同司法解释（一）》第三条。

理”的事实，发包人合同无效的主张才被人民法院否定，从而认定合同有效。对于“发包人能够办理审批手续而未办理”的事实，承包人应负举证责任。本案人民法院没有就防城港某房产公司提出的广西某建筑公司应对“发包人能够办理审批手续而未办理”承担举证责任作出回应。最高人民法院在（2020）最高法民申1850号《民事裁定书》中认为，承包人应当举证证明发包人持有办理建设工程规划许可证的所有材料、相关行政部门在收到发包人持有的材料后能够颁发建设工程规划许可证、发包人存在故意不办理建设工程规划许可证的行为，但承包人未提交充足的证据证明其关于发包人能够办理建设工程规划许可证而未办理的主张。发包人作为案涉工程发包方，确有办理建设工程规划许可证的义务，但该义务不等同于本案诉讼中的举证义务。

而就发包人以未办理建设工程规划许可证等审批手续而主张建设工程合同无效，承包人未举证发包人存在“能够办理审批手续而未办理”的事实，人民法院是否需要发包人举证其积极办理审批手续事实的问题，最高人民法院在（2020）最高法民申3545号《民事裁定书》中认为，发包人在原审中虽然主张案涉工程没有取得建设用地规划许可、建设工程规划许可及工程施工许可，没有进行法定招标投标程序，案涉《陕西省建设工程施工合同》无效。但原审判决认为由于办理上述审批手续的义务在发包人一方，发包人并未提交其积极办理上述审批手续的证据，据此认定其能够办理审批手续而未办理，对发包人关于确认案涉施工合同无效的主张不予支持，适用法律正确，并无不当。可知，对于此类问题，最高人民法院认为发包人应提交其积极办理审批手续的证据。

2. 人民法院审查在起诉前未取得建设工程规划许可证等审批手续的建设工程合同效力，是否必须查明是否存在“发包人能够办理审批手续而未办理”的事实。这关乎以下情形的法律适用问题。

第一，如果承包人未举证“发包人能够办理审批手续而未办理”，发包人和承包人同时主张建设工程合同无效的，人民法院是否应依职权主动查明“发包人能够办理审批手续而未办理”的事实，并对建设工程合同效力作出认定。如果人民法院依职权主动查明了“发包人能够办理审批手续而未办理”的事实，如何认定合同效力呢？是认定无效还是有效？

第二，在发包人能够办理审批手续而未办理的情形下，如果承包人也明知，但是承包人认为合同无效对其更有利，承包人就不举证发包人能够办理审批手续而未办理的事实。发包人认为合同有效对其有利，所以发包人举证自己能够办理审批手续而未办理，并主张合同有效的，法院查明确实存在发包人能够办理审批手续而未办理的事实，此时法院对建设工程合同效力如何认定呢？是认定无效还是有效？如果认定合同无效，确实存在发包人能够办理审批手续而未办理的情形。如果认定合同有效，反而使发包人利用了法律规定获得对自己有利的认定，鼓励发包人故意不办理审批手续，存在发包人的道德风险。

笔者认为，人民法院审查在起诉前未取得建设工程规划许可证等审批手续的建设工程合同效力，不是必须要查明是否存在"发包人能够办理审批手续而未办理"的情形。因为，依据《建设工程施工合同司法解释（一）》第三条规定的基本精神，只要在起诉前未取得建设工程规划许可证等审批手续的建设工程合同，即认定为合同无效。该条第二款目的是在发包人能够办理而未办理审批手续的情形下，对其主张合同无效的限制，避免发包人利用合同无效获取非法利益。在发包人能够办理而未办理审批手续的情形下，承包人也主张合同无效的，或者发包人、承包人同时主张合同无效的，承包人作为独立的民事主体，应该能够判断合同无效对其有利，对发包人不利。此时就不需要查明是否存在发包人能够办理而未办理审批手续的情形。即使承包人主张合同无效，发包人举证自己能够办理审批手续而未办理，并主张合同有效的，人民法院也不应支持发包人的主张。只有在双方均认为合同无效对其有利，而承包人提供证据证明发包人故意不办理审批手续，存在恶意，才可以否定发包人合同无效的主张。

因而，发包人是否存在能够办理审批手续而未办理的情形，不是判断起诉前未取得建设工程规划许可证等审批手续的建设工程合同效力的必要事项，也不是人民法院必须要审查的内容，在承包人未主张发包人存在能够办理审批手续而未办理的情形下，人民法院不应要求发包人提供其积极办理审批手续的证据。

三、建设工程合同无效的法律后果

《民法典》第一百五十七条规定："民事法律行为无效、被撤销或者确定不发生效力后，行为人因该行为取得的财产，应当予以返还；不能返还或者没有必要返还的，应当折价补偿。有过错的一方应当赔偿对方由此所受到的损失；各方都有过错的，应当各自承担相应的责任。法律另有规定的，依照其规定。”

建设工程合同无效的，其法律后果依照该条规定进行处理，具体分析如下：

1. 参照合同约定折价补偿承包人的问题

（1）参照合同约定折价补偿的一般原则

《民法典》第七百九十三条第一款规定：“建设工程施工合同无效，但是建设工程经验收合格的，可以参照合同关于工程价款的约定折价补偿承包人。”

本条规定建设工程施工合同无效后对工程价款进行结算的一项基本原则，虽然规定的是“可以参照”，但是根据司法实践经验，如果没有其他情形，当事人双方也只能参照合同约定结算来补偿承包人，当事人任何一方没有权利抛开合同约定要求按照国家规定的定额计价方式据实结算。如存在其他的情形，比如双方已经按照其他结算方式达成结算协议的；建设工程出现重大设计变更，与原合同约定施工内容、施工方式均出现重大变化导致工程计价方式发生重大变化，参照合同约定结算工程价款折价补偿承包人严重不公平、不合理的，承包人或实际施工人可以主张按照国家规定的定额计价方式据实结算。

同时，本条规定的是“建设工程经验收合格的”，并没有规定竣工验收合格，也是考虑了建设工程虽然未竣工，但已完工的建设工程验收合格的，也适用本条的规定。建设工程虽然未完工，但经阶段性验收合格的，或者没有经过阶段性验收合格，但是经鉴定建设工程质量合格的，也应参照合同关于工程价款的约定折价补偿承包人。

（2）合同无效关于企业管理费等间接费用的折价补偿问题

司法实践中，建设工程合同无效但验收合格后，对于人工费、材料费和施工机具使用费等直接费用应参照合同约定折价补偿，并无争议。但是对于企业管理费、规费、利润等间接费用是否按照合同约定进行折价补偿，尚存在不同的观点和司法认定。

依据《建筑安装工程费用项目组成》（建标〔2013〕44号），建设工程造价包括人工费、材料费、施工机具使用费、企业管理费、利润、规费和税金。其中，企业管理费指建筑安装企业组织施工生产和经营管理所需要的费用，包括管理人员工资、办公费、差旅交通费、固定资产使用费、工具用具使用费、劳动保险和职工福利费、劳动保护费、检验试验费、工会经费、职工教育经费、财产保险费、财务费、税金及其他。利润，是指施工企业完成所承包工程获得的盈利。规费，是指按照国家法律、法规规定，由省级政府和省级有关权力部门规定必须缴纳或计取的费用，包括社会保险费、住房公积金和工程排污费。

当实际施工人为个人时，或者资质较低的建筑企业挂靠资质较高的企业承包工程施工，因建设工程合同无效，发包人能否主张扣除实际施工人的企业管理费、规费和利润，或者降低资质较低的建筑企业的企业管理费、规费和利润。司法实践中的通说认为不应该扣除，基于以下理由：第一，虽然实际施工人可能为个人或者资质较低的建筑企业，但是其在组织施工过程中，也必然要发生管理费用，如管理人的工资、检测费用、保险费用等。第二，依据《民法典》第七百九十三条规定的“参照合同关于工程价款的约定折价补偿承包人”的基本处理原则，折价补偿的是整个工程价款，不是工程价款的一部分，所以企业管理费、规费和利润作为建设工程价款的组成部分，也属于折价补偿的一部分，不能进行扣除，因而应参照合同约定的计价方式对工程价款进行结算。第三，如果扣除企业管理费、规费和利润，将大大减少发包人工程价款的支付义务，将使得发包人因别人的违法行为获取不正当利益，也将损害建筑工人的利益，导致当事人权利义务的严重失衡，不利于社会的公平正义。

（3）转包人和被挂靠人收取的管理费如何处理的问题

转包合同和挂靠合同无效，转包合同和挂靠合同中约定的管理费，如何处理？是仍然按照合同约定归转包人或被挂靠人所有；还是按合同约定的管理费归实际施工人所有，转包人和被挂靠人无权收取管理费；或者由人民法院对管理费进行没收？

目前，由于案件具体案情不同，司法裁判中处理措施各不相同，但是通说认为：首先，人民法院不能收缴管理费，原《最高人民法院关于审理建设工程施工合同纠纷案件适用法律问题的解释》第四条[①]规定：“承包人非法转包、违法分包建设工程或者没有资质的实际施工人借用有资质的建筑施工企业名义与他人签订建设工程施工合同的行为无效。人民法院可以根据民法通则第一百三

① 本条修订后并入《建设工程施工合同司法解释（一）》第一条。

十四条规定，收缴当事人已经取得的非法所得。”该条司法解释中规定的“人民法院可以根据民法通则第一百三十四条规定，收缴当事人已经取得的非法所得”在司法裁判中也极少适用。其次，如果转包人或者被挂靠人实际参与了工程的施工管理，且管理费为转包人或被挂靠人进行施工管理的对价，应该支持该管理费的约定，转包人或被挂靠人请求参照合同约定支付管理费的，应该得到支持。如果转包人和被挂靠人未实际参与施工组织管理，纯粹是通过转包或挂靠谋取非法利益，该管理费应该归实际施工人所有，转包人和被挂靠人主张管理费的不应支持。如果转包人或者被挂靠人实际参与了工程施工组织管理，但是约定的管理费过高，超过了实际应得的费用，人民法院应减少转包人或被挂靠人的管理费。至于如何调整，要根据转包人或被挂靠人实际投入的财力和人力，结合建筑行业管理费的一般费率，综合考虑当事人的约定、过错等因素进行裁判。但是，由于建设施工组织管理的实际情形很复杂，法官会依据具体案情作出不同的认定和裁判。

2. 建设工程合同无效的损害赔偿问题

《建设工程施工合同司法解释（一）》第六条规定：“建设工程施工合同无效，一方当事人请求对方赔偿损失的，应当就对方过错、损失大小、过错与损失之间的因果关系承担举证责任。损失大小无法确定，一方当事人请求参照合同约定的质量标准、建设工期、工程价款支付时间等内容确定损失大小的，人民法院可以结合双方过错程度、过错与损失之间的因果关系等因素作出裁判。”

第七条规定：“缺乏资质的单位或者个人借用有资质的建筑施工企业名义签订建设工程施工合同，发包人请求出借方与借用方对建设工程质量不合格等因出借资质造成的损失承担连带赔偿责任的，人民法院应予支持。”

《建设工程施工合同司法解释（一）》第六条是对建设工程施工合同无效后损害赔偿责任的规定，适用于所有的无效建设工程施工合同；第七条是对借用资质签订的建设工程施工合同无效损害赔偿责任的规定，尤其是出借资质造成工程质量不合格而导致的损失，出借方和借用方承担连带赔偿责任。

建设工程合同无效，当事人主张损害赔偿的，首先由当事人就对方过错、损失大小、过错与损失之间的因果关系进行举证，按照当事人的实际损失进行赔偿。只有在损失大小无法确定的情形下，当事人才可以请求参照合同约定的质量标准、建设工期、工程价款支付时间等内容确定损失大小，而不是首先参照合同约定确定损失大小，也不能参照适用合同约定的质量、工期和工程价款的违约金，只能按照实际损失主张赔偿。

需要特别注意的是，建设工程合同无效的损害赔偿范围限于“信赖利益”损失，即实际损失，不包括尚未实现的可得利益损失，即不包括在合同有效情形下对方通过履行合同可以获得的利益。所以建设工程合同无效的损害赔偿请求权基础为缔约过失责任，而不是违约责任，更不是侵权责任。

3. 未取得建设工程规划许可证等规划审批手续而签订的建设工程合同无效后的处理

《城乡规划法》第四十条第一款规定：“在城市、镇规划区内进行建筑物、构筑物、道路、管线和其他工程建设的，建设单位或者个人应当向城市、县人民政府城乡规划主管部门或者省、自治区、直辖市人民政府确定的镇人民政府申请办理建设工程规划许可证。”

同时第六十四条规定：“未取得建设工程规划许可证或者未按照建设工程规划许可证的规定进行建设的，由县级以上地方人民政府城乡规划主管部门责令停止建设；尚可采取改正措施消除对规划实施的影响的，限期改正，处建设工程造价百分之五以上百分之十以下的罚款；无法采取改正措施消除影响的，限期拆除，不能拆除的，没收实物或者违法收入，可以并处建设工程造价百分之十以下的罚款。”

依据《建设工程施工合同司法解释（一）》第三条的规定，未取得建设工程规划许可证所签订的建设工程施工合同无效。那么合同无效后，是否还能按照《民法典》第七百九十三条的规定参照合同关于工程价款的约定折价补偿承包人，司法实践中还存在不同的意见：一种观点认为，应当参照合同关于工程价款的约定折价补偿承包人；另一种观点认为，不能参照合同关于工程价款的约定折价补偿承包人，工程应拆除，发包人和承包人依据各自的过错，按照比例承担建设工程的人工费、材料费和机械费等直接损失。

笔者认为，办理建设工程规划许可证是发包人的义务，对于没有办理工程规划许可证所造成的法律风险，应该由发包人承担。承包人由于没有审查建设工程规划许可证而签订建设工程施工合同所承担的风险，要远远小于发包人，否则发包人和承包人的权利义务不对等，所以对未取得建设工程规划许可证所签订的建设工程施工合同无效所带来的法律风险，主要由发包人承担，承包人承担一定的补充责任。

因而，只要在一审判决之前政府行政主管部门没有依法认定为违法建筑，或者认定为违法建筑但没有作出拆除决定的，都应该参照合同关于工程价款的约定折价补偿承包人，至于一审判决后是否认定为违法建筑并被拆除，应该由发包人承担后果。在一审判决之前被政府行政主管部门认定为违法建筑并作出拆除决定的，发包人应该就工程的材料费、人工费和机械费等工程直接赔偿承包人，承包人应承担工程管理费、利润和税金等间接费用的损失。

典型案例解析

案例 2.3　建设工程合同无效责任的认定和损失赔偿的确定

——江苏某建设公司与大庆某房产公司建设工程施工合同纠纷案

【案例来源】

(2020) 最高法民终 398 号

【基本案情】

2012 年 6 月 15 日，大庆某房产公司与江苏某建设公司签订《工程总承包意向书》。2013 年 5 月 1 日，江苏某建设公司进场施工。

2013 年 6 月 27 日，大庆某房产公司、江苏某建设公司、大江公司召开关于“部署、落实工程招投标的各项工作”会议，会议纪要中载明：1. 江苏某建设公司在明天中午 12 点前将电子版的投标文件及其证件、企业资质证书、营业执照等相关证件的电子版报工程部审查。2. 江苏某建设公司保证在下周一前将投标保证金上交大庆某房产公司财务部（包括参加投标的三家建筑公司的保证金均由江苏某建设公司交纳）。3. 根据建设主管部门（招投标）的安排，香格里拉范围项目在 2013 年 7 月 3 日正式开标，江苏某建设公司必须在开标前做好一切准备工作，组织本单位的项目经理到达现场参加开标。协调参加议标的另外两家公司的项目经理携带身份证和相关证件按照出席开标。必须确保招标顺利、万无一失。4. 为保证办理施工许可证顺利进行，江苏某建设公司必须按照规定及时交纳农民工保障金和安全措施费。5. 今年工程已经开工 2 个多月，由于工程没有进行招投标，其他工作都无法进行下去，至今施工许可证没有办理完成。由于江苏某建设公司入庆手续办理迟缓，使工程招标工作拖到现在才具备条件，如果在此期间遇到建设主管部门到现场查开工手续，江苏某建设公司应承担全部责任。

2013年7月，开始招投标程序。2013年8月21日，江苏某建设公司中标案涉工程，同日大庆某房产公司与江苏某建设公司签订《工程施工合同》。

双方认可案涉工程于2013年5月开始施工，2016年8月31日实际使用，现尚未办理竣工验收手续。

双方就工程款结算、违约损失赔偿问题产生纠纷，诉至法院。江苏某建设公司就损失赔偿提出诉讼请求：1. 大庆某房产公司赔偿江苏某建设公司窝工损失11292160.73元……

大庆某房产公司就损失赔偿提出反诉请求：1. 江苏某建设公司支付由工期延误造成的实际损失共计110769986元……

一审判决后，大庆某房产公司不服一审判决上诉，就损失赔偿部分主张：江苏某建设公司应赔偿大庆某房产公司延期竣工损失110217790.12元。一审法院仅认定其中5340585.50元，少认定104877204.62元，大庆某房产公司现上诉主张其中的3225万元，明显不高，且具有合理性。1. 根据《最高人民法院关于审理建设工程施工合同纠纷案件适用法律问题的解释（二）》第三条①的规定，应根据过错程度以及与损失之间的因果关系认定责任。大庆某房产公司对于本案合同无效没有责任或责任很小；江苏某建设公司拖延工程施工造成工期延误，产生大庆某房产公司违约金、借款利息、土地税金等损失，应承担责任。2. 根据案涉施工合同约定，违约金为3万元/日，自江苏某建设公司2013年9月20日进度施工违约，至2016年8月31日部分完工，共计逾期违约1075天，总计3225万元。3. 2016年8月31日前实际支付业主的延期进户违约金432434元、2016年8月31日后支付的违约金10681171元均应予认定，一审法院未认定432434元。一审最后一次庭审后发生694994.20元，亦应予以认定。4. 赔偿给业主的调房损失463469.38元，退房损失972829.40元、1935157.78元，共计3371456.56元，应予认定。5. 物业费损失518000元、取暖费损失

① 本条并入《建设工程施工合同司法解释（一）》第六条。

39894元，共计557894元，应予认定。6. 大庆某房产公司支付借款利息损失87880349.56元，应予认定。7. 员工工资3417550元、土地税1793277元、租金60万元等损失，共计5810827元，应予认定。8. 另行委托施工单位维修费用损失1483658元，应予认定。

江苏某建设公司答辩称：大庆某房产公司要求赔偿损失3225万元没有依据。1. 大庆某房产公司对于施工合同无效承担主要责任，其拖延支付工程款、分包工程延误，造成案涉工程工期延误。2. 11113605元违约金无依据。违约金收条是否系业主本人签署、款项是否实际支付无法确认，且不应支持没有银行汇款记录、补充协议或收条部分，及“活动经费”部分；违约金计算时间应截至2016年8月31日，其后部分由大庆某房产公司自身延误造成，与江苏某建设公司无关。一审最后一次庭审后发生的694994.20元，未在一审提出，不在二审审理范围之内。3. 调房损失、退房损失3371456.56元没有事实及法律依据。退房原因无法确认是延期交房所致，不具有直接关联；退房亦未必产生损失，甚至有所收益，损失也是大庆某房产公司单方主张，并无证据证明。4. 关于土地使用税损失1793277元，是否延期交房与实际销售房屋系不同概念，即使延期竣工亦不能等同需多交纳土地使用税，该主张无法律依据。5. 物业费损失518000元、越冬取暖费损失39894元、工资损失3417550元，真实性无法确认，与本案无关联性，缺乏事实及法律依据。6. 借款利息损失87880349.56元无事实及法律依据。大庆某房产公司所有汇款凭证均注明“往来款”“工程款”，无标注“借款”，借款合同无借款金额，与常理相悖，不能证明存在借款；大庆某房产公司招标文件已注明“系自有资金”；该借款利息即使存在，亦非江苏某建设公司所能预见的合理损失范围。7. 1483658元工程维修费无事实依据。大庆某房产公司主张维修施工区域并非江苏某建设公司施工区域，且包括其自行改造与业主使用不当情形；大庆某房产公司在维修前未书面通知江苏某建设公司，无法及时确认维修真实性与合理性。

【焦点问题】

1. 本案施工合同无效的责任如何承担？

2. 各方主张的赔偿损失是否应予支持，损失大小如何认定？

【法院裁判】

关于本案施工合同无效的责任承担问题。一审法院黑龙江省高级人民法院认为：结合江苏某建设公司在中标和签订《工程施工合同》之前即进场施工的事实，以及大庆某房产公司、江苏某建设公司、大江公司三方召开“部署、落实工程招投标的各项工作”会议纪要中的内容，应认定双方当事人的一系列行为违反《招标投标法》规定的招投标程序。江苏某建设公司亦自认其与大庆某房产公司串通投标。据此双方所签订的《工程施工合同》，虽系双方的真实意思表示，但因违反法律的效力性强制性规定而无效。

关于如何认定逾期交工的损失及其承担。案涉工程合同约定2015年7月31日前所有工程全部竣工，但于2016年8月31日才实际交工。对此大庆某房产公司提出应由江苏某建设公司赔偿各项损失。案涉《工程施工合同》无效，系违反《招标投标法》的效力性强制性规定所致，大庆某房产公司作为发包人对此应承担责任。双方在合同中亦约定如发包人的原因导致本合同无效，全部责任由发包人承担。可见，双方当事人在签订合同时对此问题已经预见。大庆某房产公司将案涉工程多项分包工程直接予以分包，对于各分包单位与总包单位江苏某建设公司间分包配合及费用收取问题未能做好衔接与沟通，导致出现重复施工、窝工等现象。大庆某房产公司主张其不拖欠进度款，但从其提供的证据看，其将近1000万元的工程款扣留作为履约保证金及农民工保证金，均影响了江苏某建设公司的施工进度与积极性。另外，江苏某建设公司在明知招投标过程违反法定程序的情况下，依然配合大庆某房产公司进行投标，并取得案涉工程的施工权，又在施工过程中存在管理人员不到位的情形，亦应承担过错责任。根据《最高人民法院关于审理建设工程施工合同纠纷案件适用法律问题的解释（二）》第三条第一款关于“建设工程施工合同无效，一方当事人请求对方赔偿损失的，应当就对方过错、损失大小、过错与损失之间的因果关系承担举证责任”的规定，应认定大庆某房产公司负有主要责任，江苏某建设公司负有次要责任。

对于大庆某房产公司主张融资开发所产生的利息损失问题，系其建设案涉项目所选定的开发方法及手段。就本案而言，施工单位江苏某建设公司逾期竣工，表面上增加了其融资的时间，但正是其采取拖欠施工单位工程款的方式，减少融资成本，致使江苏某建设公司逾期竣工，此种互为因果的损失即使真实存在，亦无法认定为江苏某建设公司的过错所致，法院不予支持。大庆某房产公司主张逾期竣工期间的物业费、取暖费损失，非案涉工程使用前必须发生的费用。大庆某房产公司主张员工工资、土地税、租金等损失，与法院认定融资损失的理由相同，既属于江苏某建设公司签订合同时无法预见，又属于大庆某房产公司应承担主要过错责任所致，故对于大庆某房产公司主张的上述非直接损失，均不予支持。同时，鉴于江苏某建设公司自身亦存在过错，对其主张的窝工损失亦不予支持。

因案涉工程逾期交工，致使购房人延期进户，大庆某房产公司已实际赔偿10681171元，对于该部分直接损失大庆某房产公司与江苏某建设公司在签订合同时应当预见，而仅就逾期竣工而言，大庆某房产公司与江苏某建设公司均应承担同等的过错责任，故法院认定江苏某建设公司赔偿大庆某房产公司直接损失5340585.50元。

此后，本案进入二审程序。二审法院最高人民法院就江苏某建设公司应赔偿大庆某房产公司款项数额问题，大庆某房产公司就该笔款项的主张涉及的责任比例、违约金、业主赔偿款、借款利息损失、其他损失问题进行了裁判。

（1）关于责任比例。大庆某房产公司主张其作为招标人对于本案合同无效没有责任或责任很小，江苏某建设公司拖延工程施工造成工期延误致其产生大量损失。对此，二审法院认为，大庆某房产公司作为发包人，具有工程发包及施工的控制地位，其违反《招标投标法》的效力性强制性规定致使合同无效，对此应承担主要责任，双方在施工合同中亦对合同无效的责任方作出约定。另外，大庆某房产公司将案涉工程多项分包工程直接予以分包，对于各分包单位与总包单位江苏某建设公司之间分包配合及费用收取问题未能做好衔接与沟通，导致出现重复施工、窝工等现象。大庆某房产公司主张其不拖欠进度款，但根据本案查明的事实，其确实欠付工程款达到总造价近三分之一。上述因素均影响了江苏某建设公司的施工进度与积极性，亦成为一审法院裁量认定大庆某房产公司对其主张的损失承担责任的合理根据。一审法院根据江苏某建设公司配合违法招标、管理人员不到位的情形，裁量认定江苏某建设公司亦对损失负有责任，并无不当。一审法院对于大庆某房产公司主张的损失判令由双方各负担一半，亦较为合理，二审法院予以维持。

（2）关于违约金，大庆某房产公司主张应参照施工合同关于逾期施工的违约金约定计算损失。但是本案施工合同无效，违约金约定亦无效，大庆某房产公司主张参照无效约定计算损失缺乏依据，二审法院不予支持。

(3) 关于业主赔偿款，一审法院针对大庆某房产公司已实际赔偿业主10681171元的直接损失，判令江苏某建设公司赔偿大庆某房产公司直接损失5340585.50元；对大庆某房产公司主张432434元无转账凭证部分未予认定，并无不当。关于大庆某房产公司主张调房、退房损失问题，由于其无法证明与延期竣工具有直接关联，其主张缺乏事实依据，二审法院不予支持。

(4) 关于借款利息损失，大庆某房产公司主张因江苏某建设公司延期竣工导致其资金困难对外借取款项，但大庆某房产公司未能证明借款存在及与工程延期竣工相关，一审法院未予支持并无不当，大庆某房产公司此项主张不能成立，二审法院不予支持。

(5) 关于其他损失，大庆某房产公司主张的土地使用税损失、物业费损失、越冬取暖费损失、房租租金损失、人工工资损失，主要发生在房屋交付后，均无法认定与延期竣工具有直接关联，一审法院未予支持并无不当。

综上，一审法院综合考量双方过错，对大庆某房产公司已经实际支出部分损失裁量由双方分担，对于大庆某房产公司主张损失缺乏关联性部分未予支持，并无明显不当，亦未导致双方权利义务失衡，二审法院予以维持。

【律师解析】

本案是比较典型的建设工程施工合同无效后当事人主张损失赔偿的案例。

首先，本案建设工程项目属于商品房开发项目，依据当时施行的《工程建设项目招标范围和规模标准规定》的规定，属于必须招标的项目，但是招标人和投标人存在串通投标的违法行为，违反《招标投标法》的规定，中标无效，所签订的建设工程施工合同无效。依据2018年6月6日施行的《必须招标的基础设施和公用事业项目范围规定》（发改法规〔2018〕843号），本案民营企业投资开发的商品房项目不再属于必须招标的项目。

其次，就合同无效的责任认定，一审、二审法院均认定发包人承担主要责任，承包人承担次要责任，因为本案是发包人和承包人串通投标，发包人作为招标人，主动与投标人串通，应负主要责任。但是承包人作为独立的法律主体，明知串通投标违法，却配合招标人串通投标，也应承担一定的责任。建设工程合同无效责任的承担要根据当事人的过错程度以及合同无效的原因进行综合判断，比如未取得建筑业企业资质的或者借用资质的承包人与发包人签订的建设工程合同，承包人存在主要过错，应承担主要责任，发包人未进行审查的，应承担次要责任。

最后，就发包人主张的损失赔偿，一审、二审法院均认定发包人的直接损失，对其主张的间接经济损失均以不存在关联性为由不予认定。尤其是对发包人主张参照合同约定的逾期竣工违约金赔偿逾期竣工损失，人民法院未予支持，仅对发包人支付小业主的延期交房违约金的实际损失给予部分支持。对于承包人主张的延期窝工损失也未予支持。

对于损失大小的确定，在当事人主张的损失赔偿中占据着关键作用，但是损失大小、损失与对方过错之间的因果关系均很难举证。如果当事人以损失大小无法确定为由，请求参照合同约定的违约金确定损失大小，人民法院是否采纳，以及如何认定，将会是司法实践中的疑难问题。如果法院不予采纳，以当事人一方的举证为准，无法举证的，不予认可，将很可能损害受到损失的一方，反而对应承担责任的一方有利。如果均简单地参照合同约定确定损失大小，承担举证责任的一方一般会放弃举证，也不利于人民法院对实际损失的查明，还可能会出现判决与实际损失相差较大的情形，同样也不利于公平公正。

因而，对于建设工程合同无效损失赔偿的裁判，需要法官进行综合考量，平衡双方的利益，尽量做到公平合理。对于代理一方的律师而言，在主张损失赔偿时，是进行实际损失的举证，还是主张参照合同约定，也需要仔细衡量。

· 第三章 ·

建设工程发包与承包疑难法律问题

一、建设工程支解[①]发包问题

1. 关于支解发包的含义和认定

对于支解发包，法律有明确的禁止性规定，《民法典》第七百九十一条第一款规定："……发包人不得将应当由一个承包人完成的建设工程支解成若干部分发包给数个承包人。"《建筑法》第二十四条规定："……禁止将建筑工程肢解发包……不得将应当由一个承包单位完成的建筑工程肢解成若干部分发包给几个承包单位。"

但是，在司法领域和建设工程领域还未对"支解发包"作出清晰明确的定义，包括支解的含义、支解的具体情形等。根据《民法典》和《建筑法》的规定，支解的基本含义是"将应当由一个承包人完成的建设工程支解成若干部分"。如何理解"应当由一个承包人完成的建设工程"？什么是建设工程发包的最小单位？

《建筑工程施工发包与承包违法行为认定查处管理办法》（建市规〔2019〕1号）第六条规定："存在下列情形之一的，属于违法发包：……（五）建设单位将一个单位工程的施工分解成若干部分发包给不同的施工总承包或专业承包单位的。"依据该条规定，建设工程发包的最小单位应该是单位工程，也就是应当由一个承包人完成的最小的建设工程标的是单位工程。那么何为单位工程呢？

依据《建设工程分类标准》（GB/T 50841－2013）和《建筑工程施工质量验收统一标准》（GB 50300－2013）的规定，单项工程，是指"具有独立设计文件，能够独立发挥生产能力、使用效益的工程，是建设项目的组成部分，由多个单位工程构成"。单位工程，是指"具备独立施工条件并能形成独立使用功能的建筑物或者构筑物，是单项工程的组成部分，可分为多个分部工程"。分部工程，是指"按工程的部位、结构形式的不同等划分的工程，是单位工

① 关于"支解"，本书在行文中同《民法典》保持一致使用"支解"，但是在援引《建筑法》等文件条文时，仍与原法律文本保持一致。——编者注

程的组成部分，可分为多个分项工程”。分项工程，是指“根据工种、构件类别、设备类别、使用材料不同划分的工程项目，是分部工程的组成部分”。以工厂建设项目为例，项目中的生产车间、办公楼、职工宿舍等称为单项工程。生产车间这个单项工程一般是由建筑工程、设备安装工程这两个单位工程组成的。建筑工程这个单位工程是由地基与基础、主体结构、建筑屋面、装饰装修、建筑幕墙、附建人防工程以及给排水及供暖、通风与空调、电气、消防、电梯、智能化、防雷等分部工程组成。而办公楼或职工宿舍作为一个单项工程，由于没有设备安装工程，只包含建筑工程这一个单位工程，所以既是单项工程也是单位工程。建设单位可以将生产车间的建筑工程和设备安装工程发包给不同的承包人，但是对于办公楼或职工宿舍则只能发包给一个承包人。

如按单位工程为最小发包标的的观点，建筑工程包括的所有分项工程不能再单独发包，必须统一发包给总承包人，否则就属于支解发包。但是单位工程中包括的专业工程，特别是电梯工程、消防工程、装饰装修工程和人防工程，在工程实践中通行的做法是由发包人单独发包，这也符合国际工程发包的惯例，并且有法规依据，如《建筑业企业资质标准》（建市〔2014〕159号）第三条规定：“（一）……施工总承包工程应由取得相应施工总承包资质的企业承担。取得施工总承包资质的企业可以对所承接的施工总承包工程内各专业工程全部自行施工，也可以将专业工程依法进行分包。对设有资质的专业工程进行分包时，应分包给具有相应专业承包资质的企业……（二）设有专业承包资质的专业工程单独发包时，应由取得相应专业承包资质的企业承担。取得专业承包资质的企业可以承接具有施工总承包资质的企业依法分包的专业工程或建设单位依法发包的专业工程……”

依据建筑业企业资质的管理规定，发包人可以将设有专业承包资质的专业工程直接发包，只要发包给取得相应专业承包资质的企业就不违规，当然也不能认定为支解发包。发包人甚至可以将单位工程内的设有专业承包资质的专业工程全部直接发包。当然未设有专业承包资质的专业工程只能由总承包人分包，发包人不能直接发包，否则构成支解发包。

因而理解“支解发包”的含义，有两个不同的角度：一是专业承包资质标准，将一个专业资质承包范围内的工程直接发包，不属于支解发包，只有将一个专业资质承包范围内的分项工程分别发包，才属于支解发包。二是法律法规设定的标准，即单位工程是发包的最小标的，只要将一个单位工程内的专业工程分别进行发包，就构成支解发包。从这两个角度理解“支解发包”，将产生理解上的分歧，并无法对“支解发包”进行准确的界定。

所以从法律法规角度对支解发包进一步进行明确，并协调处理好专业发包的问题，极为必要。

当然，随着对工程总承包的大力推进，我国鼓励建设单位将整个工程项目整体发包，以利于工程建设管理和投资控制。建设单位进行支解分包的现象也将大为减少，后续将逐步形成以施工总承包和工程总承包为主的发包模式。

2. 关于支解发包的法律性质和法律后果

支解发包的行为违反了《民法典》《建筑法》和《建设工程质量管理条例》等法律、行政法规的强制性规定，属于违法行为。那么发包人支解发包签订的建设工程合同是否无效呢？这在实践中尚存争议。

有人认为应认定为无效，依据《民法典》第一百五十三条第一款的规定：“违反法律、行政法规的强制性规定的民事法律行为无效。但是，该强制性规定不导致该民事法律行为无效的除外。”显然，支解发包的行为违反了《民法典》《建筑法》和《建设工程质量管理条例》等法律、行政法规的强制性规定，支解发包的民事行为无效，其签订的建设工程合同也应无效。

笔者认为支解发包的民事行为虽然违法，但是支解发包签订的建设工程合同仍为有效合同。首先，违反法律、行政法规强制性规定的民事行为并不必然无效。最高人民法院曾在现已失效的《最高人民法院关于适用〈中华人民共和国合同法〉若干问题的解释（二）》[①] 中规定违反法律、行政法规的“强制性规定”是指“效力性强制性规定”。只有违反“效力性强制性规定”的合同才无效，而违反“管理性强制性规定”的合同仍有效。虽然该观点并没有被《民法典》所接受，第一百五十三条并没有将“强制性规定”分为“效力性强制性规定”和“管理性强制性规定”，而统一规定为“强制性规定”。但是，第一百五十三条“但书”的规定，显然明确了违反法律、行政法规“强制性规定”的民事法律行为也可能不会导致无效。其次，《民法典》《建筑法》和

① 于2021年1月1日被废止，相应内容修订后并入《民法典》。

《建设工程质量管理条例》虽有不得支解发包的强制性规定，但均没有规定支解发包的建设工程合同无效，从法律、行政法规层面并没有明确支解发包签订的建设工程合同无效。从《建设工程施工合同司法解释（一）》的规定来看，规定建设工程合同无效的情形也不包括支解发包建设工程的情形。因而从司法政策层面，支解发包的建设工程合同仍为有效合同。

根据目前的法律规定，支解发包的行为属于违反行政管理的违法行为，应受到行政处罚。对此《建筑法》第六十五条第一款规定："发包单位将工程发包给不具有相应资质条件的承包单位的，或者违反本法规定将建筑工程肢解发包的，责令改正，处以罚款。"《建设工程质量管理条例》第五十五条规定："违反本条例规定，建设单位将建设工程肢解发包的，责令改正，处工程合同价款0.5%以上1%以下的罚款；对全部或者部分使用国有资金的项目，并可以暂停项目执行或者暂停资金拨付。"所以支解发包建设工程会让发包方受到行政处罚，但是不会造成建设工程合同无效的法律后果。

典型案例解析

案例3.1　支解发包如何认定

——青建公司与合龙置业公司建设工程施工合同纠纷案

【案例来源】

（2016）川民申211号

【基本案情】

青建公司与合龙置业公司签订《某能二期及其地下室施工总承包建设工程施工合同》（以下简称《施工合同》）及《"某能二期"楼施工总承包建设工程施工合同补充协议》（以下简称《补充协议》）。合龙置业公司以总包的名义将工程发包给青建公司，《补充协议》第1.4条对分包单位的定义"本合同中分包单位指由甲方直接签署施工合同的、在总包工程范围外的其他专业施工单位"。合龙置业公司将外墙百叶、栏杆、保温、屋面铁花、塑钢门窗、公区二装、屋面及厨卫防水等工程发包给其他单位。同时将消防工程、电梯工程直接发包。

【争议焦点】

合龙置业公司将电梯工程、消防工程直接发包是否属于支解发包？

【法院裁判】

再审法院四川省高级人民法院认为：首先，《最高人民法院关于适用〈中华人民共和国合同法〉若干问题的解释（二）》第十四条规定“合同法第五十二条第（五）项规定的‘强制性规定’，是指效力性强制性规定”，即只有违反法律、行政法规的效力性强制性规定才会导致合同无效。而《建筑法》所规定的禁止支解发包，不属于《最高人民法院关于审理建设工程施工合同纠纷案件适用法律问题的解释》第一条和第四条[①]规定的无效情形，也不违反其他相关法律、行政法规规定的会导致建设工程施工合同无效的效力性强制性规定。青建公司主张本案《施工合同》及《补充协议》因支解发包违反了《合同法》第五十二条第五项规定无效的申请再审理由不能成立。

其次，本案所涉工程中，合龙置业公司直接分包的工程属于不同的单位工程，况且，合龙置业公司直接分包的电梯工程、消防工程等单位工程必须由具备专业施工资质的单位施工，青建公司不具备该几项工程的专业施工资质，事实上不可能直接承包。合龙置业公司将涉及专业施工资质的单位工程分包并非“支解发包”，符合法律规定以及建筑市场惯例。

【律师解析】

虽然，依据《建设工程分类标准》（GB/T 50841－2013）和《建筑工程施工质量验收统一标准》（GB 50300－2013）的规定，消防工程和电梯工程不属于单位工程，应属于单位工程中的分项工程。依据工程发包单位最小标的为单位工程的规定，消防工程和电梯工程均不能直接发包，应发包给工程总承包人，由总承包人自己施工或由总承包人分包。

但是，消防工程和电梯工程属于设有专业承包资质的专业工程，依据《建筑业企业资质标准》的规定，发包人也可以直接发包，而且符合建筑市场的惯例。因而根据目前的建设工程司法实践经验，电梯工程、消防工程、人防工程等均可以由建设单位直接发包，直接发包的合同有效。

---

① 该两条修订后并入《建设工程施工合同司法解释（一）》第一条。

二、建设工程内部承包、转包和挂靠的认定和法律责任问题

1. 建设工程内部承包、转包和挂靠的含义及特征

（1）内部承包的含义和特征

内部承包，一般是指承包人将其承包的全部或部分工程交由下属分支机构或企业职工承包施工，承包人负责施工质量和安全管理义务，并对外承担建设工程合同权利义务。

内部承包的特征：①承包人与下属分支机构或企业职工签订内部承包合同，由下属分支机构或企业职工自负盈亏施工，承包人提取一定比例的利润分成。②下属分支机构为承包人内部机构，没有法律上的独立主体地位；企业职工与承包人之间存在真实合法的劳动合同关系，承包人为其缴纳社会保险费。③承包人对外承担建设工程合同的权利义务，下属分支机构或企业职工以承包人的名义组织施工、进行劳务分包或者采购建筑材料等。④承包人一般承担工程施工的垫资并对工程款进行控制管理，下属分支机构或企业职工没有权利处置建设工程款项。

（2）转包的含义和特征

转包，一般是指承包人承包工程后，不履行合同约定的责任和义务，将其承包的全部建设工程转给其他单位或个人，或者将其承包的全部建设工程支解以后以分包的名义分别转给其他单位或个人的行为。

转包的特征为：①承包人将建设工程合同权利与义务全部转让给第三人，不履行建设工程合同的义务，不进行施工、管理和技术指导等。②承包人未在工程现场成立项目管理机构，也未派驻项目经理和其他管理人员，工程现场的项目经理和其他管理人员均隶属于承包人以外的第三人。③承包人不对建设工程施工投入资金，只是按照一定比例收取管理费。④建筑材料的采购人、专业分包和劳务分包的发包人往往不是承包人，一般是以项目部或实际施工人的名义发包。

（3）挂靠的含义和特征

挂靠，一般是指单位或个人以其他有资质的建筑企业名义投标、签订建设工程合同并履行合同权利义务等承揽建设工程的行为。

挂靠的特征为：①挂靠人没有资质或者资质等级低。②挂靠人与被挂靠人之间不存在隶属关系，没有管理与被管理的权利义务。③一般是挂靠人自己取得建设工程项目后再挂靠其他有资质的企业。④挂靠人自行进行工程建设，自行组建工程项目管理机构，被挂靠人不参与工程施工，不进行经济和技术管理。⑤挂靠人对建设单位以被挂靠人的名义履行建设工程合同，以被挂靠人的名义或者自己的名义分包工程、采购建筑材料等。⑥被挂靠人收取一定比例的挂靠费或者管理费。

2. 建设工程内部承包、转包和挂靠的区分和认定

（1）内部承包与转包、挂靠的区分和认定

内部承包与转包、挂靠在外在表现形式上存在很多相似性，特别是当事人以签订内部承包合同的形式进行转包或者挂靠。比如对外均是以建筑企业的名义履行建设工程合同，建筑企业均按照一定的比例收取管理费或者利润。但是，内部承包与转包、挂靠法律性质完全不同，内部承包是非法律禁止的行为，属于合法行为。而转包和挂靠均为法律明确禁止的行为，属于违法行为。《民法典》第七百九十一条第二款规定："……承包人不得将其承包的全部建设工程转包给第三人或者将其承包的全部建设工程支解以后以分包的名义分别转包给第三人。"《建筑法》第二十八条规定："禁止承包单位将其承包的全部建筑工程转包给他人，禁止承包单位将其承包的全部建筑工程肢解以后以分包的名义分别转包给他人。"第二十六条第二款规定："禁止建筑施工企业超越本企业资质等级许可的业务范围或者以任何形式用其他建筑施工企业的名义承揽工程。禁止建筑施工企业以任何形式允许其他单位或者个人使用本企业的资质证书、营业执照，以本企业的名义承揽工程。"所以法律明文规定禁止建设工程转包和挂靠。同时，依据《建设工程施工合同司法解释（一）》第一条的规定，承包人非法转包、违法分包建设工程和没有资质的实际施工人借用有资质的建筑施工企业名义与他人签订的建设工程合同无效，而内部承包所签订的建设工程合同和内部承包合同为有效合同。

在司法实践中，区分内部承包与转包、挂靠行为主要依据以下两点：

一是内部承包中承担施工的是承包人下属分支机构或者企业职工；而转包、挂靠的实际施工人与承包人之间没有隶属关系，不存在管理与被管理的关系。要认定是否为内部承包行为，首先判断内部承包合同中的承包人是否

为企业下属分支机构或者企业员工。是否为企业下属分支机构根据工商登记资料很容易判断，判断是否为企业员工一般以书面劳动合同、社保缴纳凭证、工资发放证明、项目经理的执业证书注册单位等证据综合予以认定。实践中，一些承包人为了规避转包和挂靠的违法认定，在将工程转包或者允许其他个人挂靠时，往往同时与转包合同的承包人或挂靠人签订劳动合同，发放工资并缴纳社保费用，形成内部承包的假象。对于这种故意规避法律的行为，要进行实质性判断，不能被表面现象遮盖了实质性转包或挂靠的违法行为。

二是承包人是否对工程施工进行必要的管理，是否有资金和人力的投入。转包和挂靠中承包人仅收取管理费，不对工程施工进行管理，不会投入任何资金，也不会投入人力。承包人对内部承包往往会承担一些管理义务，并有资金和人力的投入，比如提供机械设备、组织建筑工人、垫付一些建设资金等。

（2）转包与挂靠的区分和认定

转包与挂靠存在更多的相似点，有时很难区分。如承包人均不实际履行建设工程合同，不设置工程项目管理机构，不派驻项目管理人员；承包人不对工程施工投入任何资金，只收取一定比例的管理费或挂靠费；实际施工人与承包人之间不存在隶属或管理关系，不存在劳动合同关系；实际施工人以承包人的名义对外承揽工程等。

工程转包和挂靠的区别主要是工程建设项目取得主体不同。一般情形下，工程转包是承包人获得工程建设项目后，将工程项目转包给第三人，承包人先与建设单位签订建设工程合同，再签订转包合同。挂靠是挂靠人获得工程建设项目后寻找被挂靠人，或者是挂靠人以被挂靠人的名义进行投标、议标而获得建设工程项目，一般是挂靠协议签订在前，与建设单位签订的建设工程合同在后。实践中，一般是挂靠人缴纳投标保证金，并以被挂靠人的委托代理人身份投标或与发包人进行磋商并签订建设工程合同。

典型案例解析

案例3.2 内部承包与挂靠的区分

——黄某与A公司、B公司建设工程施工合同纠纷案

【案例来源】

（2020）最高法民终576号

【基本案情】

2010年10月8日，A公司向B公司出具确认函，宣告：A公司经理黄某合法代表我单位在黄岗寺城中村改造项目工程的投标活动洽商中，以我单位的名义签署投标书和投标文件、与招标人（或业主）协商、签订合同协议书以及执行一切与此有关的事项均已结束，并对拟签订合同协议书有关技术、工程进度、现场管理、质量检验、结算与支付等方面所有条款内容（附件）均无异议，特此复函确认。黄某作为被授权的代理人签名。

2010年10月19日，B公司（甲方）与A公司（乙方）签订《建设工程施工合同》，约定了工程名称、内容、质量标准、工期、暂估价等内容。2011年1月8日，A公司（甲方）与黄某（乙方）签订《工程施工内部承包协议书》，以为了实行有效的内部经济责任制和项目承包负责制、实行企业目标管理等为由，将承包B公司的工程内部承包给黄某。工程造价与A公司、B公司签订的《建设工程施工合同》约定一致，承包范围、工期、质量目标、材料供应及工程款支付等执行公司与原建设单位签订的合同及补充协议的有关规定；承包费及其他费用约定：1. 公司计取工程总造价0.8%的承包费；2. 乙方负责向当地建设行政主管部门交纳办理手续的各种费用，包括施工中的各种检测、验收费用。黄某与A公司双方均未提交《工程施工内部承包协议书》相关补充协议。

2011年4月1日起案涉工程各栋楼先后开工。A公司设立黄岗寺嵩山路小区工程项目经理部，任命张某某为项目经理，余某某、宋某某为项目副经理，董某某为项目总工，对工程组织施工建设。黄某称是由其实际承建案涉工程，A公司予以认可。B公司未取得案涉工程的建设工程规划许可证等规划审批、

施工报建手续，至今也未取得；案涉工程也未进行招投标。

2017年1月17日，B公司（甲方）与A公司（乙方）签订《黄岗寺嵩山路小区（安置五地块）工程结算协议书》。后B公司（甲方）与A公司（乙方）又签订《黄岗寺城中村改造项目（安置地块五）工程决算手续办理、工程款支付、质保金退还、后续手续办理协议书》。

【争议焦点】

1. 本案A公司与黄某之间是借用资质关系还是内部承包关系？

2. 本案工程价款结算的主体如何确定，挂靠人黄某是否有权向发包人B公司主张工程价款？

【法院裁判】

一审法院河南省高级人民法院认为：根据查明的事实，A公司虽然名义上将承包B公司的工程内部承包给黄某，但实质上是没有资质的实际施工人黄某借用有资质的A公司名义施工建设工程，根据《最高人民法院关于审理建设工程施工合同纠纷案件适用法律问题的解释》第一条[①]第二项规定，《建设工程施工合同》应认定无效。《建设工程施工合同》无效，A公司依据该合同与黄某签订的《工程施工内部承包协议书》亦无效。黄某未提交与A公司签订的《工程施工内部承包协议书》相关的补充协议，其要求确认《工程施工内部承包协议书》相关补充协议无效，没有基础依据。

关于《黄岗寺嵩山路小区（安置五地块）工程结算协议书》是否应确认无效。在挂靠情形下，被挂靠人是与发包人签订合同的相对人，是与发包人结算工程价款的主体。A公司在与B公司签订《建设工程施工合同》前向B公司出具确认函，宣告其公司经理黄某合法代表其单位，对拟签订合同书所有条款内容均无异议；在随后签订的《建设工程施工合同》上加盖了A公司及其法定代表人的印章，黄某仅是作为委托代表人签名，没有证据证明B公司在签订合同时明知黄某借用A公司资质。合同履行中，A公司派驻了项目经理及管理人员，向B公司提供了施工组织设计，工程签证单、联系单、施工部位确认单、材料设备认质认价申请单、罚款通知单均是A公司签署或签收，施工进度计划、工程款支付申请均是A公司出具，工程款系向A公司支付，务工人员信访

---

① 本条修订后并入《建设工程施工合同司法解释（一）》第一条。

事件也系A公司出面处理，工程节点验收及工程竣工验收均是A公司参与进行；为解决工程施工过程中发生的劳务人员违法事件，B公司、A公司、河南省郑州市二七区黄岗寺社区改造开发指挥部三方签订《黄岗寺安置五地块补充协议》，明确合同的签订及内容是企业对企业、法人对法人，A公司不得转包本工程、必须派驻在编人员进驻项目、全面垂直领导和管理项目部。随后A公司更换了项目经理。劳务分包合同也系A公司签订，黄某在参加的劳务分包合同纠纷案件诉讼中也以其是A公司员工的理由抗辩其个人不承担责任。上述合同、补充协议内容及履行过程，能够证明B公司、A公司及业主单位均只认可A公司系承包人，与B公司发生法律关系的是A公司，而非黄某，黄某与B公司没有建立直接的发承包关系。A公司作为被挂靠人已与发包人B公司签订工程结算协议书，对工程价款进行了结算；黄某作为挂靠人，要求由其再对工程价款进行结算，没有法律依据。黄某称A公司、B公司恶意串通进行结算，损害其利益；B公司、A公司双方均予以否认。黄某主张A公司与B公司恶意串通进行结算损害其利益证据不足，请求确认《黄岗寺嵩山路小区（安置五地块）工程结算协议书》无效的理由不能成立，一审法院不予支持。如前所述，黄某只是挂靠A公司施工的挂靠人，在挂靠情形下工程价款应由承包人主张，A公司作为承包人已与发包人B公司进行了结算，B公司已向A公司支付了除部分质保金外的全部工程款。黄某不是与B公司结算工程款的主体，也不是可以直接向B公司请求支付工程款的主体，其在发承包双方已对工程价款进行结算并已支付的情形下，申请对工程价款及停工窝工损失进行鉴定不符合《最高人民法院关于审理建设工程施工合同纠纷案件适用法律问题的解释（二）》第十二条[①]的规定，请求发包人B公司支付工程款、停工窝工损失，没有法律依据，一审法院不予支持。

关于A公司与黄某之间是借用资质关系还是内部承包关系的问题。二审法院最高人民法院认为：二审中，A公司虽提交了《河南省城镇职工企业养老保险在职职工信息查询单》，但黄某否认与A公司之间存在劳动合同关系，且在二审庭审中称不知道A公司为其购买养老保险的事实，主张其已经在天津购买了社会保险。A公司一审中认可其与黄某之间是借用资质关系，二审中亦未提

① 本条并入《建设工程施工合同司法解释（一）》第二十九条。

交证据证明其与黄某之间签订过劳动合同或者向黄某发放过工资。故一审判决认定本案实质上是没有资质的实际施工人黄某借用有资质的A公司名义施工建设工程，并无不当。A公司关于其与黄某之间系内部承包关系、案涉《工程施工内部承包协议书》有效的上诉理由不能成立。

【律师解析】

本案首要的争议焦点是黄某与A公司之间是内部承包关系还是借用资质关系。内部承包与借用资质最主要的区别是：内部承包中的承包人是建筑企业的内部员工，借用资质的借用人不是建筑企业的员工。而员工身份的判断依据是两者之间是否成立真正的劳动关系。本案中黄某与A公司之间并不存在真实的劳动关系，虽然A公司为了规避法律，给黄某缴纳了社保，但是黄某本人并不承认两者之间的劳动关系，同时其本人在天津长期缴纳社保，所以一审、二审法院均认定黄某与A公司之间不属于劳动关系，A公司与黄某签订的《工程施工内部承包协议书》，虽然名为内部承包协议，实质却为借用资质的挂靠协议。

另外，是否属于借用资质的挂靠关系，还可以从挂靠协议签订时间进行判断，挂靠协议的签订时间一般在被挂靠人与建设单位签订建设工程合同之前。虽然本案B公司（甲方）与A公司（乙方）于2010年10月19日签订《建设工程施工合同》，A公司（甲方）与黄某（乙方）于2011年1月8日签订《工程施工内部承包协议书》，时间在后，但是根据2010年10月8日A公司向B公司出具的确认函可知，黄某在本案工程招标过程中也就是《建设工程施工合同》签订之间已经以A公司的名义参与本工程，本案《建设工程施工合同》的签订也是黄某全程主导的，因而实际情形为黄某先借用A公司的名义承接本案工程，然后代表被挂靠人A公司与B公司签订了《建设工程施工合同》，所以仍是挂靠在前。

本案还涉及另外一个焦点问题，即借用资质的挂靠人是否与发包人直接成立合同关系，是否有权与发包人直接结算的问题。本案黄某主张：B公司在签订合同时就明知黄某是借用A公司资质。案涉《建设工程施工合同》是B公司与实际施工人黄某之间的真实意思表示。结合案涉工程已经竣工验收以及B公司已经实际占有、使用案涉工程的事实，B公司与黄某之间具有直接的发包承包关系。案涉工程的结算应在黄某与B公司之间进行。A公司作为被挂靠人没有真实的签约意图及履约行为，不享有结算工程价款的权利。A公司与B公司签订的《黄岗寺嵩山路小区（安置五地块）工程结算协议书》无效。一审法院否定了黄某的主张，认为在无证据证明B公司明知黄某挂靠A公司的情形下，黄某与B公司之间不成立合同关系，黄某无权与B公司之间结算，也无权直接要求B公司支付工程价款。在挂靠的情形下，只有被挂靠人享有向发包人主张工程价款的权利，从而否定了挂靠人作为实际施工人突破合同相对性向发包人主张工程价款的权利。

三、实际施工人的认定和法律责任问题

（一）实际施工人的含义和认定

实际施工人这一概念出现在最高人民法院的司法解释中，但没有准确的定义。那么，什么是实际施工人呢？《建设工程施工合同司法解释（一）》共有四条使用了“实际施工人”这一概念，但是含义有所不同，下面逐一分析。

第一条规定：“建设工程施工合同具有下列情形之一的，应当依据民法典第一百五十三条第一款的规定，认定无效：……（二）没有资质的实际施工人借用有资质的建筑施工企业名义的……”这条中的“实际施工人”从文义上解释应指借用资质的单位或个人。

第十五条规定：“因建设工程质量发生争议的，发包人可以以总承包人、分包人和实际施工人为共同被告提起诉讼。”该条司法解释的法律依据是《建筑法》第五十五条、第六十六条和第六十七条。《建筑法》第五十五条规定：“建筑工程实行总承包的，工程质量由工程总承包单位负责，总承包单位将建筑工程分包给其他单位的，应当对分包工程的质量与分包单位承担连带责任……”这是总承包人和分包人承担连带责任作为共同被告的法律依据。《建筑法》第六十六条规定：“建筑施工企业转让、出借资质证书或者以其他方式允许他人以本企业的名义承揽工程的……对因该项承揽工程不符合规定的质量标准造成的损失，建筑施工企业与使用本企业名义的单位或者个人承担连带赔偿责任。”这是出借资质的单位和借用资质的实际施工人承担连带责任做共同被告的法律依据。这里出借资质的单位既包括总承包人也包括分包人。这也是

《建设工程施工合同司法解释（一）》第七条的法律依据，该条规定："缺乏资质的单位或者个人借用有资质的建筑施工企业名义签订建设工程施工合同，发包人请求出借方与借用方对建设工程质量不合格等因出借资质造成的损失承担连带赔偿责任的，人民法院应予支持。"《建筑法》第六十七条规定："承包单位将承包的工程转包的，或者违反本法规定进行分包的……承包单位有前款规定的违法行为的，对因转包工程或者违法分包的工程不符合规定的质量标准造成的损失，与接受转包或者分包的单位承担连带赔偿责任。"这是总承包人、分包人转包或违法分包建设工程与实际施工人承担连带责任作为共同被告的法律依据，这里的实际施工人包括非法转包的承包人和违法分包的承包人。因而，本条的实际施工人包括借用资质的单位和个人、非法转包的承包人、违法分包的承包人。

《建设工程施工合同司法解释（一）》第四十三条规定："实际施工人以转包人、违法分包人为被告起诉的，人民法院应当依法受理。实际施工人以发包人为被告主张权利的，人民法院应当追加转包人或者违法分包人为本案第三人，在查明发包人欠付转包人或者违法分包人建设工程价款的数额后，判决发包人在欠付建设工程价款范围内对实际施工人承担责任。"

第四十四条规定："实际施工人依据民法典第五百三十五条规定，以转包人或者违法分包人怠于向发包人行使到期债权或者与该债权有关的从权利，影响其到期债权实现，提起代位权诉讼的，人民法院应予支持。"

第四十三条、第四十四条中与"实际施工人"相对应的是转包人和违法分包人，并不包括出借资质的被挂靠人，因此"实际施工人"仅指非法转包的承包人和违法分包的承包人。

综上，根据《建设工程施工合同司法解释（一）》的规定，实际施工人在三种情形下存在，即非法转包、违法分包和借用资质，具体是指非法转包中的承包人、违法分包中的承包人和借用资质（挂靠）的单位或者个人。

转包和挂靠的情形我们上文已经讨论，此处不再赘述。违法分包包括哪些情形呢？根据相关法律法规的规定，违法分包是指下列行为：（1）承包人将建设工程分包给不具备相应资质条件的单位或者个人的；（2）建设工程承包合同中未有约定，又未经发包人认可，承包人将其承包的部分建设工程分包给其他单位的；（3）施工总承包单位将建设工程主体结构的施工分包给其他单位的；（4）专业工程分包单位将其承包的专业工程中非劳务作业部分再分包的；（5）劳务分包单位将其承包的劳务作业再分包的。

非法转包、违法分包和挂靠签订的建设工程合同均属于无效合同，所以实际施工人只在无效的建设工程合同中存在，有效的建设工程合同中不存在实际施工人的问题。

实际施工人的认定要注意以下两个问题：

第一，实际施工人可以是单位，也可以是个人，即包工头或班组长，但是该包工头或班组长应该有实际投入，比如部分资金、建筑材料以及工人工资等，如果包工头或班组长没有实际投入，仅仅是建筑劳务工人的管理者，不承担向劳务工人支付工资的义务，并正常领取工资报酬，就不能认定为实际施工人。当然实际施工人招用的从事建筑业劳务作业的劳务工人也不属于实际施工人，其不享有《建设工程施工合同司法解释（一）》规定的实际施工人的权利。

第二，数次转包或违法分包实际施工人的认定。数次转包或违法分包的，实际施工人应指实际投入人力和物力进行工程施工的单位或个人，中间阶段的转包人或违法分包人不属于实际施工人。

（二）实际施工人的法律责任

实际施工人与转包人、违法分包人和出借资质的被挂靠人对建设工程质量承担连带赔偿责任。直接法律依据是《建设工程施工合同司法解释（一）》第十五条和第七条的规定。实际施工人与转包人、违法分包人和借用资质的被挂靠人承担连带责任的具体情形如下：

第一，总承包人、分包人与实际施工人两方主体对建设工程质量承担连带赔偿责任。这是指总承包人、分包人转包、违法分包、出借资质的，总承包人、分包人的身份就是转包人、违法分包人和出借资质的被挂靠人。实际施工人与转包人、违法分包人、被挂靠人对建设工程质量承担连带赔偿责任。

注意这里是连带赔偿责任，连带赔偿责任是因为违法行为产生的法律责任，与合法行为产生的连带责任不同。

第二，总承包人、分包人和实际施工人三方主体对建设工程质量共同承担连带赔偿责任。这种情形就比较复杂，比如总承包人将工程违法分包后，违法分包人再转包或违法分包的；或总承包人将工程转包后，转包的承包人再转包或违法分包的，也就是存在层层转包、违法分包以及借用资质且交互存在的情形下，总承包人、转包人、违法分包人和实际施工人对工程质量承担什么法律责任，法律并没有明确的规定，因为层层转包、违法分包和借用资质交互存在的情形过于复杂，需要法官在司法实践中进行考量判断并根据公平合理的原则作出裁决。

但是笔者认为在层层转包、违法分包和借用资质的情形下，总承包人、分包人和实际施工人均对工程质量问题存在过错，存在共同侵权行为，应对共同侵权行为造成的损失承担连带赔偿责任，法律依据是《民法典》第一千一百六十八条的规定："二人以上共同实施侵权行为，造成他人损害的，应当承担连带责任。"所以，对由此造成的工程质量损失要承担连带赔偿责任。

（三）实际施工人利益保护的特殊规定

1. 对转包、违法分包的实际施工人工程价款请求权的特殊保护

《建设工程施工合同司法解释（一）》第四十三条规定："实际施工人以转包人、违法分包人为被告起诉的，人民法院应当依法受理。实际施工人以发包人为被告主张权利的，人民法院应当追加转包人或者违法分包人为本案第三人，在查明发包人欠付转包人或者违法分包人建设工程价款的数额后，判决发包人在欠付建设工程价款范围内对实际施工人承担责任。"

根据最高人民法院司法解释的规定，实际施工人有权直接以建设工程发包人为被告主张权利，从而突破合同的相对性，但是发包人在欠付工程款价款的范围内承担补充责任，而不是对实际施工人的全部债权承担连带责任。这里的发包人是指建设工程的建设单位，实际施工人包括转包和违法分包的承包人，但是不包括借用资质的挂靠人。

（1）实际施工人直接起诉发包人主张工程款的，要注意以下几点：

第一，实际施工人直接起诉转包人、违法分包人的，人民法院不能追加发包人为案件当事人；实际施工人直接起诉发包人的，法院应当追加转包人或违法分包人为第三人，而不是共同被告。

第二，关于实际施工人起诉的合同依据问题。实际施工人向发包人主张权利的，应参照实际施工人与承包人之间的合同约定认定实际施工人的工程价款数额，不能主张以发包人与承包人之间的合同约定结算工程价款，实际施工人

不能代替承包人，也不是承继了发包人与承包人之间的建设工程合同。

但是实际施工人主张发包人承担有关义务的，应依据发包人与承包人之间签订的合同，不能依照实际施工人与承包人签订的转包和违法分包合同约定的权利与义务，因为发包人与承包人之间的建设工程合同仍为有效合同，实际施工人与承包人之间签订的转包合同和违法分包合同无效，而且实际施工人向发包人主张权利的请求权基础是发包人和承包人之间的合同，实际施工人实际代承包人向发包人主张权利，而不是依据与承包人签订的合同向发包人主张权利，发包人不受实际施工人与承包人之间无效转包合同和违法分包合同的约束，仍受承包人与发包人之间合同的约束，发包人所负担的义务仍为合同之债，这是发包人承担支付工程价款义务的来源。所以实际施工人向发包人行使的权利带有代位权的性质，而不是与发包人形成新的合同关系，实际施工人向发包人请求工程款的权利仍来源于发包人与承包人之间的建设工程合同之债。比如，发包人与承包人约定工程款以房抵债的，实际施工人就不能改变该约定，要求发包人直接支付工程款。

第三，法院必须查明发包人欠付承包人工程价款的数额，才能判发包人承担责任，如果发包人与承包人没有结算，或者因为承包人不予配合等原因，无法查清发包人欠付工程款数额，发包人能够举证已经支付的工程款超过合同约定的，那么则应推定发包人已经不再欠付工程款。如果已经支付的工程款少于合同约定的，则差额应认定为发包人欠付的工程价款。

第四，在层层转包、违法分包的情形下，最终的实际施工人可以越过中间的转包人、违法分包人直接起诉发包人，中间的转包人和违法分包人不是实际施工人，不能直接起诉发包人。

（2）发包人对实际施工人可以行使的抗辩权

实际施工人向发包人主张权利的，性质上是代承包人向发包人主张工程价款的权利，那么发包人依据与承包人之间的建设工程合同，也可以对实际施工人进行抗辩，具体可以行使的抗辩权有：

第一，关于建设工程质量的抗辩。实际施工人突破合同相对性向发包人主张工程价款的，发包人也可以向实际施工人行使建设工程质量不合格的抗辩。如果建设工程质量不合格未经过竣工验收，发包人本可以向承包人主张的建设工程质量抗辩权也可以向实际施工人行使，因为实际施工人和承包人要对建设工程质量承担连带责任，发包人可以主张拒付工程款，或者发包人要求对不合格的工程进行修复，主张扣除修复的费用；如果建设工程无法修复，或者修复费用过高，发包人应有权要求减少工程价款。

第二，关于发包人是否可以向实际施工人反诉工期违约的问题。发包人对实际施工人是以工期延误进行抗辩，还是提起工期违约反诉，目前司法实践中尚未有定论。但是在实际施工人向发包人主张工程价款时，发包人以承包人和实际施工人为共同被告，提起工期违约的反诉，要求承包人和实际施工人共同承担工期违约赔偿责任，应该得到人民法院支持，从而对抗实际施工人的工程价款请求权。虽然尚未有法律或司法解释规定实际施工人和承包人应对工期违约承担连带责任，但是实际施工人作为建设工程的实际组织施工者，对工期延误自有不可推卸的责任，这可以理解为实际施工人对承包人的工期违约责任，进而导致承包人对发包人的工期违约，所以实际施工人应为自己的过错承担责任，也符合法律逻辑。

第三，发包人工程价款支付条件、支付期限、支付时间和支付方式的抗辩。发包人有权依据合同约定向承包人以工程价款支付条件、支付期限、支付时间和支付方式进行抗辩，自然也有权对实际施工人进行相同的抗辩。比如，发包人与承包人施工合同约定，在工程竣工结算后分期支付工程价款的，如果支付期限未到，发包人则可以向实际施工人行使支付期限尚未届至的抗辩。

2. 对借用资质的挂靠人工程价款请求权的规定

《建设工程施工合同司法解释（一）》第四十三条规定的实际施工人不包括借用资质的挂靠人，只包括转包和违法分包的承包人。那么借用资质的挂靠人同样作为实际施工人，如何保护自己的权利？

最高人民法院在《最高人民法院建设工程施工合同司法解释（二）理解与适用》① 一书中认为，借用资质的实际施工人可以直接向发包人主张建设工程价款债权，依据是借用资质的实际施工人与发包人之间就建设工程施工合同之标的产生了实质性的法律关系，所以虽然其与发包人签订的建设工程合同无

① 最高人民法院民事审判第一庭编著：《最高人民法院建设工程施工合同司法解释（二）理解与适用》，人民法院出版社 2019 年版，第 499—502 页。

效，但是双方围绕建设工程合同订立、履行而形成一系列法律关系，双方当事人之间会基于这些法律关系产生债法上的请求权，实际施工人有权依据无效合同的法律规定直接向发包人请求参照合同约定支付工程价款。北京市高级人民法院在审判实践中持有同样的观点，《北京市高级人民法院关于审理建设工程施工合同纠纷案件若干疑难问题的解答》（京高法发〔2012〕245 号）第二十条规定："……不具有资质的实际施工人（挂靠施工人）挂靠有资质的建筑施工企业（被挂靠人），并以该企业的名义签订建设工程施工合同，被挂靠人怠于主张工程款债权的，挂靠施工人可以以自己名义起诉要求发包人支付工程款，法院原则上应当追加被挂靠人为诉讼当事人，发包人在欠付工程款范围内承担给付责任……"

根据最高人民法院的观点，借用资质的实际施工人仍然可以直接向发包人主张权利，依据是合同无效的法律规定，不突破合同的相对性。但是，以上观点在发包人明知挂靠关系存在的情形下，自然没有争议，发包人明知与其就建设工程形成合同权利义务关系的是挂靠人，而不是被挂靠人，挂靠人借用了别人名义与发包人签订合同，两者存在事实上的法律关系而且都是明知的，为双方的合意，因而挂靠人有权直接起诉发包人主张工程款。

但是，笔者认为如果在发包人并不明知挂靠关系的情形下，挂靠人没有权利直接起诉发包人主张工程价款，而只能通过被挂靠人向发包人主张工程价款。因为在不明知挂靠关系的情形下，发包人认为与其签订建设工程合同的当事人是被挂靠人，而不是挂靠人，如果是挂靠人，发包人可能不愿意与其签订建设工程合同，所以强行认定挂靠人与发包人成立事实上的合同关系，违背发包人的真实意愿，违反民法自愿平等的基本原则。同时发包人之所以同意与被挂靠人签订建设工程合同，可能是基于对被挂靠人的资质、信誉等的信赖，在挂靠人不具备发包人要求的相应资质、信誉的情形下，直接认定发包人与挂靠人成立事实上的合同关系，会严重损害发包人的信赖利益。这样反而保护了违法的挂靠人和被挂靠人，损害了发包人的合法权益，有违法律的基本价值取向。

典型案例解析

案例3.3　实际施工人如何认定

——贵州某建设公司与某酒店公司建设工程合同纠纷案

【案例来源】

(2020) 川13民终4133号

【基本案情】

某酒店公司和个人刘某原有合作关系，由某酒店公司开发的A项目仍打算和刘某继续合作。刘某受建筑施工资质限制，誉阳公司具有建筑施工资质，刘某与誉阳公司洽谈合作，打算以誉阳公司的名义承建该项目，经过双方和某酒店公司的谈判，某酒店公司同意将项目交由刘某和誉阳公司共同负责承建。刘某与誉阳公司于2019年2月25日签订《建设工程施工项目合作协议书》，约定了双方的出资数额和占股比例，同时约定誉阳公司负责项目部的组建、现场施工、质量安全等工作，刘某仅负责协调关系、收款和结算事宜。故刘某和誉阳公司成立合伙关系并合法有效。

刘某和誉阳公司签订协议后，誉阳公司不打算以自己的名义承建施工项目，便向刘某推荐以贵州某建设公司的名义来承建，刘某表示同意。但是誉阳公司未向贵州某建设公司披露合伙人刘某及与刘某签订协议之事，仅以自己的名义与贵州某建设公司洽谈合作，口头约定以贵州某建设公司的名义承建A项目，并由贵州某建设公司组织施工，誉阳公司作为财务投资人，双方按投资比例进行分红。贵州某建设公司从未与刘某进行过任何合作协商或谈判。

誉阳公司对刘某称，A项目以贵州某建设公司的名义承建，刘某和誉阳公司作为实际施工人，贵州某建设公司作为名义上的承包人；另外，誉阳公司和贵州某建设公司又达成了新的协议，约定由誉阳公司与贵州某建设公司合伙承建A项目，由贵州某建设公司实际组织施工，誉阳公司只作为合伙人。誉阳公司利用其与贵州某建设公司的关系和刘某的信任，分别与二者达成了不同的合作协议。在此过程中，刘某知晓贵州某建设公司在誉阳公司的协调下将会参与到项目中来，但贵州某建设公司并不知晓刘某会参与到项目中来。

同时，某酒店公司并没有同贵州某建设公司进行直接谈判，一切事宜均是通过誉阳公司进行的，但贵州某建设公司以在相关往来资料上加盖公司印章、派遣项目前期人员等实际行为对合作事宜予以认可。

某酒店公司自始至终都知道该项目是交由刘某和誉阳公司来进行实际施工的，至于刘某、誉阳公司和贵州某建设公司彼此之间是什么关系，属于三者之间的内部关系，因此并未召集刘某、誉阳公司和贵州某建设公司一起进行洽谈交流。基于上述合作模式，经过谈判并协商一致后，某酒店公司同意刘某和誉阳公司以贵州某建设公司的名义承建项目，并向贵州某建设公司发出了中标通知书，要求限期签订施工总承包合同和交纳履约保证金。后因蓬安县税收落地政策的限制，某酒店公司要求贵州某建设公司在项目所在地成立分公司，贵州某建设公司不同意，双方为此产生分歧，最后未能签订正式的施工合同。

因贵州某建设公司不同意设立分公司，刘某和誉阳公司便找到凯峰公司洽谈合作，打算借用凯峰公司的资质承建项目。凯峰公司（甲方）与刘某、阳某（乙方）于2020年3月12日签订了《建设工程项目内部经济责任承包合同》及《协议书》，约定乙方包工包料、自负盈亏，乙方对工程进行施工管理和承包目标管理，甲方收取工程项目结算总结0.8%的内部承包管理费。该合同有甲方代表姚某某和乙方刘某的签名，阳某未在合同上签名。2020年3月12日，凯峰公司（甲方）与刘某（乙方）签订《协议书》，约定甲方将工程项目进度款扣除相应费用后，及时支付给乙方，乙方作为实际投资人和实际施工人，应把控好质量、安全及施工现场管理，不得损害甲方利益。虽然誉阳公司未在合同和协议书上签字，但在项目实施过程中，誉阳公司前后三次共向凯峰公司转账173万元，用于项目建设，以实际行动认可了合同和协议书内容。

经过协商谈判后，某酒店公司与凯峰公司于2019年3月10日签订了《总包建设工程施工合同》，又于2019年8月14日签订了《A项目工程总承包施工合同》。合同签订后，凯峰公司并未组织人力、物力、财力进场施工，实际进行施工的仍为刘某和誉阳公司。

【争议焦点】

本案实际施工人如何认定？

【法院裁判】

一审法院四川省蓬安县人民法院认为：建设工程的“实际施工人”特指

无效建设工程施工合同中的实际完成工程建设的承包人，即非法转包、违法分包、借用资质情形下的实际承包人。换言之，只有在建设工程合同无效的情况下才有实际施工人的讨论空间，建设工程合同有效就不存在实际施工人一说。

贵州某建设公司不是实际施工人。第一，从刘某和誉阳公司于2019年2月25日签订的《建设工程施工项目合作协议书》看，合同主体是刘某和誉阳公司，贵州某建设公司并不是合作方之一，约定的内容只能对合同当事人产生约束力。誉阳公司和刘某达成口头协议，拟借用贵州某建设公司的名义与某酒店公司签订建设工程施工合同，即便借用资质关系成立，贵州某建设公司也应是被借用人而不是实际施工人。第二，誉阳公司找到贵州某建设公司洽谈合作时是以自己的名义进行的，并未披露刘某的存在，也未告知与刘某达成合作的事宜。现有证据也不能证明誉阳公司与贵州某建设公司成立借用资质的关系。第三，某酒店公司向贵州某建设公司发出中标通知书，贵州某建设公司进场进行施工前的准备工作，虽然后来双方没有签订施工合同，但前期的准备工作是对将来签订施工合同具有预期利益的正当行为，在施工合同未能正式签订的情况下，贵州某建设公司已退场，故前期行为不能作为实际施工的依据。第四，项目部的人员杨某、廖某的社保虽然一直在贵州某建设公司，但二人从2020年3月开始，其工资由项目部发放，也接受项目部的管理和工作安排，不能据此认定二人与贵州某建设公司存在劳动关系，更不能据此认定贵州某建设公司是实际施工人。第五，贵州某建设公司的建筑资质高于凯峰公司，以高资质挂靠低资质有违生活常理。第六，贵州某建设公司与誉阳公司之间及贵州某建设公司与某酒店公司之间的法律关系有效，彼此之间的纠纷应归属于各自的法律关系调整，讨论实际施工人的前提条件不成就。

刘某和誉阳公司是实际施工人。第一，本案中，无论存在多少个法律关系，刘某和誉阳公司从项目洽谈到项目落实再到项目施工都全过程参与，并实际投入资金、材料和劳力的事实均未发生变化。第二，贵州某建设公司进行了施工前的准备工作，但因未能与某酒店公司签订施工合同便终止了施工活动，其后的施工过程并未投入财力、物力和人力。凯峰公司虽然名义上与某酒店公司签订了施工合同，但并未投入资金，更未组织人员、机械进行现场施工。第三，刘某、誉阳公司与凯峰公司之间，及凯峰公司与某酒店公司之间，因存在法律禁止的“借用资质”情形，双方订立的合同无效，结合上述理由，认定刘某和誉阳公司为A项目的实际施工人。

【律师解析】

本案建设工程的发包和承包存在一个发包人和四个承包人主体，相互之间存在复杂的法律关系。认定本案中的实际施工人，是认定各方之间法律关系和法律责任的基础。在司法实践中，认定实际施工人要从以下方面进行审查：

第一，实际施工人只存在无效的建设工程合同中，有效的建设工程合同不存在实际施工人。本案中没有认定贵州某建设公司为实际施工人，主要理由是贵州某建设公司与誉阳公司之间不是借用资质的关系，而是合伙关系，所以贵州某建设公司与发包人某酒店公司之间成立合法有效的法律关系，至于什么法律关系，一审法院未明确。因为一审法院认为双方未签订建设工程施工合同，中标通知书发出时双方建设工程合同尚未成立，所以在贵州某建设公司与发包人某酒店公司之间的法律关系性质上没有作出明确认定。根据本书第一章的内容，贵州某建设公司与发包人某酒店公司之间建设工程合同已经成立，且在中标通知书到达贵州某建设公司时成立。

因为誉阳公司、刘某共同挂靠凯峰公司，而且某酒店公司明知挂靠的事实，所以凯峰公司与某酒店公司签订的建设工程合同无效。凯峰公司是被挂靠人，誉阳公司、刘某是挂靠人，也是实际施工人。

第二，认定实际施工人要掌握一个核心标准，那就是实际施工人必须是对工程建设有实际投入的单位和个人。无论建设工程发包和承包关系如何复杂；也无论建设工程经过多少次的转包、违法发包或挂靠。本案誉阳公司和刘某对工程进行了施工，并有资金投入，应被认定为实际施工人。

之所以不能把层层转包或违法分包中对工程未有投入，也未实际施工的中间人认定为实际施工人，是因为最高人民法院司法解释赋予实际施工人突破合同相对性向发包人主张工程价款的权利，既然没有实际施工和实际投入，就不应享有工程价款的请求权利。再者，如果认定层层转包或违法分包中未实际施工的单位或个人为实际施工人并赋予工程价款请求权，将会造成各个法律主体之间法律关系的混乱，也变相鼓励层层转包和违法分包行为，与司法基本价值相背离。

四、建设工程劳务分包法律问题

1. 扩大劳务分包与专业分包、转包的区分

（1）扩大劳务分包的含义及性质

所谓扩大劳务分包，是相对于单纯的劳务分包而言，单纯的劳务分包范围仅仅限于建设工程中的劳务工作。扩大劳务分包范围除包括劳务工作，还扩大至小型机具、低值易耗品及部分辅材的承包，还有周转材料，主要包括模板、脚手架等。

扩大劳务分包的法律性质仍然属于劳务分包。劳务分包最重要的法律特征是，劳务分包合同的标的物是建设工程施工中的劳务，而不是建设工程。劳务作业承包人一般不提供建设工程的主要建筑材料、周转材料和大型机具。但是对于周转材料是否可以由劳务分包人提供，有不同的意见。司法实践中，劳务分包合同如果约定提供周转材料而没有提供建筑材料和大型机具的，一般也将其认定为合法的扩大劳务分包合同。

（2）扩大劳务分包与专业分包的区分

建设工程施工实践中，扩大劳务分包的承包范围除工程中的劳务外，还包括小型机具、低值易耗品、部分辅材，甚至包括周转材料，这使扩大劳务分包合同从形式上看与专业分包合同具有一定的相似性。因而有些建设工程总承包人为了规避法律，名义上签订扩大劳务分包合同，实际上订立的是专业分包合同，将专业工程违法分包。劳务分包企业由于没有专业工程承包资质签订的名为扩大劳务分包合同实为专业分包合同的，应被认定为无效合同。

扩大劳务分包合同与专业分包合同主要从合同标的对象上进行区分。扩大劳务分包合同不能包括主要建筑材料、设备、大型机具，并且人工费为合同价款的主要组成部分，至少占合同价款比例的50%。如果名义扩大劳务分包合同中包括主要建筑材料、设备、大型机具这些分包内容，且合同价款中的人工费比例比较低，就应该认定为专业分包合同。

（3）扩大劳务分包与转包的区分

有些建设工程总承包人或者专业分包人甚至借扩大劳务分包的名义进行工程转包，将承包的全部工程转包给劳务分包企业进行施工。扩大劳务分包合同

与转包合同可以从以下几个方面进行区分：第一，合同标的不同，扩大劳务分包合同的标的是工程施工中的劳务，包括小型机具、低值易耗品、部分辅材或周转材料；转包的标的是整个工程，包括人工、建筑材料、机械设备、所有机具、周转材料等。第二，扩大劳务分包合同的价款主要是人工费；而转包合同的价款是整个工程价款。第三，扩大劳务分包仅仅对劳务分包的施工质量、安全和工期负责，不负责整个工程的施工管理；转包负责整个工程的施工管理，包括技术、质量、工期和安全管理等。第四，工程施工现场的项目管理组织机构由转包承包人负责组建，主要管理人员应为转包承包人的员工；扩大劳务分包承包人不负责组建项目管理机构。

2. 劳务分包的质量责任和质量保证金的问题

（1）劳务分包人的工程质量责任

首先，劳务分包人是否与总承包人或专业工程分包人就工程质量对建设单位承担连带责任？

《建筑法》第二十九条第二款规定："建筑工程总承包单位按照总承包合同的约定对建设单位负责；分包单位按照分包合同的约定对总承包单位负责。总承包单位和分包单位就分包工程对建设单位承担连带责任。"《建设工程质量管理条例》第二十七条规定："总承包单位依法将建设工程分包给其他单位的，分包单位应当按照分包合同的约定对其分包工程的质量向总承包单位负责，总承包单位与分包单位对分包工程的质量承担连带责任。"但这里的分包单位应是指专业工程的分包单位，不应该包括劳务分包单位，因为这条法律规定，总承包单位和分包单位承担质量连带责任的对象是"分包工程"。显然只有分包的对象是"工程"时，分包单位和总承包单位才承担连带责任，而劳务分包单位分包的是工程施工中的劳务，不是整个工程。尤其是劳务分包单位不负责工程施工的技术管理、工程建筑材料质量的管理和工程质量的分部分项验收以及竣工验收。所以让劳务分包单位对工程质量承担连带责任显然超出了其工作职责范围，也加重了其义务，对于劳务分包单位来讲，其权利义务不对等。

其次，关于劳务分包的工程质量维修责任问题，在司法实践和理论界中一直存在争议。有人认为劳务分包人所分包的劳务作业完成并经竣工验收合格后，就不再对其进行的劳务作业施工质量承担责任，工程的质量维修责任应由劳务作业的发包人即建设工程总承包人或专业工程分包人承担。还有人认为劳务作业承包人也应该在质量保修期内承担质量保修责任。

笔者认为劳务作业承包人应该在工程质量保修期内承担工程质量瑕疵担保责任，如果在工程质量保修期内出现工程质量问题，是由劳务作业承包人的施工造成的，劳务作业承包人应承担质量维修责任，或者工程总承包人或专业工程分包人承担维修责任后，有权向劳务作业承包人追偿。

（2）劳务分包的质量保证金问题

对于劳务分包企业是否应该缴纳质量保证金问题，并没有明确的法律规定，工程实践中，也有部分工程总承包人或专业工程分包人会扣留劳务分包企业一部分质量保证金。

《北京市房屋建筑和市政基础设施工程劳务分包合同管理暂行办法》第十条第二款规定："劳务分包合同中不得包括维修保证金的内容。"表明了北京市行政管理机构对待劳务分包合同质量保证金的态度。但是也有专家认为，鉴于法律、行政法规并没有对该问题作出明确的规定，所以当事人在劳务分包合同中约定缴纳质量保证金也不违反法律法规的规定，属于有效的规定，应尊重当事人的意思表示。

笔者赞同不应该让劳务分包企业承担缴纳质量保证金的义务。首先，劳务分包企业作为工程劳务工作的承担者，其付出的是劳动者的劳动力，具有维持基本生活水平的目的，且在没有利润或者利润很低的情形下，扣留一部分质量保证金，实际扣留的是劳动者的工资，会对劳动者维持基本生活水平的能力造成损害；其次，上文已经阐述过，劳务分包企业对工程质量承担的责任相对于总承包人或者专业工程分包人而言，其工程质量责任应该很小，所以缴纳质量保证金的义务与其权利显然不对等。

3. 劳务建筑工人的人身伤害赔偿问题

由于建设工程施工活动属于高风险的工作，难免会发生劳动安全事故，造成建筑工人的人身伤害，如何对建筑工人的人身伤害进行赔偿也是建设工程司法实践中的疑难法律问题。

对于建筑工人的人身伤害赔偿，主要分为以下几种情形进行分析：

（1）具备用工主体资格的建筑企业招录的员工受到人身伤害的

建设工程总承包人、专业承包人或劳务分包企业等具备用工主体资格的建筑企业招录的员工出现人身伤害的，受伤害员工享受工伤保险待遇或者具备用工主体资格的建筑企业按照工伤保险待遇项目和标准向受伤害员工赔偿。

建筑工人属于建筑企业招录的员工，其与建筑企业之间成立劳动合同关系，如在建设工程施工中出现人身伤害，应认定为工伤，享受《工伤保险条例》规定的各项待遇。如建筑企业为员工缴纳了工伤保险费，被认定为工伤的员工由工伤保险基金按照《工伤保险条例》的规定支付各项费用。如建筑企业没有为员工缴纳工伤保险费，由企业按照《工伤保险条例》规定的工伤保险待遇项目和标准向员工支付费用。

在法律诉讼适用的程序方面，相关纠纷的解决应适用劳动争议仲裁的法律程序。

（2）不具备用工主体资格的包工头、挂靠人或者建筑企业内部承包职工雇用建筑工人的情形

包括以下三种：总承包人、专业承包人、劳务分包企业与包工头签订非法转包或违法分包合同，包工头个人雇用建筑工人的；不具备用工主体资格的挂靠人雇用建筑工人的；总承包人、专业承包人、劳务分包企业进行内部承包，企业内部承包职工雇用非本单位员工的。根据目前的法律法规和司法实践，这三种情形适用工伤保险责任。

相应法律法规依据是：《劳动和社会保障部关于确立劳动关系有关事项的通知》（劳社部发〔2005〕12 号）第四条规定："建筑施工、矿山企业等用人单位将工程（业务）或经营权发包给不具备用工主体资格的组织或自然人，对该组织或自然人招用的劳动者，由具备用工主体资格的发包方承担用工主体责任。"《人力资源和社会保障部关于执行〈工伤保险条例〉若干问题的意见》（人社部发〔2013〕34 号）第七条规定："具备用工主体资格的承包单位违反法律、法规规定，将承包业务转包、分包给不具备用工主体资格的组织或者自然人，该组织或者自然人招用的劳动者从事承包业务时因工伤亡的，由该具备用工主体资格的承包单位承担用人单位依法应承担的工伤保险责任。"《最高人民法院关于审理工伤保险行政案件若干问题的规定》（法释〔2014〕9 号）第三条规定："……（四）用工单位违反法律、法规规定将承包业务转包给不具备用工主体资格的组织或者自然人，该组织或者自然人聘用的职工从事承包业务时因工伤亡的，用工单位为承担工伤保险责任的单位；（五）个人挂靠其他单位对外经营，其聘用的人员因工伤亡的，被挂靠单位为承担工伤保险责任的单

位。前款第（四）、（五）项明确的承担工伤保险责任的单位承担赔偿责任或者社会保险经办机构从工伤保险基金支付工伤保险待遇后，有权向相关组织、单位和个人追偿。”

根据以上法规，不具备用工主体资格的组织或个人聘用的建筑工人发生人身伤亡的，由具备用工主体资格的发包人、转包人、违法分包人或被挂靠人等单位承担用工主体责任和工伤保险责任，但是未明确具备用工主体资格的发包人、转包人、违法分包人或被挂靠人等单位与伤亡的建筑工人之间是否成立劳动关系。

由于包工头、挂靠人和建筑企业内部承包人均没有用工主体资格，所以其雇用的建筑工人与包工头、挂靠人和建筑企业内部承包人不成立劳动关系，应属于劳务关系。但是建筑工人与发包人、转包人、违法分包人或被挂靠人是否成立劳动关系？对此，有人认为也不成立劳动关系。只是发包人、转包人、违法分包人或被挂靠人应承担用工主体责任和工伤保险责任。例如，《北京市高级人民法院、北京市劳动人事争议仲裁委员会关于审理劳动争议案件法律适用问题的解答》第一条规定：“《最高人民法院关于审理工伤保险行政案件若干问题的规定》（法释〔2014〕9号）第三条第一款第四项中‘用工单位’、‘不具备用工主体资格的组织或者自然人’，第五项中‘被挂靠单位’、‘个人’与‘因工伤亡职工（人员）’之间产生争议，如何处理？‘用工单位’、‘被挂靠单位’与‘因工伤亡职工（人员）’之间不是劳动关系或雇佣关系。‘用工单位’、‘被挂靠单位’仅是承担工伤保险责任的单位。‘不具备用工主体资格的组织或者自然人’、‘个人’与‘因工伤亡职工（人员）’之间不是劳动关系，而是雇佣关系……”

但是在司法实践中，如遇到这类案件，一般还是按照劳动争议仲裁的程序处理。如果不属于劳动关系，那么就不应该适用劳动争议仲裁程序，而应该按照民事诉讼的程序进行处理。同时从法律逻辑来看，如发包人、转包人、违法分包人或被挂靠人与伤亡的建筑工人之间既不是劳动关系也不是雇佣关系，那么伤亡的建筑工人请求发包人、转包人、违法分包人或被挂靠人承担工伤保险责任的请求权基础也就不存在，那么具体是适用劳动争议仲裁程序还是民事诉讼程序，也就存在不确定性。所以笔者认为，如果认定发包人、转包人、违法分包人或被挂靠人应对伤亡的建筑工人承担用工主体责任和工伤保险责任，应该明确发包人、转包人、违法分包人或被挂靠人与伤亡的建筑工人之间成立事实上的劳动关系，才能厘清双方的法律关系，并正确适用相应的法律责任。

由发包人、转包人、违法分包人或被挂靠人承担工伤保险责任，有利于杜绝或减少转包、违法分包或挂靠违法行为。因为非法转包、违法分包或出借资质的建筑企业要对不具备用工主体的包工头、挂靠人及其雇用的人员承担工伤保险责任，加重了其风险责任，大大增加了违法成本，有利于保护建筑工人的合法权益。

典型案例解析

案例 3.4　不具备用工主体资格的组织或自然人招用的建筑工人因公伤亡的赔偿责任

——徐州某建设公司与许某、魏某工伤保险待遇纠纷案

【案例来源】

（2021）苏03民终796号

【基本案情】

徐州某建设公司作为发包人与魏某（承包人）签订《协议书》，承包徐州市何西安置房建设项目，工程地点为铜山区何桥镇，工程内容为施工图纸内的全部内容，承包形式为包工包料。许某系魏某招用在该工地从事外墙粉刷工作。2019年5月13日7时左右，许某在该项目工地进行外墙粉刷时，从钢架上摔落至地面受伤，当日入住徐州医科大学附属医院，被诊断为颈椎骨折、脊髓损伤、截瘫等。2019年11月20日出院，许某共住院治疗190天，支付医疗费168453.09元、救护车使用费500元，其间由家人护理。

2019年6月28日，许某以徐州某建设公司为用工单位申请工伤认定；2019年9月10日，铜山区人力资源和社会保障局铜人社工认字〔2019〕第345号认定工伤决定书，认定许某受到的事故伤害为工伤；2019年12月30日，徐州市劳动能力鉴定委员会鉴定许某为一级伤残大部分生活自理障碍。

2019年11月6日，徐州某建设公司不服第345号认定工伤决定书，以其与许某之间不存在劳动关系为由提起行政诉讼，要求撤销工伤认定书；2019年

12月31日，徐州市铁路运输法院作出（2019）苏8601行初1569号行政判决书，判决驳回徐州某建设公司的诉讼请求；徐州某建设公司不服提起上诉，要求撤销原判；2020年7月14日，本院作出（2020）苏03行终200号行政判决书，判决驳回上诉，维持原判。

2020年1月16日，许某以本案诉请向徐州市铜山区劳动人事争议仲裁委员会申请仲裁。当日，该委以申请材料不齐备不符合受理条件为由决定不予受理，许某不服诉至法院。

【争议焦点】

1. 用工单位承担的是连带责任还是替代责任，是否应该与不具备用工主体的组织和个人承担连带责任？

2. 生活护理费和伤残津贴应该按月支付还是一次性支付？

【法院裁判】

一审法院徐州市铜山区人民法院认为：根据《江苏省实施〈工伤保险条例〉办法》第三十六条“具备用工主体资格的用人单位将工程或者经营权发包给不具备用工主体资格的组织或自然人，该组织或自然人招用的劳动者发生事故伤害，劳动者提出工伤认定申请的，由具备用工主体资格的发包方承担用人单位依法应当承担的工伤保险责任，社会保险行政部门可以将具备用工主体资格的发包方作为用人单位按照规定作出工伤认定决定”的规定，徐州某建设公司将徐州市何西安置房建设项目发包给不具备用工主体资格的自然人，其作为发包方依法应承担工伤保险责任，且其承担许某工伤保险责任已经两级法院生效判决书认定，故对其辩解意见不予采纳；魏某违法招用劳动者给劳动者造成损害，应与徐州某建设公司承担连带赔偿责任。关于许某的生活护理费、伤残津贴的支付方式问题，许某要求一次性支付，徐州某建设公司主张应按月支付。对此《江苏省劳动和社会保障厅、省建设厅、省建筑工程管理局关于转发劳动保障部、建设部〈关于做好建筑施工企业农民工参加工伤保险有关工作的通知〉的通知》（目前已失效）第五条规定，农民工符合《工伤保险条例》和《江苏省实施〈工伤保险条例〉办法》规定的工伤认定范围的，应当认定为工伤；因工致残被鉴定为一至四级伤残的农民工和因工死亡农民工供养亲属，自愿提出一次性领取工伤保险待遇并终止工伤保险关系的，用人单位和经办机构应予办理。故许某要求一次性支付上述费用，法院予以支持。参照江苏省劳动人事争议仲裁委员会下发的《关于印发江苏省劳动人事争议疑难问题研讨会纪要的通知》（苏劳人仲委〔2017〕1号）第五条规定，上述费用均应支付不超过20年。

二审法院徐州市中级人民法院认为：关于魏某承担责任的形式问题，一审法院认定魏某承担连带责任于法有据，对于徐州某建设公司的追偿权系有明确的法律规定，即使一审法院未有表述亦不影响徐州某建设公司就此主张权利。关于许某的生活护理费、伤残津贴的支付方式问题，徐州某建设公司主张应按月支付，对此江苏省已有相关规定，一审法院已经阐述清楚，本院不再赘述。许某的伤情符合因工致残被鉴定为一至四级伤残的农民工和因工死亡农民工供养亲属，自愿提出一次性领取工伤保险待遇并终止工伤保险关系的情形。故许某据此要求一次性支付上述费用，一审法院予以支持并无不当。

【律师解析】

本案主要涉及以下法律问题：

一、具备用工主体资格的承包单位承担的是替代责任不是连带责任

依据《劳动和社会保障部关于确立劳动关系有关事项的通知》（劳社部发〔2005〕12号）第四条、《人力资源和社会保障部关于执行〈工伤保险条例〉若干问题的意见》（人社部发〔2013〕34号）第七条和《最高人民法院关于审理工伤保险行政案件若干问题的规定》（法释〔2014〕9号）第三条的规定，具备用工主体资格的承包单位将承包业务转包、分包给不具备用工主体资格的组织或者自然人，该组织或者自然人招用的劳动者从事承包业务时因工伤亡的，具备用工主体资格的承包单位承担工伤保险责任。具备用工主体资格的承包单位承担责任后，可以向相关组织、单位和个人追偿。

具备用工主体资格的承包单位只是暂时替代不具备用工主体资格的组织或者自然人承担工伤保险责任，不具备用工主体资格的组织或者自然人是工伤保险责任的最终承担者。目前没有法律法规明确规定具备用工主体资格的承包单位和不具备用工主体资格的组织或者自然人连带承担工伤保险责任，依据《民法典》第一百七十八条第三款的规定，连带责任，由法律规定或者当事人约定。在没有法律明确规定或当事人约定的情形下，人民法院不能判决当事人承担连带责任。再者，承担连带责任的当事人之间要根据各自责任大小确定责任份额，难以确定责任大小的，平均承担责任。所以承担连带责任的当事人实际

上均应承担责任，只是责任大小不同而已。而具备用工主体资格的承包单位实际上是不承担责任的，其只是暂时替代不具备用工主体资格的组织或者自然人向伤亡工人承担工伤保险赔偿责任。综上，人民法院不能判决具备用工主体资格的承包单位和不具备用工主体资格的组织或者自然人承担连带责任。

二、伤亡的建筑工人主张工伤保险待遇是否要以工伤认定为前置程序

不具备用工主体资格的组织或者自然人招用的建筑工人伤亡，其向具备用工主体资格的承包单位主张工伤保险待遇的，是否要以认定工伤为前置程序。目前大多数法院认为应以工伤认定为前置程序，本案中的受害人先申请了工伤认定，然后主张工伤保险待遇。但是伤亡的建筑工人认定工伤保险存在法律上的障碍，因为认定工伤首先要确定存在劳动关系的用人单位，而根据目前的法律法规，不具备用工主体资格的组织或者自然人招用的建筑工人与具备用工主体资格的承包人不存在劳动关系，不具备用工主体资格的组织或者自然人与招用的建筑工人之间也不是劳动关系，而是劳务关系。因而伤亡的建筑工人工伤认定时如何确定用工单位的问题尚待解决。目前只有个别地方政府规章的规定，如《江苏省实施〈工伤保险条例〉办法》第三十六条规定“社会保险行政部门可以将具备用工主体资格的发包方作为用人单位按照规定作出工伤认定决定”。还需要更高层次的法律法规对此问题进行明确。

三、工伤保险待遇的支付方式问题

本案中生活护理费和伤残津贴应该按月支付还是一次性支付？双方存在争议。根据《工伤保险条例》的规定，应该按月支付。但是受伤亡的建筑工人与具备用工主体资格的承包人本来就不存在劳动关系，判决其按月支付生活护理费和伤残津贴不合常理，同时支付周期很长，支付的数额不确定，其向不具备用工主体资格的组织、自然人追偿也具有不确定性，因而会使法律关系长期处于不确定状态。本案人民法院依据《江苏省劳动和社会保障厅、省建设厅、省建筑工程管理局关于转发劳动保障部、建设部〈关于做好建筑施工企业农民工参加工伤保险有关工作的通知〉的通知》第五条规定支持了一次性支付的主张。但是该通知的效力很低，工伤保险待遇的支付方式还需要更高层次的法律法规明确。

四、因工伤亡的建筑工人无法主张工伤保险待遇的，如何主张权利？

因工伤亡的建筑工人未能进行工伤认定的，不能主张工伤保险待遇，只能

主张人身损害赔偿。法律依据是《民法典》第一千一百九十二条第一款的规定："……提供劳务一方因劳务受到损害的，根据双方各自的过错承担相应的责任。"

因工伤亡的建筑工人主张人身损害赔偿，如自身存在过错，要承担一部分责任。而因工伤亡的建筑工人主张工伤保险待遇的，适用无过错原则，即使自身存在过错，也不影响工伤保险待遇的主张，不需要承担相应的责任，所以因工伤亡的建筑工人主张人身损害赔偿对其是不利的。

因工伤亡的建筑工人可以主张具备用工主体资格的承包人与不具备用工主体资格的组织、自然人承担连带责任。因为具备用工主体资格的承包人将工程转包或违法发包给具备用工主体资格的组织、自然人存在过错，不具备用工主体资格的组织、自然人招用建筑工人同样存在过错，具备用工主体资格的承包人与不具备用工主体资格的组织、自然人对建筑工人的伤亡均存在过错，构成共同侵权行为。依据《民法典》第一千一百六十八条的规定，具备用工主体资格的承包人与不具备用工主体资格的组织、自然人应承担连带责任。

·第四章·

建设工程质量与维修疑难法律问题

一、建设工程质量责任承担主体和承担方式

建设工程质量出现问题，其原因是多方面的，既可能是勘察、设计、监理方面的原因，也可能是建设单位、施工单位的原因，因此，建设工程质量问题涉及的有关责任主体，以及各责任主体如何承担责任是建设工程质量纠纷案件中的疑难法律问题，特别是存在混合过错责任的情形下，各个主体如何承担工程质量缺陷责任更为复杂。

（一）建设工程质量责任主体范围以及承担责任的期限

《建设工程质量管理条例》第三条规定："建设单位、勘察单位、设计单位、施工单位、工程监理单位依法对建设工程质量负责。"《建筑工程五方责任主体项目负责人质量终身责任追究暂行办法》第二条第一款规定："建筑工程五方责任主体项目负责人是指承担建筑工程项目建设的建设单位项目负责人、勘察单位项目负责人、设计单位项目负责人、施工单位项目经理、监理单位总监理工程师。"

依据以上法律法规，建设工程质量责任主体包括建设单位、勘察单位、设计单位、施工单位、工程监理单位五方。

关于建设工程五方责任主体项目负责人对工程质量承担责任的期限，《建筑工程五方责任主体项目负责人质量终身责任追究暂行办法》第三条规定："建筑工程五方责任主体项目负责人质量终身责任，是指参与新建、扩建、改建的建筑工程项目负责人按照国家法律法规和有关规定，在工程设计使用年限内对工程质量承担相应责任。"所以建设工程五方责任主体项目负责人在工程设计使用年限内承担质量终身责任。

（二）建设工程五方责任主体应承担质量责任的具体过错情形

1\. 建设单位应承担质量责任的过错情形

（1）建设单位将工程发包给没有相应资质等级的施工单位或者将建设工程支解发包。

（2）建设单位向有关勘察、设计、施工、工程监理等单位提供的与建设工程有关的原始资料不真实、不准确或不齐全。

（3）建设单位迫使施工单位以低于成本的价格竞标，并任意压缩合理工期。

（4）建设单位明示或者暗示设计单位或者施工单位违反工程建设强制性标准，降低建设工程质量。

（5）施工图设计文件未经审查批准，建设单位擅自使用的。

（6）建设工程必须实行监理，而建设单位未委托监理单位或者工程项目管理机构进行监理的。

（7）建设单位采购的建筑材料、建筑构配件和设备不符合设计文件、国家强制性标准或合同要求。

（8）建设单位明示或者暗示施工单位使用不合格的建筑材料、建筑构配件或设备。

（9）在涉及建筑主体和承重结构变动的装修工程中，建设单位在没有设计方案的情形下进行施工。

（10）建设单位未经建设工程竣工验收合格，就擅自使用的。

2. 勘察、设计单位应承担质量责任的过错情形

（1）勘察、设计单位的勘察设计文件不符合法律法规和工程建设强制性标准的要求。

（2）从事建设工程勘察、设计的单位未取得相应等级的资质证书，或超越资质等级、借用其他单位资质、允许其他单位借用其资质承揽工程。

（3）勘察、设计单位转包或者违法分包所承揽的工程。

（4）勘察单位提供的地质、测量、水文等勘察成果不真实、不准确。

（5）设计单位的设计文件不符合国家规定的设计深度要求，未注明工程合理使用年限。

（6）设计单位在设计文件中选用的建筑材料、建筑构配件和设备，未注明规格、型号、性能等技术指标，或者其质量要求不符合国家规定的标准。

（7）设计单位就审查合格的施工图设计文件没有向施工单位作出详细的说明或者作出了错误的说明。

3. 施工单位应承担质量责任的过错情形

（1）施工单位未取得相应等级的资质证书，或超越资质等级、借用其他单

位资质、允许其他单位借用其资质承揽工程。

（2）施工单位转包或者违法分包工程。

（3）施工单位未按照经审查合格的工程施工图设计文件和施工技术规范施工。

（4）施工单位擅自修改工程设计图纸，偷工减料，或施工单位在施工过程中发现设计文件和图纸有差错，未及时提出意见和建议，继续按照设计文件和图纸施工造成工程质量问题。

（5）施工单位对建筑材料、建筑构配件、设备和商品混凝土未按照工程设计要求、施工技术标准等进行检验，或者故意使用不合格的建筑材料、建筑构配件、设备和商品混凝土。

（6）施工单位未做好隐蔽工程的质量检查和记录。

（7）施工单位对涉及结构安全的试块、试件以及有关材料，未现场取样，也未送具有相应资质等级的质量检测单位进行检测。

4. 监理单位应承担质量责任的过错情形

（1）监理单位未取得相应等级的资质证书，或超越资质等级、借用其他单位资质、允许其他单位借用其资质承揽工程。

（2）工程监理单位转让工程监理业务。

（3）工程监理单位选派进驻施工现场的总监理工程师和监理工程师不具备相应资格。

（4）总监理工程师、监理工程师未按照法律法规、有关技术标准、设计文件和工程承包合同进行监理，未履行监理责任。

（5）监理工程师未按照工程监理规范的要求，采取旁站、巡视和平行检验等形式对建设工程实施监理。

（6）监理单位与建设单位或施工单位串通，偷工减料，降低质量标准，谋取非法利益等。

（三）发包人和施工承包人对建设工程质量缺陷的混合过错责任

在建设工程的实际施工过程中出现质量问题时，既可能存在发包人的过错，也可能同时存在承包人的过错，双方的混合过错造成建设工程质量缺陷。《建设工程施工合同司法解释（一）》第十三条规定：“发包人具有下列情形之一，造成建设工程质量缺陷，应当承担过错责任：（一）提供的设计有缺陷；（二）提供或者指定购买的建筑材料、建筑构配件、设备不符合强制性标准；（三）直接指定分包人分包专业工程。承包人有过错的，也应当承担相应的过错责任。”

如何认定承包人同时也存在过错呢？根据工程施工的实际和司法实践的情形，承包人对建设工程质量缺陷同时存在过错的，主要有以下情形：（1）承包人明知发包人提供的施工设计图纸、指令存在问题，或者在施工过程中发现施工设计图纸有问题，而没有及时提出意见和建议并继续施工的；（2）承包人对发包人提供或指定购买的建筑材料、建筑构配件、设备等没有进行必要的检验或经检验不合格仍然使用的；（3）对发包人提出的违反法律法规和建设工程强制性质量标准、安全标准，降低工程质量的要求，承包人不予拒绝而进行施工的。

如果发包人和施工承包人对工程质量缺陷存在混合过错，因工程质量缺陷造成发包人损失或者承包人损失，要根据发包人和承包人双方的过错程度进行分担；因工程质量存在缺陷造成第三人损失的，由发包人与承包人承担连带赔偿责任。

（四）总承包人、分包人和实际施工人的建设工程质量连带责任

1. 总承包人与分包人对建设工程质量承担连带责任

《建筑法》第五十五条规定：“建筑工程实行总承包的，工程质量由工程总承包单位负责，总承包单位将建筑工程分包给其他单位的，应当对分包工程的质量与分包单位承担连带责任。分包单位应当接受总承包单位的质量管理。”《建设工程质量管理条例》第二十七条规定：“总承包单位依法将建设工程分包给其他单位的，分包单位应当按照分包合同的约定对其分包工程的质量向总承包单位负责，总承包单位与分包单位对分包工程的质量承担连带责任。”

依据以上法律规定，在总承包合同和分包合同均合法有效的情形下，总承包人、分包人对建设工程质量承担连带责任，具体内容应理解为：（1）总承包人应对总承包范围内的工程质量负责，既包括自己承建的，也包括分包人承建的；（2）总承包人对自己承建的工程质量向发包人承担责任，就分包人承建的工程质量与分包人共同向发包人承担连带责任；（3）总承包人有权利和义务对

分包人的工程质量进行管理，分包人有义务接受管理。

2. 总承包人、分包人与实际施工人对工程质量承担连带赔偿责任

实际施工人是指借用资质的单位或个人、违法分包和非法转包的承包人。法律也明确规定了总承包人、分包人与实际施工人的质量连带赔偿责任。

《建筑法》第六十六条规定："……对因该项承揽工程不符合规定的质量标准造成的损失，建筑施工企业与使用本企业名义的单位或者个人承担连带赔偿责任。"第六十七条第二款规定："承包单位有前款规定的违法行为的，对因转包工程或者违法分包的工程不符合规定的质量标准造成的损失，与接受转包或者分包的单位承担连带赔偿责任。"

《建设工程施工合同司法解释（一）》第十五条规定："因建设工程质量发生争议的，发包人可以以总承包人、分包人和实际施工人为共同被告提起诉讼。"第七条规定："缺乏资质的单位或者个人借用有资质的建筑施工企业名义签订建设工程施工合同，发包人请求出借方与借用方对建设工程质量不合格等因出借资质造成的损失承担连带赔偿责任的，人民法院应予支持。"

违法分包、非法转包、借用资质均属于违法行为，总承包人、分包人与实际施工人均存在过错，对造成的建设工程质量问题存在共同侵权行为，所以，对建设工程质量问题承担的是连带赔偿责任，不是连带责任。

典型案例解析

案例 4.1　发包人和承包人对建设工程质量混合过错责任的认定

——经贸公司与房屋建筑公司建设工程施工合同纠纷案

【案例来源】

（2020）内民终 5 号

【基本案情】

经贸公司与房屋建筑公司在 2003 年 6 月 26 日签订《建设工程施工合同》，约定房屋建筑公司承建经贸公司建设的满洲里市华晓木材经营加工厂工程，合同价款暂定 3000000 元。

合同签订后，房屋建筑公司依约进场施工；2003 年 11 月 3 日，房屋建筑

公司以冬季无法施工为由向经贸公司申请停工，在房屋建筑公司作出的《停工报告》中，注明2003年度未完成的分项工程是经贸公司原因所导致，经贸公司在《停工报告》上加盖公章并确认“情况属实”。

房屋建筑公司自2003年11月3日停工后，未再复工。2005年1月，房屋建筑公司因经贸公司拖欠其涉案工程款，对经贸公司在一审法院提起诉讼，经一审法院一审、内蒙古自治区高级人民法院二审及再审，2010年10月29日，内蒙古自治区高级人民法院作出（2008）内民再提字27号民事判决，判令经贸公司支付房屋建筑公司工程款2554274元并承担2006年5月22日至支付之日的同期银行贷款利息。2011年9月14日，经贸公司以涉案房屋质量不合格为由在一审法院对房屋建筑公司提起诉讼，要求房屋建筑公司赔偿损失10424318元。

经天津市建筑工程质量检测中心对房屋建筑公司承建的满洲里市华晓木材经营加工厂工程质量是否合格进行鉴定，结论为：该工程办公楼、食堂和宿舍楼部分现浇混凝土构件的外观质量存在不同程度的缺陷，不符合规范要求；建议进行加固或修复。经一审法院委托内蒙古中建鼎信工程项目管理有限公司对涉案工程质量做加固修复造价鉴定，内蒙古中建鼎信工程项目管理有限公司作出《满洲里华晓木材加工厂办公楼、宿舍、食堂加固工程造价鉴定意见书》，结论为：满洲里华晓木材加工厂办公楼、宿舍、食堂加固工程造价合计1400521元。

经贸公司在上诉时主张：一审判决其承担涉案工程加固修复费1400521元的30%错误，应由房屋建筑公司承担100%责任。本案最初一审时已就涉案工程质量问题依法委托鉴定机构进行了鉴定，本次一审对该鉴定结论的三个方面均予以采信，其采信的《天津市建筑工程质量检测中心鉴定报告》表明，是施工质量不合格造成了外观质量问题，并不是经贸公司保护不当造成，经贸公司不存在过错。工程质量问题属于专门性技术问题，依据《民事诉讼法》的规定，应通过鉴定作出处理，现一审法院在没有证据的情况下，只根据房屋建筑公司的答辩意见，就违背鉴定结论作出三七开责任分配是错误的。

房屋建筑公司主张：第一，涉案工程的质量鉴定都是针对工程现状作出的，不能确定房屋建筑公司在交付房屋时该工程不合格。依据一审时房屋建筑公司提交的房屋基础验收资料或者说中间验收资料，能够证明房屋建筑公司完成的施工质量都是合格的，不存在质量不合格情形。数份鉴定报告中均明确指出现有情况与温度的应力变化以及碳化时间相关，而温度的应力变化以及碳化问题都是在自然使用或者未经保护的情况下发生的，不能认定是在工程交工时存在缺陷。本案中应当首先确定房屋建筑公司施工的工程是否存在质量问题，才能够进行鉴定，经几次鉴定，都是以现状为准，该工程经过十几年的风吹日晒，是半截子工程，现在工程质量存在缺陷。

第二，一审中所有的鉴定结论均不能证实涉案工程在交工时不符合设计规范要求。根据举证规则，应由经贸公司举证证明涉案工程在交工时存在质量不符合设计规范的情形，才能判令房屋建筑公司承担责任。现有鉴定结论都不能得出这一结论，因此应由经贸公司承担举证不能的责任，驳回其诉讼请求。房屋建筑公司在一审时提供的大量施工资料和建设局质监站的证明，都能证实鉴定结论中现有质量缺陷问题在施工过程中都是合格的，即应认定涉案工程在交工时符合设计规范要求的法律事实。

第三，经贸公司未能对未完工程进行有效保护，房屋建筑公司在一审中已经提供了大量证据予以证实，对此一审法院已经予以确认，但在鉴定机构没有给出现有质量缺陷是施工过程形成的结论时，人民法院不能自行推断该质量缺陷与施工质量有关，更不应判令房屋建筑公司承担责任。

【争议焦点】

因涉案建设工程质量问题所需的加固修复费用如何承担?

【法院裁判】

一审法院内蒙古自治区呼伦贝尔市中级人民法院认为：首先，经贸公司与房屋建筑公司引发质量纠纷的涉案工程于2003年11月3日停工，在房屋建筑公司作出的《停工报告》中，注明2003年度未完成的分项工程是经贸公司原因所导致，经贸公司在《停工报告》上加盖公章并确认“情况属实”；该工程从此未再复工，其后，经贸公司与房屋建筑公司解除了就涉案工程签订的《建设工程施工合同》，房屋建筑公司就经贸公司欠付的工程款提起诉讼，该诉讼终结后，经贸公司于2011年9月14日对房屋建筑公司提起因质量问题请求赔偿的诉讼；2013年11月10日，黑龙江省寒地建筑科学研究院司法鉴定所作出《建筑工程施工质量检测鉴定报告》，鉴定结论为：抽检屋架下弦ab角钢的截面尺寸符合设计要求；斜杆和立杆角钢边宽及边厚的负偏差值不同程度地存在超标现象，其截面尺寸和尺寸偏差不符合设计与相关标准要求。2016年3月1

日，天津市建筑工程质量检测中心作出《鉴定报告》，鉴定结论为：工程外观质量：该工程办公楼、食堂和宿舍楼部分现浇混凝土构件的外观质量存在不同程度的缺陷，不符合规范要求。涉案工程属于未完工程，从2003年11月3日停工，经贸公司对该工程没有续建，至2013年对涉案工程质量作出鉴定结论，鉴定时间与交工时间相距10年之多，经贸公司对房屋建筑公司交付的部分工程没有采取妥善保护，客观存在未维护的事实。其次，在经贸公司提出对涉案工程质量进行鉴定时，虽然依据经贸公司与房屋建筑公司签订《房屋建筑工程质量保修书》的约定，除地基基础工程和主体结构工程未超过质量保修期，其他工程内容均已超过保修期；但是，一审法院是根据经贸公司提出的对房屋建筑公司施工的涉案工程进行的鉴定，所以，房屋建筑公司提出涉案工程已经过保修期，不应再对工程质量进行鉴定的抗辩主张不能成立。最后，涉案工程通过鉴定需要加固修复费1400521元，其中包括外观质量问题需要修复，而外观质量出现问题，与经贸公司在接收涉案工程后十多年的时间里未按照规范进行有效保护，其未保护行为不能对客观上存在的相应程度因果关系予以排除，因此经贸公司存在一定程度的过错，一审法院酌定经贸公司承担30%的过错责任比较适当，即对工程因质量缺陷所需要的修复费用经贸公司应自行承担420156.3元；房屋建筑公司应承担70%的责任，即对工程因质量缺陷所需要的修复费用房屋建筑公司应赔偿经贸公司980364.7元。

二审法院内蒙古自治区高级人民法院认为：案涉工程于2003年11月3日停工，交付经贸公司使用，2005年3月4日双方解除施工合同，从2003年交付之日起至2011年9月14日起诉之日止，除地基基础工程和主体结构工程外，其余部分已经超过了建设工程施工合同的质保期。房屋建筑公司仅对地基基础工程和主体结构工程中砂浆质量不合格部分承担保修责任。一审依据本案查明的具体事实，酌情按照三七比例划分责任份额，未考虑质保期内的工程与质保期外的工程在整体维修金中所占的比例，除主体结构工程外，已过质保期工程的维修义务应由经贸公司负担，鉴于此，应当再酌情减轻房屋建筑公司百分之二十的责任，各自承担1400521元百分之五十的责任。房屋建筑公司应赔偿经贸公司700260.5元。

【律师解析】

本案建设工程质量问题既有承包人的施工原因，也有发包人未维护的原因，双方均存在一定的过错，所以应对建设工程维修费用进行分担。至于双方责任的大小、维修费用分担的比例，一审法院和二审法院酌定的比例稍有不同。关于建设工程质量的责任如何承担，笔者认为应该从以下方面进行综合判断：

首先，要查明建设工程出现质量问题的真正原因，是承包人施工的原因，还是发包人的原因。但是由于造成建设工程质量问题的原因复杂，特别是有时是由多种原因交错形成的，比如施工工艺、建筑材料、施工工期、设计、自然地质条件等。所以要求专业的建设工程质量鉴定机构查明真正的原因，特别是各种原因所占的大致比例。本案中的建筑工程质量问题，是施工单位施工工艺、建筑材料问题还是发包人维护不当所导致，各自所占的比例是多少，其实还不是很明确。本案人民法院，特别是二审法院依据鉴定意见，同时结合具体情形作出综合分析和判断，相对合理地酌定了各方的责任比例。

其次，要查明建设工程质量问题形成的时间，是在建设工程施工中形成的，还是在工程使用过程中形成的，同时结合建设工程质量保修期进行判断。如果建设工程在施工中施工不规范或者使用的建筑材料不符合国家标准，那么承包人要承担所有责任。如果建设工程在施工时不存在质量问题，而在使用过程中出现了质量问题，则分两种情况：如在质量保修期内，仍由施工单位承担质量责任；如在质量保修期外，由发包人承担责任。如果由建设工程所有人或者使用人不当使用造成质量问题，无论是否在建设工程质量保修期内，均应由建设工程所有人或者使用人承担责任。如果既有施工的原因，也有所有人或者使用人不当使用的原因，则由双方分担责任。至于分担的具体比例，要根据具体情形进行判断。

最后，对建设工程质量责任的认定还要依据当事人的过错程度进行判断。因为当事人主观的过错程度对于责任的认定具有重要作用，更是避免工程质量问题的重要因素。比如，因发包人提供的建筑材料不合格导致建设工程质量问题的，如果承包人未进行检验而使用，或者虽然进行了检验，但是对验收不合格的材料未提出异议而使用，则发包人和承包人应承担同等的责任。再如，承包人进行了检验，并将检验不合格的情形告知了发包人，发包人仍强行使用的，发包人应承担主要责任，承包人承担次要责任。因为第二种情形下，承包人的过错相对小一些。本案中发包人在长达 10 年的时间中未对建设工程进行任何维护保养，一直放任建设工程的损害，应该对建设工程的质量问题承担主要的责任，承包人虽然可能存在施工的质量问题，但是过错相对比较小，且施工中经过了阶段性的验收合格，所以承包人应该承担次要责任。

二、建设工程竣工验收合格后，发包人能否以建设工程质量抗辩承包人工程款请求权的问题

建设工程竣工验收合格之前，承包人向发包人主张支付工程价款，发包人以建设工程质量问题进行抗辩，要求拒付或者扣减工程价款的，均有明确的法律依据。《民法典》第七百九十三条第二款规定："建设工程施工合同无效，且建设工程经验收不合格的，按照以下情形处理：（一）修复后的建设工程经验收合格的，发包人可以请求承包人承担修复费用；（二）修复后的建设工程经验收不合格的，承包人无权请求参照合同关于工程价款的约定折价补偿。"《建设工程施工合同司法解释（一）》第十二条规定："因承包人的原因造成建设工程质量不符合约定，承包人拒绝修理、返工或者改建，发包人请求减少支付工程价款的，人民法院应予支持。"第十九条第三款规定："建设工程施工合同有效，但建设工程经竣工验收不合格的，依照民法典第五百七十七条规定处理。"《民法典》第五百七十七条规定："当事人一方不履行合同义务或者履行合同义务不符合约定的，应当承担继续履行、采取补救措施或者赔偿损失等违约责任。"

因而，建设工程经竣工验收不合格的，发包人有权要求承包人自担费用进行修复，包括修理、返工或改建等。修复后建设工程竣工验收合格的，发包人应支付工程价款。如修复后的建设工程经竣工验收仍不合格，发包人有权拒绝支付工程价款。如承包人拒绝修理、返工或者改建，发包人有权聘请第三人进行修复，修复的费用可以主张在工程价款中扣除。

但是，工程竣工验收合格后，承包人向发包人主张剩余的工程价款，发包人又发现工程质量不符合法律规定或合同约定的，发包人是否还有权利以此抗辩拒付或者扣减工程价款？

建设工程竣工验收是建设工程项目施工全过程的最后一道工序，竣工验收合格是建设工程项目可以投入使用的法定依据。建设工程未经竣工验收合格

的，不得投入使用，所以建设工程竣工验收合格也标志着承包人履行了建设工程合同的义务，向发包人提交了合格的建设工程，发包人应该按照合同约定履行支付工程价款的义务。但是，在工程竣工验收后又发现质量缺陷的，发包人和承包人的权利义务又应该如何确定，是建设工程司法实践中的疑难问题，特别是发包人以此抗辩拒绝支付工程价款或者扣减工程价款的，人民法院是否应予支持？

关于这个争议问题，有两种不同的观点：

第一种观点认为，建设工程竣工验收合格后，发包人不能再以工程质量不合格为由拒付或扣减工程价款，承包人应承担建设工程质量保修责任，但建设工程的地基基础工程或主体结构质量不合格的，发包人可以抗辩拒付工程价款。因为工程竣工验收合格后，特别是在国家建设行政主管部门进行竣工验收备案后，发包人应该对工程竣工验收合格的确认行为承担法律责任，同时备案的竣工验收合格报告是办理工程项目确权等其他事宜的基础法律文件，也不应随意否定其有效性，竣工验收报告应具有一定的信赖性和稳定性。所以虽然建设工程竣工验收合格后出现质量问题，也不能否定整个建设工程质量合格的法律事实，出现部分质量问题，只能适用工程质量保修的法律规定，承包人承担工程质量保修的义务，且发包人已经扣留一定的质量保修金，因而发包人不能以此拒付工程价款。但是如果建设工程的地基基础工程或主体结构质量不合格，这属于承包人根本违约，其完成的工程不具有使用价值，发包人与承包人签订建设工程合同的目的就无法实现，发包人获得解除合同并要求承包人恢复原状返还已支付的工程价款的权利，当然也就具有拒绝支付剩余工程价款的权利。这是工程司法实践中被广泛采纳的基本观点。如《北京市高级人民法院关于审理建设工程施工合同纠纷案件若干疑难问题的解答》（京高法发〔2012〕245 号）关于“发包人主张工程质量不符合合同约定的，应按反诉还是抗辩处理”的解答如下：“承包人要求支付工程款，发包人主张工程质量不符合合同约定给其造成损害的，应按以下情形分别处理：(1) 建设工程已经竣工验收合格，或虽未经竣工验收，但发包人已实际使用，工程存在的质量问题一般应属于工程质量保修的范围，发包人以此为由要求拒付或减付工程款的，对其质量抗辩不予支持，但确因承包人原因导致工程的地基基础工程或主体结构质量不合格的除外；发包人反诉或另行起诉要求承包人承担保修责任或者赔偿修复费用等实际损失的，按建设工程保修的相关规定处理……”

第二种观点认为，发包人在竣工验收报告上签字盖章仅仅代表发包人通过竣工验收的程序认可工程质量合格，更多的是一种对法律程序上的认可，并不代表建设工程质量一定合格，尤其是建设工程是否符合国家强制性标准。工程竣工验收合格后，如发包人确有证据证明工程质量存在缺陷，且该等缺陷属于承包人施工的原因造成，则承包人仍应承担工程质量修复和损害的赔偿责任，且发包人有权以工程质量不合格为由对抗承包人要求支付工程价款的主张。此观点在司法实践中有时也被人民法院和仲裁机构采纳。

笔者认为这两种观点均具有一定的合理性，并非完全相互排斥，应该为相互补充的关系。首先，工程竣工验收合格后，如出现一般性的质量问题，比如防水质量、门窗问题等，属于可以维修的范围，发包人不能以工程质量不合格为由抗辩承包人主张工程价款的请求，可以要求承包人承担修复费用。但是如果属于地基基础工程或主体结构质量不合格，或者发包人能够证明承包人在施工中未遵守国家标准施工规范，或施工中使用了不合格的建筑材料、构配件或设备，这属于承包人根本违约，导致建设工程存在严重质量缺陷而不能使用，发包人签订建设工程合同的目的不能实现，发包人应享有拒绝支付或者扣减工程价款的抗辩权利。但是要求发包人承担较高的举证责任，其不能因为建设工程出现一般的质量瑕疵就取得拒绝支付工程价款的权利。

三、建设工程质量缺陷保修责任承担的一般规则

建设工程在质量保修期内出现质量缺陷，并非一定由施工单位承担质量缺陷修复责任和费用，《房屋建筑工程质量保修办法》第十三条规定：“保修费用由质量缺陷的责任方承担。”所以，根据造成建设工程质量缺陷的原因，建设工程质量保修责任承担的一般规则为：

1. 由施工单位未遵守建设工程施工规范或者使用不合格的建筑材料、设备等原因造成工程质量缺陷的，由施工单位承担质量保修责任和费用。

2. 由工程勘察、设计原因造成工程质量缺陷的，在工程施工总承包合同中，施工单位对工程质量缺陷修复后，应该首先由建设单位承担修复费用，建设单位承担后再向勘察、设计单位追偿。在工程总承包合同中，因为勘查、设

计一般也在承包范围内，所以工程总承包单位承担工程质量缺陷保修责任，工程总承包单位将勘查、设计分包的，有权向勘察、设计单位追偿。

3. 由建设单位原因造成工程质量缺陷的，应由建设单位承担修复责任；施工单位存在过错的，应承担相应的责任。建设单位提供工程材料、设备，施工单位未经检测或者经检测不合格也未向建设单位提出异议仍然使用的，由施工单位和建设单位共同承担责任。施工单位检测不合格后向建设单位提出异议，建设单位仍然坚持使用而施工单位也未拒绝的，应由建设单位承担主要责任，施工单位承担次要责任，因为施工单位对不合格的建筑材料、设备有拒绝使用的义务。

建设单位提出违反国家标准的指令强行施工单位施工，施工单位未提出异议而进行施工造成质量缺陷的，应由建设单位和施工单位共同承担质量责任。施工单位提出异议，建设单位仍然强行指令施工，施工单位未拒绝施工的，应由建设单位承担主要责任，施工单位承担次要责任。

4. 建设工程交付使用后，由所有权人或者使用权人使用不当造成工程质量缺陷的，应由使用人承担质量责任和修复费用。

5. 由不可抗力造成工程质量缺陷的，应由建设工程所有权人承担建设工程灭失或毁损的修复责任。

四、建设工程保修期满后，承包人是否仍承担工程质量缺陷责任

建设工程质量保修期满后，承包人是否还承担工程质量缺陷责任呢?

有观点认为，工程质量保修期满后，承包人不再承担工程质量缺陷责任。因为现行法律明确规定承包人应该在质量保修期内承担保修责任和损害赔偿责任。《建设工程质量管理条例》第四十条规定了建设工程各分部分项工程的最低保修期限，其中基础设施工程、房屋建筑的地基基础工程和主体结构工程，为设计文件规定的该工程的合理使用年限；在保修期限届满之后，承包人不再具有保修义务，不再承担质量缺陷责任，否则，保修期满之后还要承担质量缺陷责任，保修期间的法律规定就没有任何意义了。同时该法第四十二条规定了建设工程在合理使用年限后继续使用的，产权所有人需要委托具有相应资质等级的勘察、设计单位鉴定，并根据鉴定结果采取加固、维修等措施，重新界定

使用期。在合理使用年限后需要继续使用的，与承包人就没有任何法律关系了，承包人不需要对工程质量承担任何责任。

也有观点认为，承包人在质量保修期满之后建筑物合理使用期限届满前均承担质量缺陷责任，因为《建筑法》第八十条规定：“在建筑物的合理使用寿命内，因建筑工程质量不合格受到损害的，有权向责任者要求赔偿。”《民法典》第八百零二条规定：“因承包人的原因致使建设工程在合理使用期限内造成人身损害和财产损失的，承包人应当承担赔偿责任。”基于此，只要在建筑物的合理使用期限内出现工程质量问题，即使保修期届满，承包人也要承担质量缺陷责任。

笔者认为，以上两种观点均有一定的合理性，也有一定的局限性。它们只是考虑了建设工程的保修期限和合理使用期限，没有考虑产生建设工程质量缺陷的原因，以及工程质量缺陷的性质。第一种观点认为，只要在保修期满之后，承包人均不承担质量缺陷责任，不符合相关法律规定，且与国家强化工程质量责任管理的政策相背离。《建筑工程五方责任主体项目负责人质量终身责任追究暂行办法》第三条规定，建筑工程五方责任主体要在工程设计使用年限内对工程质量承担相应责任，这就是建筑工程五方责任主体的质量终身责任。但是第二种观点认为，只要在工程合理使用期限内，无论出现任何工程质量缺陷，承包人均应承担责任，这显然加重了承包人的法律责任，忽视了发包人或者所有权人对工程维护保养的义务，反而不利于工程安全长久地使用。

笔者认为，既要考虑建设工程的质量保修期限和建设工程设计的合理使用期限，也要考虑工程质量缺陷的性质和形成原因。在法律规定的最低保修期限届满后，如出现一般性的质量问题，或者因工程正常使用而产生的自然老化等问题，承包人不应承担工程质量缺陷责任，承包人不具有维修义务，如国家对防水要求最低保修期限是5年，5年保修期满之后，即使出现漏水的质量问题，只要是防水材料的自然老化造成的，承包人自然不承担维修责任。另外，如果在保修期满之后出现的工程质量问题是形成于施工过程中，如承包人没有按照国家标准规范施工，或者使用的建筑材料、建筑构配件不符合国家标准，那么工程质量问题不是在维修期间形成的，而是在工程施工过程中就已经产生，只是在维修期满之后才表现出来，那么承包人对工程质量问题存在过错，即使质量保修期届满之后，承包人也应该承担质量缺陷责任。

典型案例解析

案例 4.2 建设工程保修期满后承包人的工程质量瑕疵担保责任

——北京某投资公司与中国某建筑公司建设工程施工合同仲裁案

【案例来源】

（2019）京仲裁字 2420 号

【基本案情】

2008 年 4 月，申请人北京某投资公司与被申请人中国某建筑公司签订《某镇 F11 地块回迁安置房工程总承包协议》（以下简称本案合同）。被申请人施工的楼体先后于 2010 年 5 月 20 日、2010 年 5 月 26 日竣工验收。2010 年 8 月，居民陆续入住。不久业主就反映被申请人所建设的房屋出现质量问题。至 2019 年 4 月 15 日申请人提起本案仲裁时，仍存在质量问题，主要表现在屋顶风帽垮塌严重、混凝土松动脱落、钢筋外露等，申请人委托的鉴定机构对风帽系统进行鉴定，鉴定结论是，盖板及立柱等都不能满足规范要求，存在屋顶女儿墙、檐口出现原结构混凝土开裂、破碎、钢筋外露、混凝土石块脱落等严重的质量问题。

申请人就上述质量问题多次联系被申请人维修，但是被申请人基本上不接电话，不回短信。2016 年 8 月 8 日，申请人向被申请人发出《关于某镇 F11 地块回迁安置房工程之维修及索赔告知函》，申请人委托律师事务所于 2018 年 6 月 15 日向被申请人发出律师函，均被被申请人拒收。

申请人提起仲裁，要求被申请人承担屋顶风帽和女儿墙、檐口的维修费用。

被申请人答辩称，本案工程已经于 2010 年 5 月 20 日和 5 月 26 日分别进入质量保修期，截至目前保修期早已届满，在保修期内申请人从来没有通知被申请人履行仲裁申请书中所陈述的相关事实和维修义务。因此在质量保修期届满之后，申请人就工程质量要求被申请人承担责任没有法律依据。按照住宅项目维修资金管理办法以及北京市关于住宅专项维修资金管理办法的相关规定，在工程质量保修期届满以后，申请人应当就工程所产生的质量问题向房屋所在地的资金管理部门提出申请并进行维修，而不应向被申请人主张相应权利。综上，被申请人认为申请人的仲裁请求无法律依据，应当依法驳回。

【争议焦点】

建设工程质量保修期满后承包人是否承担工程质量瑕疵担保责任?

【仲裁裁判】

北京仲裁委员会裁决：从申请人提供的初步证据来看，上述争议工程确实存在质量问题，现被申请人主张由于上述争议工程部位的保修期均已届满，因此被申请人不再承担保修责任。对此，仲裁庭认为，施工单位对于保修期满之后发现的工程质量问题是否承担质量责任需要进行区分，如果该质量问题是由于施工单位未按约定或法律规定进行施工，质量问题在工程竣工验收之前施工过程中即已经存在的，则施工单位应当对此承担瑕疵担保责任，该瑕疵担保责任并不受保修期限的影响。具体到本案而言，仲裁庭分析如下：

关于屋顶风帽的质量问题，申请人提供的某建筑研究总院有限公司《某家园楼宇屋顶风帽系统质量检测报告》显示，2017 年 11 月，申请人委托某建筑研究总院有限公司对本案工程屋顶风帽系统进行了现场检测，其检测结论为：(1) 所检楼宇屋顶风帽盖板及立柱外观质量较差，其安装做法与《防火型、变截面住宅厨卫排气道》(08BJZ8) 图集严重不符。(2) 所检楼宇屋顶风帽混凝土碳化深度均在 6.0mm 以上，会对风帽成品耐久性产生不良影响。(3) 所检楼宇屋顶风帽系统基座与屋面板连接处的钢筋配置不能满足《防火型、变截面住宅厨卫排气道》(08BJZ8) 图集的相关要求；保护层厚度不能满足《混凝土结构设计规范》(GB 50010－2002) 的相关要求。(4) 所检楼宇屋顶风帽立柱混凝土强度不能满足《混凝土结构设计规范》(GB 50010－2002) 的相关要求。(5) 所检楼宇屋顶风帽盖板中钢筋氯离子、碱离子含量能够满足《混凝土结构设计规范》(GB 50010－2002) 中关于混凝土耐久性的相关规定。

仲裁庭认可该检测报告，从该检测结论看，被申请人施工的屋顶风帽工程在风帽盖板及立柱的安装做法、保护层厚度、立柱强度等方面不符合设计图集要求以及国家标准规范要求。这些检测结果也与屋顶系统所表现出来的松动脱落、垮塌等质量问题相一致。从检测结果看，屋顶风帽系统中的这些质量瑕疵均是被申请人未按规范施工所致，且在案涉工程竣工验收之前就应已存在，因此，仲裁庭认为，屋顶风帽工程虽已过保修期，但被申请人仍应当对屋顶风帽工程质量承担瑕疵担保责任。

关于女儿墙、檐口的质量问题，申请人提交证据证明女儿墙、檐口部位存在较大面积的混凝土开裂、脱落等问题。申请人虽未直接提供证据证明混凝土开裂、脱落是被申请人施工造成，但从申请人提交的证据材料看，女儿墙、檐口部位的混凝土开裂、脱落已经超出了正常使用条件下工程质量的变化，仲裁庭可以合理认定女儿墙、檐口部位的混凝土开裂、脱落与被申请人的施工质量瑕疵有较大的关系，因此，仲裁庭认为被申请人仍应当对女儿墙、檐口部位工程质量承担瑕疵担保责任。

【律师解析】

建设工程质量保修期满后，承包人对建设工程一般质量问题不再承担责任，否则设置建设工程质量保修期的意义便不再存在。但是，如果建设工程质量问题是承包人的施工行为所致，在质量保修期满之后才表现出来，承包人仍应承担质量瑕疵担保责任。这主要是承包人存在过错而造成工程质量问题，对发包人造成了损害，属于侵权行为。承包人施工造成建设工程质量问题，主要有两种情形：一是施工单位的施工工艺不符合国家施工规范；二是承包人施工所用的建筑材料不符合国家标准，比如钢筋的规格、混凝土的强度等达不到国家标准或者合同约定的标准。无论哪种原因造成的建设工程质量问题，均是承包人在施工中违反国家强制性规定或者合同约定，造成了建设工程质量不合格的后果，对此后果承包人应承担赔偿责任。

因而，律师提醒施工单位要遵守国家施工规范，使用符合国家质量标准要求的建筑材料，否则无论是否在质量保修期内，均应承担质量瑕疵担保责任。

五、关于建设工程质量缺陷的举证责任问题

1. 建设工程质量缺陷和缺陷原因的举证责任

在发包人和承包人对建设工程质量是否存在缺陷以及缺陷原因存在争议时，如何分配举证责任，对于双方影响很大。

（1）对建设工程质量缺陷的举证责任

发包人要求承包人承担建设工程质量缺陷责任，其前提条件是建设工程存在质量缺陷，所以发包人应该对工程存在质量缺陷承担举证责任。当然这个举证责任不应该很严格，只要发包人举出工程存在表面上的质量缺陷即可，比如通过照片或录像证明工程存在漏水、倾斜或者裂缝等质量缺陷，不应要求发

包人举证工程质量缺陷是否违反了国家的标准规范，是否符合建设工程质量安全要求等。如果承包人主张工程不存在质量缺陷，应该由承包人承担进一步的举证责任，比如承包人可以申请质量鉴定，对工程是否存在质量缺陷进行质量鉴定。

（2）对建设工程质量缺陷原因的举证责任

笔者认为，在工程质量保修期内，承包人对工程质量缺陷负有法定的维修义务，如出现工程质量缺陷，应首先推定承包人对工程质量缺陷存在责任。如承包人主张工程质量缺陷不是其造成的，应该由承包人对质量缺陷原因进行举证。

在工程质量保修期满后，承包人对工程质量缺陷不再负有法定的维修义务。发包人主张承包人承担工程缺陷维修责任的，应该举证该质量缺陷是承包人的原因所致，否则承包人不应承担维修责任。

（3）发包人通知义务的举证责任

在建设工程质量保修期限内，发包人负有通知承包人维修的义务，如发包人没有通知承包人进行维修，而擅自自行修复或直接委托第三方修复，承包人有权以此为由抗辩发包人要求支付维修费用的主张。所以发包人还应举证其已经通知承包人进行维修，承包人拒绝维修的事实。

六、两种特殊情形下的建设工程质量保修责任认定问题

1. 发包人未经竣工验收擅自使用建设工程的质量保修责任问题

《建设工程施工合同司法解释（一）》第十四条规定："建设工程未经竣工验收，发包人擅自使用后，又以使用部分质量不符合约定为由主张权利的，人民法院不予支持；但是承包人应当在建设工程的合理使用寿命内对地基基础工程和主体结构质量承担民事责任。"

该条司法解释中的"主张权利"究竟是指什么权利？司法实践中存在不同的理解。有人认为该"权利"主要是指发包人以工程质量不合格为由拒付工程款的权利。但是笔者认为该权利不是指发包人拒付工程款的权利。因为《建设工程施工合同司法解释（一）》第九条规定："当事人对建设工程实际竣工日期有争议的，人民法院应当分别按照以下情形予以认定：……（三）建设工程

未经竣工验收，发包人擅自使用的，以转移占有建设工程之日为竣工日期。”第二十七条规定：“利息从应付工程价款之日开始计付。当事人对付款时间没有约定或者约定不明的，下列时间视为应付款时间：（一）建设工程已实际交付的，为交付之日……”也就是说，发包人擅自使用工程已经视为竣工验收合格，并且实际占有交付之日也是工程款应付之日，既然整个工程质量已经视为竣工验收合格，发包人的付款义务已经产生，其自然丧失以使用部分工程质量不合格为由拒付工程款的权利，所以这里的“权利”显然不是拒付工程款的权利。

笔者认为，该“权利”应该主要是指发包人要求承包人承担工程质量保修的权利，《建设工程质量管理条例》第四十条第三款规定：“建设工程的保修期，自竣工验收合格之日起计算。”依据《建设工程施工合同司法解释（一）》第九条的规定，发包人擅自使用之日视为竣工验收合格之日，并自此起算工程保修期。在保修期内，发包人主张的就是建设工程质量缺陷的保修权利，同时“以使用部分质量不符合约定为由”主张的权利自然也应该是工程质量方面的权利。

因而，笔者认为依据该条规定，发包人未经竣工验收擅自使用建设工程的，其就丧失要求承包人承担工程保修期内的保修责任的权利。但是也有观点认为，该条并没有规定发包人丧失要求保修的权利，发包人擅自使用未经竣工验收的建设工程，仅仅视为工程已经竣工验收，与工程经过竣工验收后的法律后果相同，承包人仍应承担工程竣工验收后的质量保修责任。笔者认为如果将发包人未经竣工验收擅自使用建设工程仅仅视为竣工验收合格，而并没有使其丧失要求承包人承担保修责任的权利，本条规定的意义就荡然无存。因为发包人擅自占有使用建设工程之日视为竣工验收合格并进入质量保修期，如果此时还能主张质量缺陷保修的权利，则发包人并没有丧失任何权利，尤其是就工程质量主张的任何权利。与本条对发包人擅自使用工程的惩罚性规定主旨相悖，也与“承包人应当在建设工程的合理使用寿命内对地基基础工程和主体结构质量承担民事责任”的规定在逻辑上存在冲突，既然承包人对在发包人使用范围内的一般质量问题还要承担保修责任，更不用说“地基基础工程和主体结构质量”，后面这个规定岂不是画蛇添足，显得多余。强调承包人“在建设工程的合理使用寿命内对地基基础工程和主体结构质量承担民事责任”，实际上也是从另一个方面免除承包人除“地基基础工程和主体结构质量”外的其他一般质量责任。

综上，笔者认为，依据《建设工程施工合同司法解释（一）》第十四条的规定，发包人未经竣工验收擅自使用建设工程的，对占用部分的工程不能再主张工程保修责任，以体现对发包人违反《建筑法》行为的惩罚。

典型案例解析

案例4.3 发包人擅自占用建设工程后工程质量的责任承担

——三建公司与A置业公司、B置业公司建设工程施工合同纠纷案

【案例来源】

（2020）最高法民终483号

【基本案情】

2011年5月3日，余某以工程项目经营管理目标责任人身份就案涉工程与浙三建公司陕西分公司签订《工程项目经营管理目标责任书》。2011年6月27日，三建公司与余某签订劳动合同，并从该月为余某缴纳职工基本养老保险。

2011年5月23日，B置业公司（甲方）作为陈杨新界项目发包人与三建公司（乙方）签订了合同一，约定工程内容：主楼18栋、地下室一层，地上34层，总建筑面积约40万平方米。

自2011年10月28日起，B置业公司、A置业公司将桩基施工现场分批移交给三建公司。三建公司接收后，陆续开始施工。

2012年11月15日，B置业公司与三建公司签订《合同解除协议书》。协议书载明：“双方原于2011年5月23日签订的《建筑工程施工合同》，现因B置业公司将该合同的债权债务概括转让给A置业公司，使三建公司无法继续履行合同，经双方协商同意，合同于三建公司与A置业公司重新签订的施工合同成立时解除。”2012年11月15日，A置业公司作为发包人就案涉工程与三建公司重新签订了合同二，内容与合同一一致。

2013年1月23日，A置业公司取得案涉工程6#—17#楼项目《建设工程规划许可证》。2013年1月25日、1月31日、2月28日，A置业公司向建设主

管部门就项目三标段、二标段、一标段补办了招投标手续，提交备案《建筑工程施工合同》（以下简称合同三）和中标文件。A置业公司与三建公司均认可签订合同三系为走招投标手续。2013年8月26日，A置业公司取得案涉工程1#—5#楼、地下车库项目《建设工程规划许可证》。

2013年2月19日，三建公司向A置业公司发送《因延期付款造成的工期及费用索赔报告》。报告载明：我公司于2012年6月24日完成15#楼主体20层混凝土浇筑，率先达到合同约定的付款节点，各栋楼进度随后陆续达到合同约定的付款节点，截至目前已开工楼栋除2#楼（2#楼按原计划1月9日达到主体20层，但因设计变更未及时下发中途停工及返工致使工期延误30日，截至2013年1月10日施工至主体16层）外，均已达到合同约定的付款节点。但自第一栋楼达到付款要求开始，建设单位因资金不到位，在工程款支付上一直滞后，远不能达到合同约定的支付数额。项目资金严重缺乏，且长时间无法有效解决，致使项目进展缓慢，基本处于半停工状态。2013年3月12日，A置业公司向三建公司发送《关于总包方2013年2月19日提交的人工费调整、认质认价、工期索赔等函的回复意见》。其中载明：关于因延期付款造成的工期及费用索赔报告。我方认为我方的责任仅在于超过合同约定的支付时间未足额支付工程款（进度款）。

2014年1月28日，A置业公司向三建公司发送《关于咸阳市“陈杨新界”项目2014年春节后全面恢复施工安排的工作函》。其中“恳请贵司于2014年2月9日前安排管理人员进驻现场，2014年2月18日前组织劳动力进场全面恢复施工”。

2015年4月6日，A置业公司向三建公司发送《关于解除陈杨新界项目〈建筑工程施工合同〉的函》，提出因三建公司存在施工工期滞后、施工不规范工程质量问题严重、现场安全文明施工脏乱差、擅自停工，要求解除合同。

2015年4月7日，A置业公司及监理单位林华公司向三建公司发出的《工作联系单》载明：我公司对陈杨新界项目已全面复工，现要求贵公司于2015年4月7日下午4点前将所占用的办公室搬离及现场的门卫、保安全部撤离陈杨新界工地，不要影响我公司后续单位进场施工，若贵司不撤出工地，我公司将采取强制手段，将贵司办公桌椅及用品、人员清出工地，所造成的一切经济损失及生命财产安全，均由贵公司负责。2015年4月7日至2015年4月9日，

A 置业公司组织人员拆除了临建活动板房，占有了施工场地。

2015 年 4 月 14 日，三建公司向 A 置业公司发送的《关于解除施工合同的回复函》载明：你司于 2015 年 4 月 6 日向我司发送《关于解除陈杨新界项目〈建筑工程施工合同〉的函》，我司认为你司提出的理由均不能成立，你司没有合同解除权，因此，你司发送的函没有解除合同的法律效力。

截至 2015 年 4 月 7 日三建公司离场，案涉工程共有 9 栋楼已经交付使用。其余楼体及地下车库、幼儿园主体已完工，完成了部分安装工程。A 置业公司在 2019 年 11 月 16 日的谈话笔录中称，2012 年年底双方开了专题会议，基于三建公司工期肯定会逾期，给予了一定的宽限期，2013 年 12 月 31 日前必须完工。但是三建公司到 2013 年年底仍未完工，2014 年 1 月又开了专题会议，再次给予一定的宽限期，到 2014 年 4 月 30 日必须交工。

三建公司在承建案涉工程时系建筑工程施工总承包一级资质，2015 年 11 月 3 日取得建筑工程施工总承包特级资质。B 置业公司在发包案涉工程时系房地产开发二级资质，A 置业公司与三建公司签订施工合同时系房地产开发暂定资质。

【争议焦点】

建设工程未经竣工验收，发包人擅自占用的，承包人是否承担工程质量责任?

【法院裁判】

一审法院陕西省高级人民法院认为：根据《建设工程施工合同司法解释（一）》第九条第三项的规定，建设工程未经竣工验收，发包人擅自使用的，以转移占有建设工程之日为竣工日期。本案工程未经竣工验收，A 置业公司已于 2015 年 4 月 7 日占有使用案涉工程，根据前述规定，应视为 A 置业公司已认可三建公司施工工程质量合格。A 置业公司应支付三建公司工程价款。

关于 A 置业公司反诉请求三建公司赔偿由质量缺陷造成的维修损失 11222145.87 元的问题。（一）因未经竣工验收，A 置业公司已于 2015 年 4 月 7 日占有施工现场，根据《建设工程施工合同司法解释（一）》第十四条“建设工程未经竣工验收，发包人擅自使用后，又以使用部分质量不符合约定为由主张权利的，人民法院不予支持；但是承包人应当在建设工程的合理使用寿命内对地基基础工程和主体结构质量承担民事责任”之规定，出现质量问题，A 置业公司应自行承担责任。在建设工程未经过竣工验收的情况下，A置业公司作为发包人违反法律规定占有使用建筑工程，即可视为其对建筑工程质量认可。因为发包人使用未经验收的工程，其应当预见工程质量可能会存在质量问题，随着发包人的提前使用，其工程质量责任风险也由施工单位转移给发包人，而且工程交付的时间，亦可认定为发包人提前使用的时间。A置业公司所诉的质量缺陷不属于地基基础工程和主体结构质量问题，故A置业公司反诉主张三建公司赔偿由质量缺陷造成维修损失的反诉请求，不能成立。（二）关于A置业公司的鉴定申请，A置业公司申请委托有资质的司法鉴定、检测机构对案涉工程以下内容的质量缺陷成因、修复方案、修复费用进行检测、鉴定：(1) 户内墙面抹灰层空鼓、开裂、起沙及强度缺陷；(2) 户内墙体平整度、垂直度偏差；(3) 楼层顶板平整度偏差、楼层顶板有沙层强度不够；(4) 窗台高度缺陷。首先，虽A置业公司多次要求进行质量鉴定，但其申请的鉴定事项不属于地基基础工程和主体结构质量问题，因其未经竣工验收已占有使用三建公司施工的工程，按照前述分析，应视为A置业公司认可三建公司已施工工程质量合格。其次，合同二通用条款32.8约定："工程未经竣工验收或竣工验收未通过，发包人不得使用。发包人强行使用，由此发生的质量问题及其他问题，由发包人承担。"因其未经竣工验收占有使用三建公司施工的工程，依据《建设工程施工合同司法解释（一）》第十四条规定及合同二通用条款32.8的约定，对其提出的质量鉴定的申请，亦不应予准许。

二审法院最高人民法院认为，A置业公司反诉三建公司，提出质量索赔，并申请一审法院对案涉工程质量进行鉴定，一审法院认定A置业公司擅自使用工程，未支持其质量索赔。A置业公司上诉请求本院按照该公司在一审提出的申请组织鉴定，并支持该公司对三建公司的索赔请求。

《建设工程施工合同司法解释（一）》第十四条规定："建设工程未经竣工验收，发包人擅自使用后，又以使用部分质量不符合约定为由主张权利的，人民法院不予支持；但是承包人应当在建设工程的合理使用寿命内对地基基础工程和主体结构质量承担民事责任。"本案中，A置业公司主张的质量缺陷不属于地基基础工程和主体结构质量问题。根据已查明的事实，本案工程未经竣工验收，A置业公司及监理单位林华公司于2015年4月7日向三建公司发出《工作联系单》，要求三建公司撤离工地。2015年4月7日至4月9日，A置业公司组织人员拆除了临建活动板房，收回了案涉工程。此前，双方已先后交付使用了9栋楼房。本院认为，A置业公司擅自使用未经验收的建设工程，现又以质量不符合约定为由主张权利，缺乏法律依据。同时，合同二亦约定未经竣工验收发包人不得使用，如果使用，一切质量问题均由发包人承担。因此，一审判决按照《建设工程施工合同司法解释（一）》第十四条的规定，对A置业公司的质量索赔不予支持，处理正确。A置业公司此项上诉理由不成立，本院不予支持。对A置业公司的鉴定申请，本院不予准许，并已将本院决定告知该公司。

【律师解析】

本案的建设工程未经竣工验收，发包人前期接受了9栋住宅楼，后期强行接管了其他8栋楼，发包人主张承包人承担占用后的建设工程质量维修费用，但是一审、二审法院均不支持。

建设工程未经竣工验收，发包人占用的，视为工程已经竣工验收合格，发包人应该对建设工程的质量承担风险责任，除地基基础工程和主体结构质量问题外，对于其他的建设工程质量问题，承包人不再承担责任。即使存在工程质量问题需要修复，承包人也不再承担修复费用。当然，如果建设工程的地基基础工程和主体结构存在质量问题，承包人应承担质量担保责任。发包人有权要求承包人承担修复费用，如果地基基础工程和主体结构质量问题不能修复，发包人有权拒绝支付工程价款，并有权要求承包人赔偿损失。

律师提示，对于发包人而言，建设工程未经过竣工验收的，不要接收使用，更不能对未经竣工验收的建设工程强制占用，否则被占用的建设工程一般质量风险将全部转移给发包人，承包人不再承担建设工程一般质量的担保责任。对于承包人而言，建设工程的核心是建设工程的质量问题，要保证建设工程的质量符合国家标准，如果建设工程质量不符合国家标准，尤其是地基基础工程和主体结构存在质量问题，无论发包人存在何种过错，均无法免除承包人的建设工程质量担保责任，承包人要对建设工程的质量承担终身责任。

2. 建设工程合同解除后的工程质量保修责任问题

建设工程合同解除的，承包人是否承担工程质量保修责任，如果承担保修责任，保修期限如何计算？目前就此问题的法律规定还是空白，司法实践中也存在不同的裁判。笔者认为建设工程质量保修责任是承包人的法定责任，不能因建设工程合同的解除而免除，但是由于与已经竣工验收合格的工程不同，合同解除后的工程质量保修责任要根据不同的情形进行认定。

如承包人已施工部分验收合格或者已施工部分质量不合格但经过整改后质量验收合格，并且能够与后续施工部分区分开，承包人应对已施工部分承担质量保修责任，并自验收合格之日起算质量保修期。

如承包人施工部分能够与后续施工部分区分开但是没有经过验收，承包人应对施工部分承担质量保修责任，并自合同解除之日起算质量保修期。

如承包人施工部分质量不合格且合同解除时拒绝进行质量整改，发包人扣除整改费用，相当于承包人已经承担了质量保修的责任，且承包人不应对其他整改单位的施工质量承担质量担保责任，所以合同解除后承包人不应再承担质量保修责任，应由后续整改单位承担质量保修责任，自整改完毕验收合格之日起算质量保修期。

如承包人已施工部分与后续施工部分无法区分，应由后续施工单位承担质量保修责任，因原承包人不应对后续施工单位的工程质量承担担保责任，所以原承包人不应对其已施工部分承担质量保修责任，由于与后续施工部分无法区分，事实上也无法承担维修责任。

· 第五章 ·

建设工程工期疑难法律问题

一、建设工程开工日期和竣工日期的认定

开工日期是计算建设工程工期的起始点，竣工日期是计算建设工程工期的终点，两者直接影响建设工程工期的认定。建设工程工期的认定有两方面的作用：一方面，确定承包人是否在约定工期内完成工程施工，是否应承担逾期竣工的违约责任。另一方面，如建设工程工期逾期是发包人原因造成的，发包人要对承包人由工期逾期造成的损失进行赔偿。建设工程工期对发包人和承包人双方至关重要，因而开工日期和竣工日期的认定对当事人的权利义务有重大影响。

（一）建设工程开工日期的认定

《建设工程施工合同司法解释（一）》第八条规定："当事人对建设工程开工日期有争议的，人民法院应当分别按照以下情形予以认定：（一）开工日期为发包人或者监理人发出的开工通知载明的开工日期；开工通知发出后，尚不具备开工条件的，以开工条件具备的时间为开工日期；因承包人原因导致开工时间推迟的，以开工通知载明的时间为开工日期。（二）承包人经发包人同意已经实际进场施工的，以实际进场施工时间为开工日期。（三）发包人或者监理人未发出开工通知，亦无相关证据证明实际开工日期的，应当综合考虑开工报告、合同、施工许可证、竣工验收报告或者竣工验收备案表等载明的时间，并结合是否具备开工条件的事实，认定开工日期。"

司法实践中如何理解以上规定呢？双方在建设工程合同中对开工日期的确定方式有明确约定的，应根据双方的约定认定开工日期。如《建设工程施工合同（示范文本）》（GF－2017－0201）通用条款第7.3.2条开工日期约定"工期自开工通知中载明的开工日期起算"。但是，双方对开工日期的确定方式没有约定或者约定不明的，应按照最高人民法院的司法解释认定开工日期。

首先，如果存在开工通知，应该以发包人或者监理人发出的开工通知载明的开工日期为准；如果虽然有开工通知载明的开工日期，但是施工现场不具备

开工条件，以开工条件具备的时间为开工日期，施工现场不具备开工条件的证明责任由承包人承担。但是什么情形下属于具备开工条件，法律并没有明确。根据建设工程施工实践，开工条件应包括法律上的开工条件和现场实际施工的条件。法律条件主要是发包人取得了施工许可证，施工图纸已经审查合格等。但是建设工程施工实践中，发包人发出开工通知通知承包人进行施工时，发包人往往并没有取得施工许可证。在这种情形下，要依据具体施工情形进行判断，如果发包人没有取得施工许可证影响承包人施工，比如施工中经常被行政主管部门叫停的，或者不能进行大面积施工的，应该自发包人取得施工许可证之日起算建设工程工期；如果发包人未取得施工许可证，但是不影响承包人正常施工，应以开工通知载明的时间为准，虽然现场施工的法律条件并不具备。现场实际施工的条件，主要是指施工场地、进出道路、水电、通信等，还包括一些外部因素，比如自然灾害、恶劣天气、流行疾病、政府管制、周边群众阻挠等。

但是，开工条件如果是出于承包人的原因不具备的，那么还是以开工通知载明的开工日期为准。建设工程合同约定开工条件是由承包人负责的，或者开工条件不具备是由承包人不配合造成的，则以开工通知载明的开工日期为准。

其次，没有开工通知，承包人已经进场施工，或者虽然有开工通知，但是在开工通知前，承包人已经实际进场施工，这两种情形下都以承包人实际进场施工时间为开工日期。这种情形下可能也会出现承包人实际进场施工时，发包人的施工许可证还没有取得。那么如何认定开工日期呢？是否能够以取得施工许可证的时间或者以施工许可证上载明的开工时间作为开工日期呢？这要根据实际情况进行判断，如果承包人已进行大规模施工，则以承包人实际进场施工时间为开工日期，不论是否取得施工许可证；如果承包人只是进行前期施工或者辅助性施工，就不能以承包人实际进场时间作为开工日期，而应该以开工通知的时间或者承包人开始进行大规模施工的时间作为开工日期。承包人在施工过程中因为没有施工许可证被建设行政部门暂停施工的，则应将暂停施工的时间从工期里扣减。

最后，既没有开工通知，也无法证明承包人实际进场施工时间的，则要综合考虑各种施工文件以及实际施工情形进行认定。

在建设工程司法实践中，对于开工日期的认定，首先根据发包人或监理单位发出的开工通知；其次根据承包人实际进场施工的时间以及其他因素综合判断。开工日期是一个客观事实问题，要实事求是地认定，尊重客观事实，才能保证双方的基本公平。

（二）建设工程竣工日期的认定

关于实际竣工日期的认定问题，《建设工程施工合同司法解释（一）》第九条规定："当事人对建设工程实际竣工日期有争议的，人民法院应当分别按照以下情形予以认定：（一）建设工程经竣工验收合格的，以竣工验收合格之日为竣工日期；（二）承包人已经提交竣工验收报告，发包人拖延验收的，以承包人提交验收报告之日为竣工日期；（三）建设工程未经竣工验收，发包人擅自使用的，以转移占有建设工程之日为竣工日期。"

发包人和承包人在建设工程合同中对竣工日期的认定方式有约定的，应该按照双方约定对竣工日期进行认定，如《建设工程施工合同（示范文本）》（GF－2017－0201）通用条款第13.2.3条"工程经竣工验收合格的，以承包人提交竣工验收申请报告之日为实际竣工日期，并在工程接收证书中载明"。双方在施工合同中做了如此约定的，应该按照该约定，以承包人提交竣工验收申请报告之日为实际竣工日期。双方如约定以建设工程竣工验收备案之日为实际竣工日期，应尊重当事人约定。

对竣工日期没有约定或者按照约定产生争议时，应按照最高人民法院的司法解释对实际竣工日期进行认定，对最高人民法院的司法解释应作如下理解：

首先，建设工程的竣工验收合格，是指建设单位的验收合格，一般是建设单位、施工单位、监理单位和设计单位四方主体进行的验收，然后向施工单位出具竣工验收报告，以该报告记载的日期为竣工日期，不能以向建设行政主管部门办理竣工验收备案的日期为准。发包人拖延验收的，以承包人提交验收报告之日为竣工日期。这只有在发包人拖延验收，且承包人的验收能够一次性通过的情形下才能适用。如果发包人拖延验收，在验收时又存在质量问题，竣工验收未通过，需要整改，整改后才竣工验收合格，如何确定竣工日期？司法解释没有明确。应根据实际情形进行判断，一般情形下，应该以竣工验收合格报告的日期为准，但是要把发包人拖延验收的时间从建设工程工期中扣除。关于如何认定发包人拖延竣工验收的时间，可以参考《建设工程施工合同（示范文本）(GF-2017-0201)》第13.2.2条关于竣工验收程序的规定："……（1）承包人向监理人报送竣工验收申请报告，监理人应在收到竣工验收申请报告后14天内完成审查并报送发包人……（2）监理人审查后认为已具备竣工验收条件的，应将竣工验收申请报告提交发包人，发包人应在收到经监理人审核的竣工验收申请报告后28天内审批完毕并组织监理人、承包人、设计人等相关单位完成竣工验收……"根据建设工程竣工验收的惯例，发包人应在承包人提交竣工验收申请后42天内完成竣工验收，否则可以认定为拖延验收。

其次，关于发包人擅自使用的情形，是指发包人对工程未经过竣工验收程序就使用，不论发包人是否经过承包人的同意。即使经过承包人同意使用，只要未经过竣工验收，也认定为发包人擅自使用。发包人擅自使用未竣工工程的，要承担相应的法律后果：一是以发包人占有建设工程之日为竣工日期；二是根据本书第四章的内容，从发包人占有之日起，承包人不再承担建设工程除地基基础工程和主体结构外的质量责任。所以对于发包人而言，建设工程未经竣工验收，不能擅自使用，否则，要承担相应的法律风险。

建设工程竣工验收的过程有三个关键时间点：一是承包人提交竣工验收报告的日期；二是发包人出具竣工验收合格报告的日期；三是发包人向国家建设行政主管部门提交竣工验收备案之日。这三个时间点，发包人和承包人可以择一约定为竣工日期。如果约定不明，最高人民法院司法解释首先认定竣工验收合格报告上的日期为实际竣工日期。如果存在发包人拖延验收的情形，以承包人提交竣工验收报告的日期为实际竣工日期。

如果建设工程已经完工，但是承包人未提交竣工验收报告，发包人未组织竣工验收也未使用，在法律上就被认定为未竣工验收。竣工日期一直不定，建设工程的工期就一直计算。这对承包人极为不利，所以承包人要及时向发包人提交竣工验收报告，尽早确定建设工程的竣工日期，避免法律风险。

典型案例解析

案例5.1 建设工程开工日期和竣工日期的认定

——冶建公司与嘉峪关某地产公司建设工程施工合同纠纷案

【案例来源】

（2020）甘民终318号

【基本案情】

嘉峪关某地产公司与冶建公司共签订三份《建设工程施工合同》，分别为：第一份签订于2014年8月1日的合同，约定由冶建公司施工嘉峪关市某小区七栋住宅楼（包括4、5、6、8、9、10、14号楼）的全部工程；第二份签订于2014年10月30日的合同，约定由冶建公司施工嘉峪关市某小区三栋住宅楼（包括1、2、7号楼）及其相邻地下车库的全部工程；第三份合同签订于2015年3月20日，约定由冶建公司施工嘉峪关市某小区一栋住宅楼（3号楼）的全部工程。

关于本案工程开工时间，冶建公司抗辩施工许可证颁发时间晚于合同约定的开工时间，应以施工许可证颁发时间确定开工日期，经查：第一份合同约定开工时间为2014年7月31日，施工许可证颁发时间为2014年8月29日；第二份合同约定开工时间为2014年10月24日，施工许可证颁发时间为2014年11月18日；第三份合同约定开工时间为2015年3月20日，施工许可证颁发时间为2015年4月10日。

嘉峪关某地产公司提交的案涉工程的三份工程竣工验收备案表，均载明工程开工日期与合同约定一致，该备案表均有施工方的签字盖章。嘉峪关某地产公司提交由冶建公司出具的6份工程开工报告，该报告载明的嘉峪关某地产公司申请开工时间与合同约定一致。嘉峪关某地产公司提交的上述证据可证实，在施工许可证颁发前，冶建公司已实际开工，且在竣工验收时冶建公司对该事实予以认可。故冶建公司该项抗辩不能成立。

关于本案工程竣工日期及迟延竣工的时间，经查：1. 第一份合同约定竣工时间为2015年10月10日。根据该合同所涉工程的竣工备案表载明的竣工时间

(4号楼的竣工时间为2015年12月6日，5、6、8号楼的竣工时间为2015年12月11日，9号楼的竣工时间为2016年7月14日，10、14号楼的竣工时间为2015年12月14日)，可确定4、5、6、8、9、10、14号楼均迟延竣工。2. 第二份合同约定竣工时间为2014年10月30日，根据该合同所涉工程的竣工备案表载明的竣工时间（7号楼为2015年12月6日，1、2号楼及车库未专门说明，工程竣工验收时间为2016年9月20日），可确定1、2、7号楼、车库迟延竣工。3. 第三份合同约定竣工时间为2017年9月30日，根据该合同所涉工程的竣工备案表载明的竣工验收时间，可确定该合同所涉工程也迟延竣工。

冶建公司上诉主张一审法院开工日期认定错误。《工程竣工验收备案表》系嘉峪关某地产公司依据合同约定开工时间填写，不能反映真实的开工时间，嘉峪关某地产公司无证据证明在《工程竣工验收备案表》记载的开工时间向冶建公司提供具备施工的开工条件，一审法院以与《施工许可证》相矛盾的《工程竣工验收备案表》认定开工时间错误。一审法院依据《工程竣工验收备案表》对竣工验收时间的认定错误。一审法院未将双方认可的《工程竣工验收记录》作为认定事实的依据。

【争议焦点】

本案建设工程开工日期和竣工日期如何认定?

【法院裁判】

一审法院甘肃省嘉峪关市中级人民法院认为：嘉峪关某地产公司提交竣工验收备案表、施工合同及工程开工报告等证据能够证实冶建公司延期交工的事实。冶建公司关于延期交工系嘉峪关某地产公司原因造成的抗辩理由，经查均无事实和法律依据，故案涉工程应以竣工验收备案表载明的实际开工日期为工期起算点，实际开工日期与是否取得施工许可证并无直接联系。

二审法院甘肃省高级人民法院认为：

1. 案涉工程开工日期如何确定

嘉峪关某地产公司与冶建公司签订的第一份合同（包括4、5、6、8、9、10、14号楼）约定的开工日期为2014年7月31日，经嘉峪关某地产公司、冶建公司和勘察、设计、监理单位五方签字确认的《建设工程竣工验收备案表》中载明的开工日期为2014年7月31日，经嘉峪关某地产公司、冶建公司和设计、监理单位四方签字确认的《工程质量竣工验收记录》中载明的4、5号楼开工日期为2014年8月1日，6、8号楼开工日期为2014年7月31日，9、10号楼开工日期为2014年8月1日，14号楼开工日期为2014年7月31日，《建筑工程施工许可证》颁发时间为2014年8月29日，其中载明的合同开工日期为2014年7月31日。嘉峪关某地产公司提交的6份《工程开工报告》显示：冶建公司申报意见为“已具备开工条件”，时间均为2014年8月1日。第二份合同（包括1、2、7号楼）约定的开工日期为2014年10月24日，经嘉峪关某地产公司、冶建公司和勘察、设计、监理单位五方签字确认的《建设工程竣工验收备案表》中载明的开工日期为2014年10月24日，经嘉峪关某地产公司、冶建公司和设计、监理单位四方签字确认的《工程质量竣工验收记录》中载明的1、2号楼无开工日期，7号楼开工日期为2014年7月31日，《建筑工程施工许可证》颁发时间为2014年11月18日，其中载明的合同工期为2014年10月24日—2015年10月8日。第三份合同（3号楼）约定的开工时间为2015年3月20日，嘉峪关某地产公司提交的经嘉峪关某地产公司、冶建公司和勘察、设计、监理单位五方签字确认的《建设工程竣工验收备案表》中载明的开工日期为2015年3月20日，经嘉峪关某地产公司、冶建公司和设计、监理单位四方签字确认的《工程质量竣工验收记录》中载明的开工日期为2015年4月15日，《建筑工程施工许可证》颁发时间为2015年4月10日，其中载明的合同工期为2015年3月20日—2016年4月22日。

根据《最高人民法院关于审理建设工程施工合同纠纷案件适用法律问题的解释（二）》第五条①规定：“当事人对建设工程开工日期有争议的，人民法院应当分别按照以下情形予以认定：（一）开工日期为发包人或者监理人发出的开工通知载明的开工日期；开工通知发出后，尚不具备开工条件的，以开工条件具备的时间为开工日期；因承包人原因导致开工时间推迟的，以开工通知载明的时间为开工日期。（二）承包人经发包人同意已经实际进场施工的，以实际进场施工时间为开工日期。（三）发包人或者监理人未发出开工通知，亦无相关证据证明实际开工日期的，应当综合考虑开工报告、合同、施工许可证、竣工验收报告或者竣工验收备案表等载明的时间，并结合是否具备开工条件的事实，认定开工日期。”建筑工程施工许可证是建设主管部门颁发给建设单位

① 本条修订后并入《建设工程施工合同司法解释（一）》第八条。

的准许其施工的凭证，只是表明了建设工程符合相应的开工条件，建设工程施工许可证的颁发时间并不是确定开工日期的唯一凭证。实践中，开工日期早于或晚于施工许可证颁发日期的情形大量存在。当实际开工日期与施工许可证记载的日期不一致时，应以前者作为确定开工日期的依据。本案中，上述施工许可证颁发时间与三份合同约定的开工日期不相同的情形下，应当以实际开工日期而不是施工许可证的颁发日期作为确定开工日期的依据。建设单位、施工单位与监理单位确认的实际开工日期当然具有明显优势的证明力和说服力，应当成为认定案件事实的重要依据。另外，根据监理施工日志显示，在《建筑工程施工许可证》颁发之前冶建公司已经进场施工。因此，在经嘉峪关某地产公司、冶建公司和监理单位共同签字确认的《建设工程竣工验收备案表》《工程质量竣工验收记录》载明的开工时间与《建设工程施工合同》均基本一致，且施工许可证上记载的开工日期亦和合同约定的开工日期相同的情况下，再以施工许可证颁发的日期确定为开工日期，无事实和法律依据。一审判决认定在施工许可证颁发前冶建公司已实际施工正确，冶建公司提出的以施工许可证颁发时间确定开工日期的上诉主张与事实不符，不予支持。

2. 案涉工程竣工日期如何确定

双方对该工程的竣工验收日期产生了争议，嘉峪关某地产公司主张应以《建设工程竣工验收备案表》的时间为实际竣工日期，冶建公司主张应以《工程质量竣工验收记录》的时间为实际竣工日期。根据《最高人民法院关于审理建设工程施工合同纠纷案件适用法律问题的解释》第十四条①的规定："当事人对建设工程实际竣工日期有争议的，按照以下情形分别处理：（一）建设工程经竣工验收合格的，以竣工验收合格之日为竣工日期；（二）承包人已经提交竣工验收报告，发包人拖延验收的，以承包人提交验收报告之日为竣工日期；（三）建设工程未经竣工验收，发包人擅自使用的，以转移占有建设工程之日为竣工日期。"本案中，因为双方合同中没有约定竣工应以取得竣工验收备案表为准，而《建设工程质量管理条例》第十六条规定："建设单位收到建设工程竣工报告后，应当组织设计、施工、工程监理等有关单位进行竣工验收……建设工程经验收合格的，方可交付使用。"第十七条规定："建设单位应当严格

---

① 本条修订后并入《建设工程施工合同司法解释（一）》第九条。

按照国家有关档案管理的规定，及时收集、整理建设项目各环节的文件资料，建立、健全建设项目档案，并在建设工程竣工验收后，及时向建设行政主管部门或者其他有关部门移交建设项目档案。”因此，《建设工程竣工验收备案表》只是竣工验收后建设单位所应办理的手续，仅能证明案涉工程竣工验收备案日期，故是否取得竣工验收备案表并不能作为认定工程是否已竣工验收的依据，应当以案涉工程实际交付使用的时间作为竣工验收时间。一审判决采纳《建设工程竣工验收备案表》认定案涉工程的竣工验收日期有误，应予以纠正。对案涉工程的竣工验收日期，本院分项认定如下：

（1）对于4、5、6、7、10、14号楼的竣工时间，双方意见一致没有异议，本院予以认定。

（2）对于双方有争议的1、2、3、8、9号楼竣工验收时间，嘉峪关某地产公司提交了《会议纪要》、《业主指令单》、冶建公司出具的《施工进度表》和《承诺书》等证据，用于证明《工程质量竣工验收记录》记载的竣工时间并非案涉工程实际竣工时间，但是依据《最高人民法院关于审理建设工程施工合同纠纷案件适用法律问题的解释》第十四条之规定，在双方就实际竣工日期发生争议时，应以竣工验收合格之日为准。从冶建公司提交的《工程质量竣工验收记录》来看，嘉峪关某地产公司已组织设计单位、施工单位以及监理单位对案涉工程进行了竣工验收，综合验收结论为“符合设计要求及施工质量验收规范要求”，上述四家单位及注册建筑师均在验收意见一栏中签字并加盖公章。嘉峪关某地产公司提交的《会议纪要》只有嘉峪关某地产公司工程部和监理单位签名盖章，冶建公司人员并未签署意见盖章，《业主指令单》只有嘉峪关某地产公司工程部盖章和其职工签字。冶建公司出具的《施工进度表》和《承诺书》涉及的内容主要为剩余消缺和维修工程。因此嘉峪关某地产公司就竣工时间提交的相关证据的证明力不足以推翻四方签字认可的《工程质量竣工验收记录》。故对于双方争议的1、2、3、8、9号楼竣工验收时间应以该工程实际交付使用的时间也就是《工程质量竣工验收记录》为竣工验收日期。一审法院以《建设工程竣工验收备案表》认定竣工日期错误，应予纠正。

【律师解析】

本案主要争议焦点是工程开工日期和竣工日期的认定问题。

本案认定工程开工日期的依据材料有《建设工程施工合同》《建设工程竣工验收备案表》《工程质量竣工验收记录》《施工许可证》和开工报告。另外，在建设工程实践中，认定工程开工日期的材料还有发包人或监理人发出的开工通知、监理会纪要等文件。本案中《建设工程施工合同》《建设工程竣工验收备案表》《工程质量竣工验收记录》《施工许可证》和开工报告等文件资料对工程开工日期记载基本一致，那么确定开工日期相对比较容易。但是实践中各个文件对工程开工日期的记载往往不一致，如何确定工程开工日期呢？一审法院依据当时有效的《最高人民法院关于审理建设工程施工合同纠纷案件适用法律问题的解释（二）》第五条作出认定。现依据《建设工程施工合同司法解释（一）》第八条规定的基本原则，是以查明的承包人实际施工的时间作为开工日期，除发包人发出开工通知后，施工条件也具备的情形下，承包人无故拒绝施工的，虽然承包人未实际施工，仍以发包人发出的开工通知载明的开工时间作为开工日期。

本案关于工程竣工日期的认定，一审法院以《建设工程竣工验收备案表》为依据认定竣工日期。二审法院以《工程质量竣工验收记录》为依据认定竣工日期。二审法院的认定依据是当时有效的《最高人民法院关于审理建设工程施工合同纠纷案件适用法律问题的解释》第十四条的规定，二审法院的认定更具有法律和事实依据。现依据《建设工程施工合同司法解释（一）》第九条的规定，首先应该以竣工验收合格之日确定竣工日期，而不是以竣工验收备案之日认定竣工日期，因为竣工验收备案是发包人向建设行政主管部门进行竣工验收备案的日期，不是建设工程竣工的日期，一般会晚于工程竣工验收合格之日，所以除非当事人在建设工程合同中约定以建设工程竣工验收备案之日作为竣工日期，否则，不能依据《建设工程竣工验收备案表》认定竣工日期。

建设工程开工日期和竣工日期是确定工程是否存在工期延误的重要事实依据，更是追究合同当事人违约责任的法律依据，所以发包人和承包人在建设工程施工实践中应注意保留工程开工和竣工的证据材料。

二、建设工程工期延误的原因和责任

工程的建设是一个复杂的过程，不仅涉及众多的施工程序，更是有多个工程建设主体同时参与工程建设。同时，建设工程施工进度还受到地质条件、天气、政府管控等多种因素的影响，因而，建设工程的工期受到各种复杂因素的影响，笔者对影响建设工程工期的因素进行了归类和区分，目的是厘清建设工程工期延误责任的承担。

（一）由发包人原因造成工期延误的情形

由发包人原因造成工期延误的情形，既包括发包人本身的原因，也包括由监理人、设计人以及发包人直接分包工程的承包人原因造成工期延误。由这些主体的原因造成工期延误的，由发包人承担责任，承包人的工期应顺延，给承包人造成损失的，发包人应赔偿承包人损失。具体包括如下情形：

1. 发包人未按期办理建设用地规划许可证、建设工程规划许可证、建设工程施工许可证造成工期延误的。

2. 发包人未办理施工所需的各种许可批准手续，包括临时用水、临时用电、临时占道、中断道路交通、临时占地等的批准；未取得进入施工现场需要修建道路、桥梁或者其他基础设施的批准手续；未取得环境保护或者文物保护工作的批准手续等。

3. 发包人未能按合同约定提供施工现场、施工条件等开工条件，由此造成工期延期，包括施工用水、电力、通信线路等接至施工现场内，施工现场进出道路的提供，临时占地的提供，办公和生活区的提供，地下管线、文物、古树名木的保护措施已经实施，等等。

4. 发包人未能按合同约定时间提供图纸，或所提供图纸不符合合同约定，或图纸存在差错、遗漏或缺陷需要修改或补充，由此造成工期延误的。

5. 发包人提供的施工基础资料，包括测量基准点、基准线和水准点、气象和水文观测资料，地质勘查资料，相邻建筑物、构筑物、地下管线、地下工程等有关基础资料不及时，或者存在错误疏漏需要修正，由此造成工期延误的。

6. 发包人未能按合同约定日期支付工程预付款、进度款、安全文明施工费等影响工程施工进度的。

7. 发包人提供的材料和工程设备的规格、数量或质量不符合合同约定，或发包人原因导致交货日期延误或交货地点变更等情况，由此延误工期的。

8. 发包人原因导致暂估价合同订立和履行迟延，由此延误工期的。

9. 监理人未能按合同约定发出指示、指示延误或发出了错误指示，致使施工不能正常进行或者施工需要整改而延误工期的。

10. 监理人对承包人的施工组织设计、施工方案、进度计划等文件未在合同约定时间内审查完毕，影响开工日期的。

11. 监理人依据法律规定和发包人授权对工程的所有部位及其施工工艺、材料和工程设备未及时进行检查和检验，或监理人的检查和检验影响施工正常进行，并由此延误工期的。

12. 监理人不能按时对隐蔽工程进行检查，由此导致工期延误。或者监理人对隐蔽工程重新检查，如质量合格，延误的工期由发包人承担，承包人工期顺延。

13. 发包人或监理人不能按时参加试车，需要延期，由此导致工期延误的。

14. 因设计变更、设计错误修正影响施工的，或设计变更增加工程量致使施工延期的。

15. 发包人指定的分包人施工进度滞后影响承包人施工进度，由此延误工期的。

16. 发包人原因导致暂停施工或无法按时复工延误工期的。

17. 非承包人原因导致工程投料试车不合格，重新投料试车延误工期的。

18. 发包人或监理人拖延工程竣工验收，由此导致工期延误的。

（二）因客观情形或者不可抗力造成工期延误的情形

客观情形造成工期延误的，承包人的工期应顺延，如果承包人有损失，发包人应补偿承包人的损失。由不可抗力造成工期延误的，承包人的工期应顺延，由此造成的承包人损失和发包人损失应各自承担。主要有以下情形：

1. 施工现场发现化石、文物影响施工进度造成工期延误的。

2. 施工现场因第三人停水、停电等影响施工进度延误工期的。

3. 因政府重大庆祝活动、重大疫情防控、军事演练、专项检查等原因暂停施工，由此导致工期延误的。

4. 承包人因不利物质条件采取合理措施延误工期的。不利物质条件是指有经验的承包人在施工现场遇到的不可预见的自然物质条件、非自然的物质障碍和污染物，包括地表以下物质条件和水文条件等。

5. 因不可抗力延误工期的。不可抗力是指不能预见、不能避免且不能克服的客观情况。客观情况既指自然事件，也指社会性的突发事件，如地震、海啸、台风、暴风雪、瘟疫、戒严、暴乱、战争、核事故等情形。

（三）由承包人原因造成工期延误的情形

承包人是工程施工的组织者，除由发包人原因和客观情形及不可抗力造成工期延误外，承包人应该对工程工期延误向发包人承担违约责任，由承包人原因造成工期延误的，延误的工期不能顺延，造成损失的，应由承包人承担。承包人工期延误的原因一般包括以下情形：

1. 对施工现场所在地的气象条件、交通条件、风俗习惯以及其他资料不了解，尤其是对进出道路、用水、用电等不熟悉，影响施工进度的。

2. 承包人施工组织不力，施工人员缺乏，施工技术力量薄弱造成工程工期延误的。

3. 承包人发生工程安全事件进行抢救导致工期延误的。

4. 承包人原因引起的环境污染侵权纠纷而导致暂停施工，由此延误工期的。

5. 承包人采购的材料和工程设备不符合设计或有关标准要求，承包人进行修复、拆除或重新采购，由此延误工期的。

6. 承包人使用的施工设备不能满足合同进度计划或质量要求时，监理人有权要求承包人增加或更换施工设备，由此延误工期的。

7. 承包人原因导致暂估价合同订立或履行迟延，由此延误工期的。

8. 因施工验收不合格，承包人对不合格工程返工、修复或采取其他补救措施，由此延误工期的。

9. 经监理人检查，隐蔽工程质量不合格的，承包人应在监理人指示的时间内完成修复，并由监理人重新检查，由此延误的工期由承包人承担，工期不顺延。

10. 隐蔽工程重新检查的，如果质量不合格，延误的工期由承包人承担，承包人工期不顺延。

11. 承包人对隐蔽工程私自覆盖的，监理人指示承包人钻孔探测或揭开检查，无论工程隐蔽部位质量是否合格，延误的工期均由承包人承担，工期不顺延。

12. 承包人原因导致试车达不到验收要求，承包人按监理人要求重新安装和试车，并承担重新安装和试车的费用，工期不顺延。

13. 承包人原因导致暂停施工的，或者暂停施工原因消失且具备复工条件时承包人拖延或拒绝复工的，由此延误的工期由承包人承担。

典型案例解析

案例5.2　建设工程工期延误原因和责任的认定

——贵州某置业公司与重庆某建设公司建设工程施工合同纠纷案

【案例来源】

（2020）最高法民终449号

【基本案情】

2015年11月22日，贵州某置业公司与重庆某建设公司签订《施工承包合同》，约定：开工日期以贵州某置业公司的开工通知书为准，竣工日期为2016年4月15日前。合同价款暂定金额为7000万元。专用条款约定：……贵州某置业公司向重庆某建设公司提供图纸日期和套数，边设计边施工，在施工中完善图纸……由于发包人原因不能按照协议书约定的开工日期开工，工程师应以书面形式通知承包人，推迟开工日期。工程师认为确有必要暂停施工时，应当以书面形式要求承包人暂停施工，并在提出要求后48小时内提出书面处理意见。由以下原因造成工期延误，经工程师确认，工期相应顺延：（1）发包人未能按约定日期支付工程预付款、进度款，致使施工不能正常进行；（2）工程师未能按约定提供所需指令、批准等，致使施工不能正常进行；（3）一周内非承包人原因停水、停电、停气造成停工累计超过48小时；（4）不可抗力；（5）专用条款中约定或工程师同意工期顺延的其他情况。第13.2条规定承包人在第13.1条情况发生后14天内，就延误的工期以书面形式向工程师提出报告。工程师在收到报告后14天内予以确认……

2015年11月20日，贵州某置业公司向重庆某建设公司下达开工令，通知重庆某建设公司于2015年11月20日正式开工。

2016年8月5日，贵州某置业公司召开“关于酒店装饰装修收尾工程的工作协调会议”，明确：物业部于9月18日起开始陆续从重庆某建设公司接管各施工单位移交的已完工程，本月22日酒店内部移交给酒店管理公司。2016年10月28日，贵州某置业公司致函重庆某建设公司称，播州区第一届党代会于本月24—26日在硕泰酒店召开，贵司暂停了酒店整改施工。从即日起，贵司应按我司要求继续进行全面整改及工程收尾。2016年12月7日，贵州某置业公司致函重庆某建设公司，要求整改客房卫生间等电位连接、客房管道井冷热水管安装方式、客房卫生间浴房地漏错位、天棚内部分电线未穿管等重大水电安装质量问题，并明确硕泰美高梅温泉酒店已于12月2日营业。2017年1月15日，贵州某置业公司向重庆某建设公司发出通知称，现工程已经完工。贵州某置业公司已于2017年1月将裙楼租给上海共好投资有限公司使用，要求重庆某建设公司务必在本月20号前将所有临设场地全部拆迁，清理完毕交该公司。

2017年1月18日，贵州某置业公司作出关于硕泰美高梅温泉酒店装饰工程竣工验收结论为不合格的会议纪要。会议纪要记载，装修工程存在质量问题，准备请重庆市建筑工程质量检验检测中心会后出具质检报告。2017年8月13日，贵州某置业公司复函重庆某建设公司，对工程款、工程质量、工期等内容进行了回复，并在该回复函中称，贵州某置业公司直接分包工程合同造价为3400万元。2017年11月24日，重庆某建设公司向贵州某置业公司发送《维修完工报告》称，针对质量问题已全面完成了此次维修。贵州某置业公司回复称，第四条客房阳台漆还未整改完毕，第十一条二楼传菜间漏水（待观察），其他问题已整改完毕。

2016年2月28日、3月10日、3月25日、3月28日、4月15日、5月30日、6月12日、7月1日，因甲供材料供应问题，重庆某建设公司分别向贵州某置业公司发出《工作联系单》，要求贵州某置业公司督促甲供材料的供应，并提交设计图纸，以便备料、施工。

贵州某置业公司在上诉中主张：工期延误的主要责任在重庆某建设公司，重庆某建设公司应当支付工程逾期违约金。(1)《施工承包合同》专用条款一的第3条约定“图纸：贵州某置业公司向重庆某建设公司提供图纸日期和套数，边设计边施工，在施工中完善图纸”。重庆某建设公司作为专业装修公司，明知案涉工程属于边设计边施工，依然承诺于2016年4月15日前完工。贵州某置业公司在施工过程中修改、变更施工图纸不构成违约，不能成为重庆某建设公司顺延工期的理由。(2) 重庆某建设公司因无力垫资，主动向贵州某置业公司提出材料甲供，双方协商一致之后决定材料甲供。单凭《工作联系单》认定工期延误的责任在贵州某置业公司，有失公允。(3) 根据2016年6月7日的《贵州某置业有限公司关于要求立即派人处理违法阻工事件的紧急告知函》，重庆某建设公司拖欠民工工资导致民工罢工、阻工以致工期延误。(4) 重庆某建设公司在两次会议纪要中承诺完工日期但均未按期完工，承诺的整改直至2017年11月24日还有两项未完成。

重庆某建设公司在二审中答辩称：工期延误原因在贵州某置业公司，重庆某建设公司不承担赔偿责任。(1) 贵州某置业公司多次变更工程设计，提供图纸严重滞后，使得重庆某建设公司在施工过程中遇到很多订立合同时无法预见的问题。贵州某置业公司在约定完工日期之后仍向重庆某建设公司提交设计图纸及甲供石材且未提出工期延误的问题，默许重庆某建设公司施工至整个工程完毕。(2) 从第一份《工作联系单》可以看出，材料变为甲供并非因重庆某建设公司无力垫资，而是贵州某置业公司利用优势地位强行变更合同内容，蚕食重庆某建设公司工程利润。贵州某置业公司对石材、木饰面、固装家具等甲供材料供货延误，对由重庆某建设公司购买的材料迟迟不确定材料品牌也不核价，使施工不得不长期处于等待状态。(3) 贵州某置业公司欠付工程进度款，引发欠薪事件；由贵州某置业公司直接发包的其他施工单位进度缓慢，2016年8月以后才基本完工；贵州某置业公司提供的施工环境十分恶劣，土建墙面平整度太差，地面未做防水。以上种种说明是贵州某置业公司导致工期延误。

【争议焦点】

本案工程工期延误的原因和责任如何认定？

【法院裁判】

一审法院贵州省高级人民法院认为：案涉工程合同约定的竣工日期为2016年4月15日，工期存在延误。双方在履行合同中已将部分材料的采购变更为由贵州某置业公司提供，根据重庆某建设公司于2016年2月28日、3月10日、3月25日、3月28日、4月15日、5月30日、6月12日、7月1日因甲供材料供应问题分别向贵州某置业公司发出的《工作联系单》，贵州某置业公司没有按时提供甲供材料和设计图纸，故工期延误的主要责任在贵州某置业公司。工期逾期违约责任承担的前提为承包人存在违约行为。依本案来看，存在发包人自身原因造成工期逾期的情况，发包人不能举证是由承包人的违约行为导致工期逾期，故承包人不应承担违约责任。贵州某置业公司主张逾期违约金，不予支持。

二审法院最高人民法院认为：贵州某置业公司主张，工程逾期是重庆某建设公司拖欠工资导致工人罢工阻工，重庆某建设公司曾多次承诺完工时间但未按期完工，作为专业装修公司对双方约定的“边设计边施工”的风险应有预期。重庆某建设公司辩称，逾期是贵州某置业公司多次变更工程设计、迟延提供甲供材料、未及时支付工程进度款等造成。

本院认为，经核查工程进度款支付、设计图纸变更、甲供材料清单、工期承诺四项事实，贵州某置业公司未能证明重庆某建设公司存在违约，重庆某建设公司不承担逾期违约金。其一，《施工承包合同》约定，贵州某置业公司对重庆某建设公司完成工程量核实达到300万元之后开始支付月进度款，付款比例为当月工程量的80%。从应付款和已付款来看，截至2016年12月2日，贵州某置业公司的付款比例只有50%多，欠付工程款的事实客观存在。其二，贵州某置业公司提供的图纸变更资料共41项，其中有8项在约定的竣工时间2016年4月15日之后提供。虽然双方签订合同时已预见了有图纸变更，但图纸变更的情况超出了一般施工方的正常预期。其三，2016年2月28日至7月1日的8份《工作联系单》证明贵州某置业公司没有按时提供甲供材料。无论双方协商变更材料供应方式为甲供是何原因，贵州某置业公司没有按期提供甲供材料的事实导致工期客观上延长。其四，2016年8月5日《关于酒店装饰装修收尾工程的工作协调会议》记载“重庆某建设公司皮某、陈某均保证重庆某建设公司的全部工作于本月20日前全部完成，并做好移交前的成品保护及现场的清洁卫生”，该项承诺对应的是“1—12层便池、马桶立即通水”“公共卫生间部分开放”，而非对整体装饰装修工程的完工承诺。故贵州某置业公司要求重庆某建设公司承担逾期违约金的上诉请求不能成立。

【律师解析】

建设工程工期逾期的原因很复杂，往往是多种因素综合影响的结果。本案工程工期延误主要是由发包人原因造成的，主要是发包人提供的施工图纸和装饰材料存在延期导致工期延误，所以发包人应该承担工期延误的主要责任。

本案还涉及工期延误原因的举证责任问题。对于发包人而言，只要举证证明工程存在逾期竣工的事实即可，并不需要举证证明工期延误的原因。因为承包人负责工程施工，负有按照合同约定工期完成工程竣工的义务，如果工程未在合同约定或者双方协商变更的工期内完成施工，承包人即存在工期违约行为，应承担工期延误违约责任。但是，如果承包人主张工期延误的原因是发包人或者其他第三人的原因造成的，其不应该承担工期延误的违约责任。承包人应承担工期延误原因的举证责任，如果承包人举证不能，即推定工期延误是由承包人造成的，应承担工期延误的违约责任。

律师提示，对于承包人而言，在施工中出现发包人原因导致工期延误的情形时，尤其要保留相关证据，同时及时向发包人或监理人提出工期顺延的要求，无论发包人或监理人是否同意顺延工期，承包人均可以免除工期延误的违约责任。

三、工期索赔举证责任和索赔范围

工期是建设工程合同约定的承包人完成工程所需要的期限，包括根据合同约定和法律规定顺延的工期。建设工程合同工期索赔，根据工期延误责任主体的不同，通常分为发包人索赔和承包人索赔。如果工期延误的责任主体是承包人，则发包人有权索赔；如果工期延误非承包人原因，而是发包人、第三人、客观原因或不可抗力等原因导致，则承包人有工期索赔的权利。

（一）发包人对承包人工期延误的索赔

1. 发包人工期延误索赔的举证责任

包括两个方面：

（1）发包人只需证明承包人存在工期延误的违约行为，提供工期延误的证据即可，如发包人提供竣工验收合格报告证明实际竣工日期晚于合同约定的竣工日期，不需要举证工期延误的原因，因而发包人举证责任比较小，举证比较容易。

（2）发包人如主张损失赔偿，应该对损失进行举证，同时举证损失和工期延误之间存在因果关系。发包人的这个举证责任比较重，所以发包人往往不选择损失索赔，而直接主张工期违约索赔。

2. 发包人工期索赔的范围

承包人工期延误的，发包人可以主张违约金或者要求承包人赔偿损失。发包人主张违约金的，如建设工程合同明确约定了工期延误的违约金，发包人可以按照合同约定主张承包人支付合同约定的违约金。

如果合同没有约定违约金或者约定的违约金比较低，发包人认为承包人工期延误造成的损失大于违约金，发包人也可以主张损失赔偿。发包人的损失一般包括以下方面：

（1）工程未按期投入生产经营造成的损失；

（2）商品房未按照购房合同约定期限交付业主而承担的违约金；

（3）大型商场未按期开业造成的租赁费损失或违约金损失；

（4）工期延期造成发包人支付保函费用增加；

（5）工期延期导致发包人管理费增加的损失，包括管理人员的工资等；

（6）工期延误期内，国家法律法规和政策的变化导致发包人的其他损失，如在延误期内国家强制要求使用更环保的新型材料、新型施工工艺而造成费用增加的损失。

但是，发包人主张违约金和损失赔偿只能选择其一，不能同时主张。如果违约金高于损失，发包人可以只主张违约金。但如果约定的违约金过分高于造成的损失，承包人可以请求法院或仲裁机构予以适当减少；如果承包人不抗辩违约金过高，法院或者仲裁机构一般不会主动审查违约金过高的问题。如果违约金远低于损失的话，发包人可以主张损失赔偿，也可以请求法院或者仲裁机构适当增加违约金。

（二）承包人对工期延误的索赔

1. 承包人的举证责任

承包人向发包人主张工期延误损失索赔，需要完成以下举证：

（1）非承包人原因引起的工期延误事件且该延误事件处于工程施工关键线路上；

（2）工期延误事件导致暂停施工的事实和因果关系；

（3）工期延误事件导致暂停施工的具体时间；

（4）工期延误引起的损失，包括停工、窝工损失及其他损失。

延误工期的事件必须是发生在关键线路之上的事件，否则不能构成工期索赔事件，因此承包人在准备索赔资料以及分析索赔事件时，必须结合工期计划以及关键线路来确定。

2. 承包人工期索赔的范围

通常索赔的内容包括工期顺延和费用索赔，工期顺延的时间根据工期延误事件延误的具体时间确定。工期延误索赔费用包括以下内容：

（1）停工窝工人工费用、管理人员工资；

（2）工期顺延期间的人工费、材料费上涨损失；

（3）机械设备、脚手架、模板等的租赁费损失；

（4）因暂停施工遣散人员的交通费、补偿费损失；

（5）承包人履约担保增加的费用；

（6）承包人的资金占用等增加的财务费用，尤其是垫资利息的损失等；

（7）工期顺延期内，国家法律法规和政策的变化导致的承包人其他损失，如税费的增加，国家强制要求使用更环保的新型材料、新型施工工艺而造成费用的增加等。

（三）关于工期延误责任鉴定

《建设工程造价鉴定规范》（GB/T 51262－2017）将工期鉴定纳入工程造价类鉴定，第 5.7 款“工期索赔争议的鉴定”规定，鉴定内容包括：开工时间、项目工期、实际竣工时间、暂停施工的顺延工期、设计变更的顺延工期、工期延误索赔、工期延误责任归属等。然而，司法实践中，法院委托第三方专门进行工期责任鉴定的判例并不多，有些工期责任鉴定是造价鉴定部门在计算停窝工损失时对工期顺延时段出具的鉴定意见。工期责任鉴定目前在司法实践中尚不多见，主要是以下三个原因：

第一，工期鉴定人员资格和鉴定机构资质的认定没有法律法规依据。

《建设工程造价鉴定规范》（GB/T 51262－2017）由住房和城乡建设部颁布，虽然规定了工期鉴定的内容，但是仍把工期鉴定作为工程造价鉴定的组成部分。工期鉴定与工程造价鉴定属于不同种类的鉴定，应与工程造价鉴定、质量鉴定属于并列的关系，分属不同的种类。由于工期鉴定不属于单独的鉴定种类，国家行政机关没有设置工期鉴定人员资格，也没有设置工期鉴定机构的鉴定资质，统一由造价鉴定人员和鉴定机构进行，即使是造价鉴定人员资格和鉴定机构资质，管理也很乱。由于造价鉴定和工期鉴定毕竟属于不同的专业领域，由造价鉴定人员进行工期鉴定，鉴定人员资格和鉴定机构的鉴定资质均受到质疑。

第二，工期鉴定的标准、方法还不成熟，尚存在诸多争议。

目前国内鉴定机构对工期延误原因如何确定、延误责任如何划分、延误损失如何计算等，还缺乏一套科学的鉴定方法，鉴定的标准也亟待统一。即使是现在普遍使用的“关键线路法”也不成熟，理论和实践经验积累不够。由于鉴定方法的不科学，鉴定标准的不统一，个别鉴定意见模棱两可、逻辑不清、论证不充分，甚至鉴定意见自相矛盾，严重影响了鉴定意见的科学性和权威性，进而直接影响了法官对工期鉴定意见的采信。

第三，工期鉴定的委托范围需要进一步明确。

对于工期延误停窝工损失的鉴定，本应属于工期鉴定的范围，但是目前停窝工损失的鉴定一般属于造价鉴定的范围。工期鉴定的范围至少应该包括工期延误的原因分析、工期延误的时间、工期延误造成的损失三个方面。人民法院根据工期延误的原因认定工期延误的责任承担者；根据工期延误时间，对工期延误损失进行分配，对承包人的工期违约赔偿责任进行裁判。由于各个案件情形不同，同时发包人和承包人提出的诉讼请求不同，法官应确定不同的工期鉴定范围。比如，只有发包人主张工期延误的违约赔偿请求，承包人未主张工期延误停窝工损失的赔偿请求，法官只需要对工期延误原因和延误时间进行鉴定，从而认定承包人实际延误的工期天数，确定承包人应该承担的工期延误赔偿数额，不需要对工期延误的停窝工损失进行鉴定。

以上问题的解决也不是一蹴而就的事情，需要在工程司法实践中不断总结经验教训。工期鉴定的问题重要而紧迫，无论工程界还是司法界都应该积极研究，同时借鉴国外的比较成熟的工期鉴定规范，比如英国工程法学会发布的《工期延误和干扰索赔分析准则》，探索出一套适合中国的工期鉴定规范。建设工程界主要解决的问题是工期鉴定的科学方法和标准问题，司法界主要解决的问题是工期鉴定人的选择、鉴定意见的质证和采信问题。

典型案例解析

案例5.3 工期延期承包人停窝工损失索赔的认定
——福建某建设公司与贵州某房产公司建设工程施工合同纠纷案

【案例来源】

（2019）最高法民终995号

【基本案情】

2012年11月16日，贵州某房产公司（发包人、甲方）与福建某建设公司（承包人、乙方）签订《建设工程施工合同》约定："……三、合同工期。（一）工期安排如下：（1）15号楼一单元于2013年8月14日前完成（已具备开工）；（2）13号楼工期为360日历天，开工日期以甲方下达的开工令为准；（3）7a号、7b号、8号楼工程工期为480个日历天，开工日期以甲方下达的开工令为准；（4）5号车库于2013年4月27日前完成（已具备开工）；（5）15号楼二单元裙房于2013年4月27日前完成（已具备开工）；（6）6号楼裙房于2013年10月12日前完成、人防地下室于2013年8月14日前完成（已具备开工）。（二）……工程全部施工完后，经组织甲方、监理、质量监督站等有关单位进行验收并通过视为竣工日期。""工程款（进度款）支付。1. 本工程进度款按以下节点支付：（1）本工程地下室顶板混凝土浇筑完成；（2）每六层主体混凝土浇筑完成；（3）主体混凝土浇筑封顶完成；（4）主体验收完成；（5）装饰完成外加撤除节点完成后，甲方审核工程进度，经甲方确认后，在15个工作日内，按本条第6款的计算方式，支付前述已完工程量的80%作为进度款。2. 工程全部竣工验收合格后，按本条第6款的计算方式，甲方支付至已完工程量90%。3. 承包人提交所有竣工备案资料给发包人且手续完备，并完成工程结算后，在30个工作日内支付到结算总工程款的95%。工程结算时，承包人应提供结算价格全额发票，结算总工程款的5%（不计息）作为工程质量保修金。4. 每次付款乙方需提前7个工作日提供合法有效的建安发票，结算节点付款应提供结算总价全额的合法有效建安发票。承包人未按时足额提供发票的，当期付款时间顺延，发包人无须承担违约责任，且不得因此而影响工期。"

自2012年12月27日起该小区各楼陆续开始施工。2013年4月29日至2016年，福建某建设公司向贵州某房产公司申报工程进度款，贵州某房产公司按照合同约定在审定后15个工作日内支付已完工程量的80%作为工程进度款。

2013年6月9日至2015年3月16日，福建某建设公司、贵州某房产公司、贵州某建设公司监理咨询有限公司（监理单位）多次召开监理例会，要求贵州某房产公司及时回复相关联系单，及时审核拨付进度款，在施工中存在因资金无法到位，部分工程无法按计划完成等情形。2013年6月23日至2015年5月28日，监理单位多次通过《现场工作会议纪要》《13号楼质量专题检查会议纪要》《局部暂停通知单》《监理工程师通知单》等形式，对福建某建设公司在7、8、13号楼及人防地下室工程施工存在的质量问题多次要求停工整改。2015年8月5日，案涉工程监理单位出具《安顺某小区项目住宅及地下室工程监理工作情况报告》，载明："2014年5月23日、2014年8月18日、2014年10月14日、2014年7月24日、2014年6月23日监理单位发出的通知单施工单位已回复，经复查，已整改。2014年9月21日、2014年10月6日、2014年10月22日等发出的监理通知单，经施工单位回复，存在整改不彻底、局部未完成整改等情况。"

2013年10月25日至2015年7月31日，福建某建设公司与贵州某房产公司多次通过工作联系函等方式，针对贵州某房产公司收到签单未及时回复、进度款未按时支付、监理例会上提出的问题未予解决、预算问题、工期延误原因等进行协商沟通。其中，2013年10月25日，《工作联系函》载明："二、对于福建某建设公司提出工程款支付的问题，贵州某房产公司一直是按照合同约定对达到条件的款项及时支付，因福建某建设公司此前一直未及时提供发票（福建某建设公司的发票直至2013年10月23日才提供）……在发票到位后贵州某房产公司会支付相应的工程进度款，故不存在工程款延迟支付的情况。"

2015年8月11日，福建某建设公司安顺某小区项目部向安顺市住房和城乡建设局等部门发送《关于开发商拖欠工程款的情况紧急报告》，报告载明因贵州某房产公司未能按时支付工程款，影响了工地正常施工，无法支付农民工工资700多万元，请求安顺市住房和城乡建设局协调解决。

福建某建设公司、贵州某房产公司、监理单位于2013年9月5日、2014年12月1日、2015年2月1日出具《工程竣工验收报告》："安顺某小区15号楼一单元、6号裙楼及地下室、7、8号楼质量合格，满足验收条件。”2016年1月20日，建设单位、监理单位、施工单位、设计单位出具《单位工程质量验收记录表》载明：“安顺某小区人防地下室综合验收结论合格。”2016年1月21日，贵州省人防工程质量监督站出具《人防工程质量监督检查记录表》，认为安顺某小区人防地下室大多数管道未安装闸、阀，部分闸、阀安装位置不符合要求，必须整改。11－1轴至12－18轴交12－1/A至1/12－X轴部分现场尚未施工完毕，不满足竣工验收完毕。2016年6月2日，安顺某小区13号楼经竣工验收合格。

2018年3月7日，贵州省安顺市中级人民法院（2018）黔04民终101号民事判决，限福建某建设公司于本案判决生效之日起三十日内向贵州某房产公司提交完整的竣工资料、竣工验收报告，并履行验收义务。该判决已生效。

【争议焦点】

福建某建设公司主张赔偿停窝工损失应否支持，停窝工损失如何计算？

【法院裁判】

一审法院贵州省高级人民法院认为：福建某建设公司主张造成停窝工损失原因是贵州某房产公司拖欠工程进度款，导致福建某建设公司无法支付所拖欠的材料商材料款及班组和工人工资，因而工程进度及工序无法正常进行，致使工程处于停工或半停工状态。贵州某房产公司主张造成停窝工损失是福建某建设公司管理不当、施工不力，以及故意拖延移交资料等原因造成的。福建某建设公司主张的停窝工损失是指未能按照合同约定的工期完成案涉工程，造成施工单位机械停滞费（租赁费）、脚手架租赁费、管理费用及人工停窝工费用的增加。对于福建某建设公司主张赔偿停窝工损失，主要在于审查案涉工程逾期完工的原因。一方面，根据贵州某房产公司提交的由案涉工程监理单位出具的《现场工作会议纪要》《13号楼质量专题检查会议纪要》《局部暂停通知单》《监理工程师通知单》可以证实，福建某建设公司在7、8、13号楼及人防地下室工程施工存在质量问题，并经过多次停工整改。质量问题需停工整改必然会影响工期，福建某建设公司对逾期完成7、8、13号楼及人防地下室存在相应责任。另一方面，在2013年10月23日至2013年11月5日，2013年11月8日至2013年12月23日，2014年1月20日至2014年1月23日，2014年6月13日至2014年11月8日，福建某建设公司按照合同约定足额开具发票的情况下，贵州某房产公司仍拖欠工程进度款，对工程逾期完工亦存在过错，贵州某房产公司也应承担相应责任。福建某建设公司主张停窝工损失有相应依据，一审法院予以支持。综合双方当事人逾期完工的过错程度，一审法院酌定由贵州某房产公司对停窝工损失承担40%的责任，福建某建设公司对停窝工损失承担60%的责任。结合亚信鉴定所出具的停窝工损失（含机械停滞租赁费、脚手架租赁费、管理人员工资及人工停窝工损失等费用）为2580197.37元（该数值是在认定停窝工责任在于贵州某房产公司的前提下）。贵州某房产公司应当赔偿福建某建设公司停窝工损失：2580197.37×40%＝1032078.95元。

关于停窝工损失的问题，二审法院最高人民法院认为：福建某建设公司承建工程均超过《建设工程施工合同》约定工期完工。根据查明事实，贵州某房产公司存在逾期支付工程款的情形，故其对工程逾期完工存在过错。而施工过程中，福建某建设公司在7、8、13号楼及人防地下室工程的施工存在质量问题，监理单位多次要求福建某建设公司停工整改，因此福建某建设公司对逾期完成工程建设也存在相应责任。但双方当事人举示的证据均不足以证明各自的过错程度及应承担的责任比例，故根据诚实信用原则和公平原则，贵州某房产公司、福建某建设公司自行承担各自的损失。

【律师解析】

对于本案承包人的停窝工损失，一审法院和二审法院的认定不同。一审法院支持了承包人部分停窝工损失，而二审法院则对承包人的停窝工损失不予支持。在工期延误损失的认定上，法院还是有较大的自由裁量权，这就要求承包人主张停窝工损失时，要有充分的证据。

承包人主张停窝工损失，应该完成以下举证：一是存在停窝工事实，以及停工的原因在于发包人。二是停窝工的实际损失，如承包人举证证明实际损失困难，需要申请司法鉴定。

本案工期延误既有承包人的原因也有发包人的原因，对造成工期延误的责任比例，法院很难作出准确的判定。所以对于工期延误的原因以及延误的具体时间，当事人也可以申请工期司法鉴定。目前我国的工期鉴定虽然还不成熟，但是已经在司法实践中开始尝试使用。随着经验的积累，相信工期鉴定将会更加专业、更加准确，为工程工期争议提供更加科学的参考意见。

本案中，发包人未对承包人的工期延期提出违约索赔，如果发包人在本案中也提出工期延误索赔，将会增加承包人停窝工损失索赔的难度，所以这种案件中，如果承包人提出停窝工损失赔偿主张，一般发包人也会同时主张承包人的工期延期违约赔偿，来抵销承包人的主张。同理，如果发包人提出工期延期违约赔偿主张，承包人同样也会提出停窝工损失赔偿。

由于工期索赔举证责任不同，发包人举证责任相对较轻，承包人举证责任较重，承包人实现停窝工损失赔偿的难度较大，尤其是对停窝工造成的具体损失，只能通过司法鉴定来确定。所以承包人在施工中对发包人原因延误工期的证据要注意收集保存，这样不仅可以抗辩发包人的工期延误索赔，还可以向发包人反向主张停窝工损失赔偿，以保护自己的合法利益。

（四）承包人未按约定期限申请工期顺延是否丧失工期顺延的权利

非承包人原因工期延误事件发生后，承包人未在合同约定时间内申请工期顺延，或者申请过工期顺延，但是没有获得发包人签证认可的，是否丧失工期顺延的权利，建设工程司法实践中有以下几种不同的观点：

第一种观点认为，承包人未在约定时间内获得工期顺延签证，但是在约定时间内主张过工期顺延的，或者即使没有主张过工期顺延，但是发包人的行为确实严重影响施工进度的，承包人仍然有顺延工期的权利。如《北京市高级人民法院关于审理建设工程施工合同纠纷案件若干疑难问题的解答》（京高法发〔2012〕245 号）第二十六条规定："工期顺延如何认定？因发包人拖欠工程预付款、进度款、迟延提供施工图纸、场地及原材料、变更设计等行为导致工程延误，合同明确约定顺延工期应当经发包人签证确认，经审查承包人虽未取得工期顺延的签证确认，但其举证证明在合同约定的办理期限内向发包人主张过工期顺延，或者发包人的上述行为确实严重影响施工进度的，对承包人顺延相应工期的主张，可予支持。"

第二种观点认为，承包人未在合同约定期限内提出工期顺延申请的，不丧失工期顺延的权利，但是合同明确约定未在约定期限内申请工期顺延视为放弃工期顺延权利的，按照约定承包人丧失工期顺延的权利。如广东省高级人民法院曾在《广东省高级人民法院关于审理建设工程合同纠纷案件疑难问题的解答》（粤高法〔2017〕151 号，已失效）第二十条中规定："承包人未依约提出工期顺延申请的能否视为放弃工期顺延权利？发包人仅以承包人未在合同约定的期限内提出工期顺延申请而主张工期不能顺延的，不予支持，但合同明确约定承包人未依约提出顺延工期申请视为放弃权利的，按照约定处理。”

第三种观点认为，无论承包人是否在约定时间内申请工期顺延，只要存在非承包人原因影响工期的，承包人均有权顺延工期。如《安徽省高级人民法院关于审理建设工程施工合同纠纷案件适用法律问题的指导意见（二）》第四条规定：“承包人未能提供顺延工期的签证等书面文件，但能够证明工程存在延期开工、不具备施工条件、设计变更、工程量增加、发包人指定的分包工程迟延完工、不可抗力等不可归责于承包人的原因，影响施工进度的，可以允许承包人相应顺延工期。”《河北省高级人民法院建设工程施工合同案件审理指南》第四十七条规定：“工期延误的责任应该由造成工期延误的过错一方承担，发包人仅以承包人未在合同约定的期限内提出工期顺延申请而主张工期不能顺延的，人民法院不予支持。”

以上观点均有一定的法理依据，但是笔者认为第二种观点更符合建设工程施工的实践并尊重当事人的合同约定。发生非承包人原因工期延误事件的，如合同虽然约定承包人应在一定期限内申请工期顺延签证，但是未约定承包人未在约定期限内申请就丧失工期顺延权利的，承包人未在合同约定时间内申请工期顺延的，或者申请工期顺延未获得发包人签证认可的，均不丧失工期顺延的权利。但是，合同明确约定承包人未在约定时间内申请工期顺延就丧失工期顺延权利的，应该适用双方的合同约定，承包人未在合同约定时间内申请工期顺延就丧失工期顺延的权利，无论非承包人原因导致工期延误的事件是否严重影响施工进度。如承包人在合同约定时间内申请工期顺延未获得发包人签证认可，承包人不丧失工期顺延的权利，仍有通过诉讼或仲裁主张工期顺延的权利，应适用诉讼时效的规定，自发包人拒绝签证之日开始起算承包人顺延工期请求权的诉讼时效。

首先，如建设工程合同未明确约定承包人未在约定时间内申请工期顺延就丧失工期顺延的权利，如认定承包人未在约定时间内申请工期顺延就丧失工期顺延的权利，应适用法律关于默示条款的规定。关于默示条款，《民法典》第一百四十条第二款规定：“沉默只有在有法律规定、当事人约定或者符合当事人之间的交易习惯时，才可以视为意思表示。”所以如认定承包人在约定期间内未申请工期顺延签证，视为其放弃工期顺延的权利，必须符合《民法典》第一百四十条关于“默示条款”的规定，即必须有法律规定、当事人的约定或者符合当事人之间的交易习惯。法律没有规定承包人如未在约定时间内申请工期顺延签证就丧失工期顺延的权利，建设工程也未有此交易习惯。所以要看承包人和发包人在建设工程合同中的约定是否有“默示条款”。

其次，如建设工程合同明确约定承包人未在约定时间内申请工期顺延签证就丧失工期顺延的权利，承包人未在约定时间内申请工期顺延应丧失工期顺延的权利，即符合《民法典》第一百四十条关于“默示条款”的规定，即合同有明确约定的，可以适用默示条款的规定。同时也符合《民法典》第四百六十五条关于合同约束力的规定，即依法成立的合同，受法律保护，并对合同当事人具有法律约束力。所以如建设工程合同已经明确约定承包人未在约定时间内申请工期顺延签证就丧失工期顺延权利，承包人未在约定时间内申请工期顺延，应适用默示条款的规定，视为承包人作出了放弃工期顺延的意思表示。同时，既然合同已经明确约定承包人未在约定时间内申请工期顺延签证就丧失工期顺延权利，该约定是双方合意的结果，是合同双方对自己权利和权益的处分，没有违反法律法规强制性规定，属于有效的约定，那么就应受法律的保护，对承包人和发包人产生法律约束力。违反该约定的，应承担相应的法律后果，即承包人丧失工期顺延的权利。

如《建设工程施工合同（示范文本）》（GF－2017－0201）通用条款约定了承包人未在约定时间内申请工期顺延就丧失工期顺延的权利，第19.1条规定：“根据合同约定，承包人认为有权得到追加付款和（或）延长工期的，应按以下程序向发包人提出索赔：（1）承包人应在知道或应当知道索赔事件发生后28天内，向监理人递交索赔意向通知书，并说明发生索赔事件的事由；承包人未在前述28天内发出索赔意向通知书的，丧失要求追加付款和（或）延长工期的权利……”当然发包人和承包人可以在合同专用条款中作出不同的约定，如果专用条款没有约定，发包人和承包人应受该条款的约束。

最高人民法院基本持该观点，《建设工程施工合同司法解释（一）》第十条规定：“当事人约定顺延工期应当经发包人或者监理人签证等方式确认，承包人虽未取得工期顺延的确认，但能够证明在合同约定的期限内向发包人或者监理人申请过工期顺延且顺延事由符合合同约定，承包人以此为由主张工期顺延的，人民法院应予支持。当事人约定承包人未在约定期限内提出工期顺延申请视为工期不顺延的，按照约定处理，但发包人在约定期限后同意工期顺延或者承包人提出合理抗辩的除外。”

最高人民法院主张，如承包人在合同约定的期限内向发包人或者监理人申请过工期顺延且顺延事由符合合同约定，承包人就获得工期顺延的权利，无论发包人或监理人是否签证确认，也不考虑承包人顺延工期请求权的诉讼时效。但是，建设工程合同约定承包人未在约定期限内提出工期顺延申请视为工期不顺延的，承包人未在约定期限内提出工期顺延申请的，应按照合同约定处理，即承包人丧失工期顺延的权利。但是，最高人民法院又留出一定的自由裁量空间，有但书的规定，即发包人在约定期限后同意工期顺延或者承包人提出合理抗辩的除外。对于发包人在约定期限后同意工期顺延的情形容易理解，属于发包人对承包人作出的承诺，承包人重新获得了顺延工期的权利。但是对于承包人提出合理抗辩的情形，如何进行区分和认定，尚需要司法实践积累经验，比如承包人未在约定期限内申请工期顺延，是出于不可抗力或者发包人的胁迫等原因。

因而，这里提示承包人，在发生非己方原因工期延误事件时，要及时在约定时间向发包人或者监理人申请工期顺延，并保留申请的证据，否则可能将丧失工期顺延的权利。

典型案例解析

案例 5.4　承包人未在合同约定期限内申请工期顺延的后果

——江阴某房地公司与东阳某建筑公司建设工程施工合同纠纷案

【案例来源】

（2019）苏民终 1808 号

【基本案情】

2011 年 7 月 27 日，江阴某房地公司向东阳某建筑公司发出中标通知书，确定东阳某建筑公司为江阴某房地公司某花园工程的中标人。

2011 年 8 月，江阴某房地公司（发包人）与东阳某建筑公司（承包人）签订《建设工程施工合同》一份，约定由东阳某建筑公司承建江阴某房地公司某花园工程。开工日期：2011年8月15日，竣工日期：2013年2月15日，合同价款164301100元。

上述《建设工程施工合同》通用条款第13条就工期延误约定：13.1以下原因造成工期延误，经工程师确认，工期相应顺延：（1）发包人未能按专用条款约定提供图纸及开工条件；（2）发包人未能按约定日期支付工程预付款、进度款，致使施工不能正常进行；（3）工程师未按合同约定提供所需指令、批准等，致使施工不能正常进行；（4）设计变更和工程量增加；（5）一周内非承包人原因停水、停电、停气造成停工累计超过8小时；（6）不可抗力；（7）专用条款中约定或工程师同意工期顺延的其他情况。13.2承包人在13.1款情况发生后14天内，就延误的工期以书面形式向工程师提出报告。工程师在收到报告后14天内予以确认，逾期不予确认也不提出修改意见，视为同意顺延工期。

一审另查明，江阴某房地公司（甲方）与东阳某建筑公司（乙方）还就涉案工程签订《施工合同补充协议》一份。关于工期，补充协议第5.2条约定：一期主体工程（含室外工程）从开工之日起至竣工验收合格之日止总工期为550个日历天，节点工期需满足以下要求：详经甲方监理审核确认的施工组织设计，关键节点要满足甲方销售整体要求。第5.5条约定工程停工：……乙方原因造成停工的，由乙方承担发生的费用，工期不予顺延。甲方原因导致累计停、窝工超过30天的，甲方按江阴市劳动和社会保障局发布的“江阴市企业最低工资标准”计取补贴费，补贴费用按日历天计算，补贴天数以实际停工、窝工人数为准，双方另行办理签证，其他所有费用（如留在施工场地的必要的管理人员及保卫人员的费用、机械停滞费、企业管理费、利润、银行利息等）概不计算，工期可以相应顺延。第5.6条约定工程施工过程中，非乙方原因导致累计停、窝工在30天以内（包括30天），乙方不得要求任何费用的索赔，但延误的工期可相应顺延。第5.7条约定，以下原因影响工期，乙方按法规所规定的程序申报工期签证，经甲方和监理公司共同签字并盖章确认后，则工期可以顺延，但由此产生的费用由乙方负责：（1）乙方在为分包工程留出合理的施工时间的情况下，甲方直接原因造成工期延误，影响到乙方主体关键线路工期时；（2）本合同约定不可抗力条件对施工进度关键线路造成影响时。其他任何原因造成的工期延误，均不顺延工期。由工期延误造成的窝工费、机械停滞费及现场管理费等一切费用由乙方负责。第5.8条约定，如乙方未按本合同约定的工期通过竣工验收并交付使用，每延误一天，乙方须向甲方支付20000元违约金。

2014年6月11日，上述某花园工程通过竣工验收，并于2014年6月13日在江阴市建设局完成竣工验收备案。2014年6月23日，江阴市建设局在网站上对涉案项目进行了交付使用竣工验收公告。

2014年9月9日和10日，东阳某建筑公司向江阴某房地公司移交了竣工结算申报资料，东阳某建筑公司送审价为314436767.9元，而江阴某房地公司委托第三方审计后认为结算价应为251758679.11元。双方就结算问题产生争议，遂成讼。

一审中，江阴某房地公司曾申请进行工期鉴定，以确定施工方可顺延的工期天数。一审法院也委托中天公司对涉案工程中施工方可顺延的工期天数进行鉴定。后中天公司发函要求双方就该部分鉴定补充相应资料，但因当事人补充的资料不齐全，中天公司最终表示无法作出该项目的鉴定。在中天公司退鉴后，东阳某建筑公司要求对工期延期的原因及相应原因导致的延期天数继续进行鉴定，同时要求对非其原因造成工期延期，给其造成的停窝工费用进行鉴定。后一审法院委托第三方公司对涉案工程中施工方可以顺延的工期天数以及施工方的停窝工损失进行鉴定。

第三方公司于2019年7月28日出具鉴定意见书，具体鉴定意见如下：

关于延误工期。1. 基本数据确认：（1）经监理确认的总进度计划中的工程竣工时间为2013年4月11日，开工时间为2011年9月25日，总工期为564天。（2）工程验收合格证明书中载明的竣工验收合格日期为2014年6月11日。（3）总进度计划中的B区砌体工程计划完成时间为2012年10月27日（关键线路，最晚完成时间）。（4）主体验收证明中最晚时间为2013年1月10日。2. 签证变更工程量增加导致施工时间增加，合同价为164301100元，鉴定报告中签证变更价格为3659700元，签证变更增加工期13天。3. 延误工期认定：从计划竣工2013年4月11日到实际竣工验收2014年6月11日之间的时间为426天，扣除签证变更增加的时间，实际延误工期413天。4. 主体工程延误时间分析：（1）总进度计划中的B区砌体工程计划完成时间为2012年10月27日，实际主体验收证明中的最晚时间为2013年1月10日，主体工程进度滞后75天。（2）A栋和B栋高层主体工程的计划开工时间为2012年2月2日，

2012年3月2日会议纪要“因上部结构图纸未到，要求暂停施工”，2012年6月29日会议纪要中可以看出，甲方尚未将审图图纸发给东阳某建筑公司，从3月2日到6月29日之间的时间为119天。(3) 主体工程延误75天，主要责任在于图纸提供延误119天，因高层的主体工程在进度计划的关键线路上，所以主体工程延误75天非承包人责任。5. 装饰阶段延误时间分析：(1) 造成装饰工程延误的主要原因包括图纸不及时、付款不及时、门窗涂料分包延误等。门窗工程（甲方分包）施工总进度计划的最晚完成时间为2013年1月27日，因为关键线路上的主体工程延误75天，调整后的门窗工程最晚完成时间应调整为2013年5月7日（含春节技术间隙25天）。(2) 根据提供的资料中铝合金门窗的验收报告，铝合金门窗的完成时间为2014年4月20日。(3) 从调整后门窗最晚完成时间2013年5月7日到2014年4月20日已经造成延误349天，直接导致关键线路延迟337天，门窗工程付款不及时等原因造成延误，同时门窗工程为分包项目，装饰阶段延误工期337天非土建总承包方原因。6. 施工方原因造成工期延误分析：施工方原因造成的工期延误为1天。

关于工期延误费用。1. 平均现场人工数量计算：因鉴定资料中未提供劳动力动态分布图，也无法从资料中看出现场实际进场人数。鉴定按照框架结构土建工程平均每平方米3.5个人工工日，同时定额编制时按照8小时考虑，实际施工约12小时，本工程建筑面积120361平方米，折算场内平均进场人工人数为：280842人、498人/天；主体施工阶段实际人数598人/天；装饰施工阶段实际人数398人/天；工程竣工到竣工验收合格阶段实际人数100人/天。2. 人工单价计算：根据《劳动法》第五十一条，月计薪天数为21.75天。主体施工期为2011年9月至2013年1月，窝工单价取2011年和2012年江阴市最低月工资标准的平均价计算，经计算为56.55元/天；装饰施工期为2013年1月至2014年6月，窝工单价取2012年和2013年江阴市最低工资标准的平均价计算，经计算为64.37元/天。3. 工期违约金：20000元（合同约定每延误一天乙方须向甲方支付20000元违约金）。4. 窝工损失：(1) 主体施工期1521760.5元（扣除的30天为合同约定30天之内的不计取损失）。(2) 装饰施工期：第一段为6097383.88元；第二段为476338元。

关于前期窝工停工费用。从鉴定资料中可以看出，从2011年3月5日到2011年9月24日施工单位实际进场但未取得施工许可证和完整的施工图纸，江阴市建设局于2011年7月28日发出停工通知。(1)窝工损失:窝工时间段从2011年3月5日到2011年9月24日(扣除停工2011年7月29日到2011年8月7日)计194天,但此期间已完成部分基础工程,根据报审的施工总进度计划,基础工程的最长施工时间为48天,前期窝工时间确认为146天。窝工的评价进场施工人数为149人/天(498×0.3),基础前期施工期为2011年3月到2011年9月,窝工单价按照52.41元/天计算,窝工损失为1140127.14元。(2)停工损失:停工时间段从2011年7月29日到2011年8月7日计10天,停工段计损失人数,仅考虑项目部组成人员及安保人员为15人,停工损失为7861.5元。根据以上分析,窝工及停工损失为9537126.24元。

【争议焦点】

承包人是否有顺延工期的权利,以及非承包人原因工期延误的损失如何认定?

【法院裁判】

一审法院江苏省无锡市中级人民法院认为:关于施工单位是否存在可顺延工期的问题,本案中,虽然东阳某建筑公司目前未能提供经过江阴某房地公司或者监理确认的工期顺延的签证,但其提供的会议纪要等材料可以反映其就图纸、进度款支付等问题对施工进度的影响向江阴某房地公司进行了主张,同时双方也并未约定如东阳某建筑公司未按照程序申报工期顺延签证,则视为工期不顺延或东阳某建筑公司丧失顺延工期的权利。因此,本案中是否可顺延东阳某建筑公司的工期还是应根据东阳某建筑公司目前主张的顺延理由以及提供的证据予以认定。第三方公司结合当事人提供的证据,最终分析认定非东阳某建筑公司原因造成的工期延误达到412天,另签证变更导致工期增加13天,故实际东阳某建筑公司可顺延工期天数达到了425天,东阳某建筑公司原因造成的工期延误仅为1天。因法院当时委托第三方公司鉴定的事项就包括对施工方可顺延的工期天数进行鉴定,故其在鉴定时必然需要对工期延误的原因进行分析,从而确定施工方可顺延的工期天数,故对江阴某房地公司提出的第三方公司的鉴定超出委托范围的意见,不予采纳。

另外,关于东阳某建筑公司主张的前期停窝工费用,目前的开工通知等施工资料可以反映东阳某建筑公司按照江阴某房地公司的要求在2011年3月5日即已进场,第三方公司结合鉴定资料对前期停窝工损失的分析合理,但考虑到东阳某建筑公司作为施工企业，本身即应知晓在未取得施工许可证的情形下不应违法施工，其在施工许可手续缺乏以及图纸也不齐全的情形下即同意进场施工，对由此引发的停工以及窝工其自身也负有一定的责任，据此酌定对前期停窝工损失由江阴某房地公司承担50%的赔偿责任，东阳某建筑公司自负50%的责任。关于东阳某建筑公司主张的工期延误造成的窝工损失，第三方公司结合工期延误分析的鉴定意见，结合双方补充协议的约定，所计算的损失亦属合理，予以采信。对于江阴某房地公司对现场人数的异议，因双方在鉴定过程中均未提供劳动力动态分布图或其他能反映整个施工过程中现场实际进场人数的资料，但考虑相应阶段客观上会存在一定施工人员在施工现场的情况，鉴定机构依据工程常规及经验加以测算亦无不当，江阴某房地公司现也未提供依据证明鉴定机构测算的情况明显与实际不符，故对其异议不予采纳。据此，江阴某房地公司应赔偿东阳某建筑公司停窝工损失共计8669476.7元。

二审法院江苏省高级人民法院认为：关于工期问题，需要强调的是，工期延误与工程停窝工并非同一概念。工期延误属于客观事实，即只要承包人在客观上的实际施工期限长于合同约定工期，便属于工期延误。但工期延误的事实并不能必然得出承包人在施工过程中存在停窝工情形的结论，二者之间不能等同。在建设工程施工合同法律关系中，按期完成工程施工是承包人所应承担的合同义务，承包人未按期完成工程施工的，则应依照法律规定及合同约定向发包人承担有关工期延误的责任，发包人在此情形下可以要求承包人赔偿的工程逾期完工而造成的损失。但若有证据证明工期延误系发包人的原因所导致，则承包人可以此抗辩发包人的主张。然而，当承包人另行向发包人主张工程停窝工的损失时，即使存在发包人原因导致工期延误的情形，也应当依据相关证据来审查认定具体的停窝工事实，包括是否存在客观上的停窝工，以及停窝工的具体时间、人数、损失数额等情况，进而判断发包人是否应向承包人承担赔偿责任。也就是说，不能仅凭发包人原因导致了工期延误而直接推导出承包人存在停工、窝工情形的结论，在承包人主张停窝工损失时，其有责任提供充分、有效的证据来证明具体的停窝工事实以及相关的损失情况。

本案中，对于存在的工期延误问题，承包人东阳某建筑公司系依据第三方公司出具的工期鉴定意见向发包人江阴某房地公司主张赔偿停窝工损失。而即使按照第三方公司所分析的涉案工程工期延误的主要责任不在于东阳某建筑公司，但仅此也只能认定其无须就未按期竣工一事向江阴某房地公司承担法律责任，而并不能据此当然地得出东阳某建筑公司在施工过程中存在着停窝工、江阴某房地公司还应予赔偿停窝工损失的结论。关于东阳某建筑公司主张的停窝工损失问题，仍应结合相应的证据来判断是否存在停窝工的客观事实，而非仅凭鉴定机构的分析意见进行认定。而根据当事人的举证情况，本案现不足以认定东阳某建筑公司在施工过程中存在停窝工的事实，一审判决认定江阴某房地公司赔偿东阳某建筑公司停窝工损失的依据不足。具体理由如下：

其一，东阳某建筑公司与江阴某房地公司在补充协议中就工期及停窝工问题有明确约定，即江阴某房地公司原因导致累计停、窝工超过30天的，江阴某房地公司按江阴市劳动和社会保障局发布的“江阴市企业最低工资标准”计取补贴费，补贴费用按日历天计算，补贴天数以实际停工、窝工人数为准，双方另行办理签证，其他所有费用概不计算，工期可以相应顺延。据此可知，若江阴某房地公司的原因而导致东阳某建筑公司发生停窝工且超过约定期限，双方应当另行办理有关停窝工的签证，从而固定具体的停工、窝工的人数、天数等事实，明确双方就停窝工问题的权利义务。东阳某建筑公司向江阴某房地公司主张停窝工损失的，亦应按照以上合同约定提供签证等证据以证明其存在的具体停工、窝工事实，以及相应的停窝工时间、人数等。但本案中，东阳某建筑公司并不能提供与停窝工事实有关的任何签证，亦不能提供其他证据证明其客观上存在停窝工的事实。因此，东阳某建筑公司向江阴某房地公司主张赔偿停窝工损失，不符合双方之间的合同约定，亦缺乏相应的事实基础，该主张不能成立。

其二，第三方公司虽对东阳某建筑公司主张的停窝工损失出具了分析意见，但该意见仅能反映出在江阴某房地公司主要原因导致工期延误的情况下，东阳某建筑公司存在停窝工的可能性，但并无具体证据来证明东阳某建筑公司实际存在的停窝工事实以及对应的损失数额。

其三，从东阳某建筑公司与江阴某房地公司签订施工合同至本案一审诉讼前已长达五年有余，并无证据证明双方曾就工程停窝工问题进行过磋商，东阳某建筑公司也从未向江阴某房地公司索赔过停窝工损失，且直至东阳某建筑公司一审起诉时也仍未就停窝工损失问题提出诉请，此显然有悖于常理。

其四，如一审判决所认定的，东阳某建筑公司在涉案工程施工过程中曾向江阴某房地公司发出了多份工程进度款支付申请表，此系东阳某建筑公司向江阴某房地公司及时主张权利的表现，其中反映了东阳某建筑公司的相关施工情况，但仍无法反映有关停窝工的事实。

因此，第三方公司一审中就工期问题所出具的鉴定意见可以证明涉案工程工期延误的主要责任在于江阴某房地公司，但对于东阳某建筑公司提出的停窝工问题，仍缺乏有效证据证明有关停窝工的客观事实。故一审判决关于不支持江阴某房地公司按照客观上延长的施工天数要求东阳某建筑公司承担赔偿责任的认定正确，但要求江阴某房地公司另行赔偿东阳某建筑公司停窝工损失的认定缺乏事实依据，本院予以纠正。

【律师解析】

本案主要涉及两个基本问题。

一是承包人在施工中未向发包人主张过顺延工期的请求，是否丧失工期顺延的权利。对此问题，一审法院和二审法院的认定意见基本一致，一审法院明确认定承包人并未丧失要求顺延工期的权利，是否顺延工期仍要依据承包人是否有顺延工期的正当理由。二审法院认可工期鉴定机构关于本案工期延误原因的鉴定意见，也认定发包人原因造成工期延误的，承包人有抗辩发包人主张工期违约赔偿的权利，实际上也是认定承包人获得了工期顺延的权利，如此承包人才能抗辩工期未违约。

二是承包人的停窝工损失是否客观存在，是否应予支持的问题。一审法院和二审法院的认定意见不一致，这里涉及的停窝工损失高达8669476.7元，对当事人双方有重大影响。一审法院认定东阳某建筑公司主张的前期停窝工费用，由于其自身也存在过错，酌定其承担50%的责任。对于工期延误造成的窝工损失，一审法院基本采纳了工期鉴定机构的意见，认定由发包人全部承担。二审法院没有对东阳某建筑公司主张的前期停窝工费用和工期延误造成的窝工损失分别认定，而是首先分析了工期延误和停窝工损失的关系，二审法院认定即使存在发包人原因造成的工期延误，但是并不一定造成承包人停窝工损失，两者之间并不存在必然的逻辑关系。其次，承包人主张停窝工损失还必须提供证明停窝工损失的充分证据，否则不能直接根据鉴定机构的意见认定承包人的停窝工损失。且二审法院根据承包人在施工中直至本案起诉之时均未主张停窝工损失的事实，认定承包人的停窝工损失客观上并不存在。

工程延期施工，一般会造成施工成本的增加，主要包括机械设备租赁费、周转材料租赁费、建筑工人工资、企业管理费用以及资金财务成本的增加等。所以工程延期施工，承包人的停窝工损失客观上是存在的，只是停窝工损失如何计算，在司法实践中认定较为困难。法官一般不具备相应的专业知识，所以只能借助专业的鉴定机构出具鉴定意见，但是鉴定机构的鉴定意见能否为法院所采纳，也取决于鉴定意见的质量。同时，承包人也应充分提供停窝工损失的相应证据，比如相应的租赁费支出凭证、建筑工人和管理人员工资的发放记录、建筑材料或人工费价格的上涨证据以及垫付资金的财务费用损失等。

律师提示，对于承包人而言，在施工中发生非自身原因停工事件时，要及时向发包人或监理人提出工期顺延和停窝工损失补偿的索赔；如果发包人不同意索赔，一是要保留能够证明已经向发包人提出索赔的证据；二是要注意收集停窝工损失的证据以便于诉讼中主张索赔。

·第六章·

建筑领域表见代理疑难法律问题

《民法典》第一百七十二条规定："行为人没有代理权、超越代理权或者代理权终止后，仍然实施代理行为，相对人有理由相信行为人有代理权的，代理行为有效。"依据该条规定，表见代理实质上属于无权代理行为，只是具有有权代理的表象特征，相对人有理由相信行为人有代理权，且相对人是善意、无过失的，该代理行为才有效，对本人产生法律约束力。该代理行为不具有有权代理的表象特征，或者相对人明知行为人无代理权或主观上存在过失的，均不构成表见代理，属于无权代理。

在建筑施工领域，存在复杂的法律主体，不仅有发包人、承包人和监理人三方主体，还有分包人、材料供应商、设备出租人等，不同主体之间发生复杂的商业交易活动，法律关系也更为复杂。而其中尤以承包人为各种法律关系的核心，承包人与上游的发包人、监理人形成施工承包合同法律关系，与下游的材料供应商、分包人、设备出租人形成买卖、分包和租赁法律关系。为了便于厘清建筑领域存在的表见代理现象，笔者以承包人的项目经理及其工作人员的表见代理为核心展开论述。

一、建筑企业项目经理及其工作人员表见代理的认定

由于项目经理是建筑企业的委托代理人，其在职权范围内对外实施的商业活动，属于职务代理行为范畴，对建筑施工企业发生法律效力，由建筑企业承担法律责任，所以建筑企业项目经理行使职权范围内的事项，不是我们讨论的对象。我们讨论项目经理如果超越了职权或者被停职后以建筑企业名义购买建筑材料、租赁设备等法律行为是否构成表见代理。除项目经理是建筑企业合法的员工外，在建设工程存在挂靠和转包的情形下，项目经理不是建筑企业的员工，而是挂靠人和转包的实际施工人，那么转包和挂靠情形下实际施工人表见代理的认定有何不同。笔者认为除了相对人明知挂靠和转包的情形，无论建筑企业员工还是挂靠人或转包的实际施工人作为项目经理，在行使代理权的外观上对于相对人来讲均表现一致，所以下文中的项目经理并没有严格区分为建筑企业的项目经理还是挂靠或转包中的项目经理。

依据《民法典》第一百七十二条的规定，认定建筑企业项目经理及其工作人员的表见代理行为，依然要根据两个因素进行判断：一是项目经理及其工作人员的行为在客观上是否具有代理权的表象特征；二是相对人在主观上是否为善意且无过失。

（一）项目经理及其工作人员实施的行为具有代理权表象特征

认定项目经理及其工作人员实施代理行为时是否具有代理权表象特征，应关注以下事宜：

1. 项目经理及其工作人员实施代理行为的身份和名义

项目经理无论是建筑企业员工还是实际施工人，其在购买原材料、租赁设备或者进行分包时，一般以建筑企业项目经理的身份、以项目部的名义实施商业交易活动，这就具备了代理权的表象特征，不论最终签订合同是项目经理个人签字还是加盖项目部公章，相对人均会产生项目经理具有代理权的认识。

有观点认为，对于挂靠和转包的实际施工人以个人名义签订的材料采购合同或设备租赁合同，应由挂靠人或转包的实际施工人承担责任，不应构成表见代理，不具有代理权的表象特征。但是，在行为人并不明知项目经理是建筑企业员工还是实际施工人的情形下，项目经理均以个人名义签订材料采购合同或设备租赁合同，其外观并无二致，均具有代理权的表象特征，为何却作出不同的法律认定，显然不符合相对人的预期。如果根据项目经理的不同身份来认定是否构成表见代理，那么相对人的交易就存在很大的或然性，不利于交易的稳定和相对人的判断。

2. 挂靠或转包的实际施工人具有授权的外观表象

建筑企业员工作为项目经理，持有授权委托书、施工合同、项目部印章等授权文书和印章的，属于行使职权范围内的事务，自然属于职务行为，对建筑企业发生效力。而挂靠或转包的实际施工人本不是建筑企业的代理人，但是建筑企业为了实际施工人的便利，一般情形下也会给予实际施工人授权委托书和项目部印章。建设工程实践中，可以认定实际施工人具有建筑企业授权的证据有：建筑企业的授权委托书、介绍信、任命书、证明、项目部印章以及工程合同、施工组织设计、方案、监理会议、往来函件的签名等。

3. 项目经理及其工作人员实施代理行为是否符合其工作职责的一般要求

按照建设工程的实践，项目经理的职责是对建设工程的施工进行全面管理，进行与其职责相应的商业交易活动，比如采购原材料、租赁设备或者借款等。相对人按照通常逻辑理解项目经理的行为是为了履行职责所必需，而不是与履行职责无关的行为。例如，项目经理大额度的集资行为、项目经理均以个人账户支付货款或租金的行为等，均不符合建设工程项目经理履行一般职责行为的表象。此种情形下，项目经理的行为由于不具备有权代理的表象特征，即使相对人不存在过失，也不能认定为表见代理。

4. 交易模式和标的用途符合有权代理的表象特征

项目经理虽然以其个人名义签订购销合同或租赁合同，但是签订合同的地点在建设工程项目所在地，交易标的物交付到建设工程项目所在地由项目部工作人员进行签收，交易资金通过建筑企业银行账户支付，或者项目经理所借的款项直接打入建筑企业的银行账户等，均可以认定具有代理权表象特征。

5. 施工现场公示牌的标识

建筑施工现场树立的公示牌，一般会公示建设单位和施工单位名称、主要负责人员姓名等信息，即挂靠或转包中的项目经理，公示牌中项目经理的所属单位是建筑施工企业，从而形成项目经理为建筑企业代理人的表象。另外，如果建筑企业的项目经理已经离职，但是公示牌并没有及时更换，相对人根据对公示牌的信赖，与已经离职的项目经理签约，依然可以认定项目经理的签约行为构成表见代理，对建筑企业有效。

（二）相对人主观上善意无过失的认定

关于相对人主观上善意且无过失的认定，《最高人民法院关于当前形势下审理民商事合同纠纷案件若干问题的指导意见》（法发〔2009〕40 号）第十四条规定："人民法院在判断合同相对人主观上是否属于善意且无过失时，应当结合合同缔结与履行过程中的各种因素综合判断合同相对人是否尽到合理注意义务，此外还要考虑合同的缔结时间、以谁的名义签字、是否盖有相关印章及印章真伪、标的物的交付方式与地点、购买的材料、租赁的器材、所借款项的用途、建筑单位是否知道项目经理的行为、是否参与合同履行等各种因素，作出综合分析判断。"结合建设工程的实践，应注意以下对相对人的主观善意无过失进行认定的情形。

1. 相对人明知项目经理为挂靠或转包的实际施工人的，不构成表见代理

构成表见代理以相对人有理由相信行为人具有代理权为前提条件，如果相对人明知与其进行签约的是挂靠人或者转包的实际施工人，那么挂靠人和转包的实际施工人不是建筑企业的代理人，而是代表挂靠人或转包的实际施工人个人利益与相对人签约，对此相对人也应该是明知的。相对人既然明知挂靠人或转包的实际施工人不是建筑企业的代理人，自然无法对建筑企业发生表见代理的效力，即使挂靠人或转包的实际施工人作为项目经理持有建筑企业的授权委托书，也不能认定为表见代理。

而相对人的明知又是主观的一个判断，相对人为了自己利益，对此否认的情形下，如何认定相对人的明知又依赖于一些客观行为，如相对人的交易款项均是通过挂靠或转包的实际施工人个人支付就是一个较好的例证。

2. 其他否定相对人善意无过失的情形

由于善意无过失属于主观认识，而主观认识的判断依赖于客观的事实行为。在出现以下行为时，一般可以推定相对人不存在善意无过失。

（1）项目经理与相对人的签约行为异常，不符合建设工程施工中的交易惯例。例如，项目经理一般不具有对外借款的职权，项目经理实施对外借款行为时，应该得到建筑企业的特别授权，如果相对人在与项目经理签订借款合同时，没有要求项目经理出具有关的授权委托书，应视为相对人没有尽到一个善意相对人的注意义务，存在过失。再如，相对人与项目经理签订的购销合同数量完全超过建设工程施工所需要的数量等。

（2）相对人与项目经理签约时间、合同履行时间与工程实际施工时间完全不一致。如建设工程已经竣工验收后，项目经理和相对人还签订供货合同、借款合同等。

（三）伪造的公章或者项目部印章对表见代理认定的影响

首先，真实的项目部印章和其他专用章，比如资料专用章、材料收讫章等对表见代理的影响。一般认为项目部印章就是项目经理具有代理权最重要的表象特征，而且实践中项目部对外签订购销合同、租赁设备等，也大多加盖项目部印章，因而以项目部印章签约的对外合同，对建筑企业发生效力，如果属于

项目经理职权范围内的事宜，属于职务行为；如果超过了职权范围，构成表见代理。但是对于项目部的其他专用印章，比如资料专用章、材料收讫章，因其本身就是为了特定用途刻制，名称也载明其特定的用途，一般不能用于与第三人签约，对此，相对人只要持一般的注意义务便应该明知，所以项目经理或项目部其他人员使用专用章签约的，一般不构成表见代理。相对人主张表见代理的，应举证证明该专用印章除其载明的功能外，还有对外签约的功能。比如项目部多次使用该印章对外签署合同，建筑企业曾对此类合同进行过确认或实际履行过付款义务等，使相对人因项目部或建筑企业的行为对该印章具有缔约的权限产生合理的信赖。

其次，项目经理用私自刻制的建筑企业公章或项目印章对外签订的合同，对建筑企业是否一定不构成表见代理，这个也要具体分析。一般情形下，相对人与项目部签约时，不可能每次都核实印章的真实性，有时也没有能力去核实。相对人根据通常的信赖心理不会怀疑印章的真实性，如果印章真实，就构成表见代理；如果印章不真实，就不构成表见代理。如果要求相对人每次交易时都去核实印章的真实性，将给正常的商业交易活动设置巨大的障碍，不利于社会经济活动。因而，不能仅仅根据印章的真实与否来判断是否构成表见代理。建筑企业以印章不真实抗辩不构成表见代理的，还要考察构成表见代理的其他因素进行综合分析，如果除印章不真实外，其他因素均符合构成表见代理的条件，应该认定表见代理成立。

典型案例解析

案例 6.1　建筑领域表见代理的认定

——三局二公司与福建某建工公司、金属材料公司买卖合同纠纷案

【案例来源】

（2018）最高法民再 23 号

【基本案情】

2011 年 3 月 15 日，协信房地产公司（发包方、甲方）与三局二公司（承包方、乙方）签订《总承包施工合同》约定，双方就某名城项目（一期）Ⅱ

标段总承包工程协商一致，订立总包施工合同。乙方委派及授权的人员载明：肖某某（项目经理）、吴某某（技术负责人）、郑某某（专职质检员）、邱某某（专职安全员、项目内业人员）、兰某某（材料管理、预结算人员）。2011 年 6 月 29 日，福建某建工公司（分包人）与三局二公司（承包人）签订《建设工程劳务分包合同》约定：三局二公司将某名城（一期）Ⅱ标段工程劳务作业分包给福建某建工公司；分包人委派的现场代表为常务经理林某某，负责履行分包人的权利和义务。合同上分包人加盖的公章为福建某建工公司印章及江某某私章，委托代理人林某在合同上签名。

2011 年 4 月 9 日，金属材料公司（供方、乙方）与名称为武汉某公司（需方、甲方）签订《钢材购销合同》，乙方为甲方某名城一期Ⅱ标段项目供应大约 8000 吨的钢材。甲方须指定两名专员进行验收和收货：兰某某、胡某。但是合同上甲方加盖的公章为“福建某建工公司某名城项目经理部”的印章，林某某在该合同上签名。此后，金属材料公司与胡某签订《补充协议》和《对账单》，《补充协议》和《对账单》上均加盖福建某建工公司公章。

2013 年 5 月 20 日，金属材料公司（乙方）与福建某建工公司（甲方）、胡某（丙方）签订《付款协议》，该协议约定甲乙双方经核算，截至今日，甲方欠付乙方钢材货款 9599475 元，双方对此无异议；由于甲方未按照双方签订的《钢材购销合同》约定时间足额支付乙方货款且拖欠时间较长，甲方自愿补偿乙方在本协议签订前所产生的经济损失 580000 元，两项合计 10179475 元。丙方自愿为甲方向乙方提供连带责任担保，其担保的范围包括货款本金、利息等付款责任。合同上甲方加盖的公章为福建某建工公司印章，胡某在该合同上签名。

根据福建省龙岩市公安局出具的公（岩）鉴（文检）字〔2013〕14 号文件检验鉴定书，前述 2011 年 6 月 29 日的《建设工程劳务分包合同》分包人公章栏中“福建某建工公司”的印文及“江某某”的印文，与福建某建工公司提供的样本不一致。审理过程中，福建某建工公司提供了公司的印章样本。经肉眼比对，该公章样本与《对账单》《补充协议》及《付款协议》上所盖的福建某建工公司公章不一致。一审法院对其他当事人进行释明，在印章不一致的情况下，应举证证明福建某建工公司在另外同类业务中曾经使用过与《对账单》《补充协议》及《付款协议》上一致的公章，但对此未提供证据予以证明。结合前述检验鉴定书，可以认定《对账单》《补充协议》及《付款协议》上所盖的福建某建工公司公章，不是福建某建工公司公章。

三局二公司收到协信房地产公司开出的承兑汇票后，又将该些汇票转付给金属材料公司。2012年8月28日、9月11日，三局二公司还分别将150万元、100万元直接支付到金属材料公司关联企业长沙市雨花区某建材经营部账户。

金属材料公司向湖南省长沙市中级人民法院提起诉讼：请求判决福建某建工公司支付款项10179475元、逾期付款利息1714257元（暂计至2014年10月31日，2014年11月1日至实际付清日的利息，请求按照每年18.668%的标准继续计付）。后金属材料公司申请变更诉讼请求，要求判决福建某建工公司、三局二公司支付10179475元及逾期付款利息。一审审理过程中，金属材料公司又要求林某某、胡某、林某对欠付货款及逾期利息承担连带清偿责任。

【争议焦点】

林某、林某某、胡某私自刻制福建某建工公司的印章，与金属材料公司签订的《钢材购销合同》是否构成对福建某建工公司的表见代理？是否构成对三局二公司的表见代理？

【法院裁判】

一审法院湖南省长沙市中级人民法院认为：三局二公司与福建某建工公司签订的《建设工程劳务分包合同》中，一方当事人所盖福建某建工公司公章系林某、林某某、胡某三人伪造，并非福建某建工公司的真实意思表示，应认定合同无效。金属材料公司与武汉某公司签订的《钢材购销合同》中，一方当事人所盖的公章“福建某建工公司某名城项目经理部”系私刻，并非福建某建工公司真实意思表示，但系项目部真实意思表示，应认定某名城项目经理部实际与金属材料公司发生了买卖合同关系。

本案的争议焦点在于：（1）福建某建工公司是否应承担付款责任。本案中，《对账单》《补充协议》《付款协议》及《建设工程劳务分包合同》上所盖的“福建某建工公司”印章，并非福建某建工公司公章。《钢材购销合同》上所加盖的“福建某建工公司某名城项目经理部”印章非福建某建工公司所刻，也非福建某建工公司授权所刻。福建某建工公司对合同签订并不知情，且不存在任何过错，依法应不承担责任。金属材料公司请求福建某建工公司支付款项10179475元及逾期付款利息，无事实与法律依据，不予支持。

(2) 三局二公司是否应承担付款责任。第一，根据《总承包施工合同》约定，三局二公司应当提供的材料含钢材、水泥、砌体用砖。也就是说，三局二公司有合同约定的采购钢材义务。第二，根据《总承包施工合同》约定，“兰某某”系三局二公司委派的材料管理员。金属材料公司供应的钢材全部由兰某某收货，全部用于某名城项目建设。第三，合同履行过程中，三局二公司收到协信房地产公司开出的承兑汇票后，又将该些汇票转付给金属材料公司。2012年8月28日、9月11日，三局二公司还分别将150万元、100万元直接支付到金属材料公司关联企业长沙市雨花区某建材经营部账户。因此，三局二公司向金属材料公司支付过货款。第四，福建某建工公司并未参与劳务作业分包，项目经理部虽挂名福建某建工公司，但事实上属于三局二公司。第五，三局二公司属承包人，收取管理费用，其已实际受益，根据风险与盈利并存的原则，三局二公司亦需承担责任。综上，根据《最高人民法院关于审理买卖合同纠纷案件适用法律问题的解释》第一条的规定，当事人之间没有书面合同，一方以送货单、收货单、结算单、发票等主张存在买卖合同关系的，人民法院应当结合当事人之间的交易方式、交易习惯以及其他相关证据，对买卖合同是否成立作出认定。对账确认函、债权确认书等函件、凭证没有记载债权人名称，买卖合同当事人一方以此证明存在买卖合同关系的，人民法院应予支持，但有相反证据足以推翻的除外。虽然三局二公司没有签订买卖合同，但基于金属材料公司提供的钢材已被实际用于三局二公司某名城项目建设的事实，以及兰某某在《对账单》《送货单》中的签字确认，可以认定金属材料公司与三局二公司之间存在事实上的买卖合同关系。金属材料公司要求三局二公司依法承担支付钢材货款及逾期利息，有事实依据与法律依据，予以支持。

(3) 胡某、林某、林某某是否应承担付款责任。胡某在《付款协议》上自愿对本案所欠货款及分期付款利息承担连带责任，系其真实意思表示，金属材料公司要求胡某承担付款连带清偿责任于法有据，予以支持。林某、林某某参与了合同签订和实际施工，亦需承担连带清偿责任。金属材料公司要求林某、林某某承担连带清偿责任于法有据，予以支持。

二审法院湖南省高级人民法院认为，本案争议焦点是：(1) 三局二公司应否对涉案债务承担清偿责任；(2) 林某、林某某应否对本案债务承担连带清偿责任。

关于第一个焦点问题。首先，金属材料公司与某名城项目经理部签订的《钢材购销合同》，应当对三局二公司具有法律约束力。三局二公司作为某名城项目总承包方，委派材料员兰某某全程参与《建设工程劳务分包合同》履行，并派兰某某与林某某、林某等共同组建某名城项目经理部，应当认定某名城项目经理部是三局二公司与林某某、林某等共同组建。项目经理部作为买方与金属材料公司签订《钢材购销合同》，指定兰某某为收货员。因此，《钢材购销合同》应当对三局二公司具有法律约束力。其次，三局二公司对本案纠纷发生具有重大过错。三局二公司作为某名城项目工程实际承包人，依法应由其自行施工，不得转包。但三局二公司一方面将工程以劳务分包形式进行转包，另一方面对劳务分包人真实性不加审核，没有对福建某建工公司实地考察，而基于对林某个人组织施工能力认可及与胡某长期合作关系签订分包合同，未对《建设工程劳务分包合同》上加盖的福建某建工公司公章、法定代表人私章虚假性加以识别。涉案工程实际由胡某、林某、林某某另行成立的武汉某公司组织施工，而武汉某公司股东中的福建某建工公司，亦是林某等利用伪造公章进行的工商登记。涉案工程实际施工方及收款方均为胡某、林某、林某某等个人。三局二公司重大过错致使金属材料公司无法向福建某建工公司、武汉某公司主张债权，三局二公司对此应当承担民事责任。最后，金属材料公司钢材已经实际用于涉案工地建设，三局二公司是涉案钢材实际受益人，根据权利与义务相一致原则，对金属材料公司债权应当予以清偿。三局二公司作为实际承包人且受益于该工程，应当对钢材款承担清偿责任。一审判决三局二公司承担付款责任，符合本案实际，处理适当。三局二公司不承担付款责任的上诉理由不能成立，不予支持。

关于第二个焦点问题。林某在《建设工程劳务分包合同》中作为分包人代表签名，加盖伪造的福建某建工公司公章；林某某在《钢材购销合同》中作为买受人代表签名。林某、林某某、胡某三人冒用福建某建工公司名义参与到涉案工程中，作为工程实际施工人及收款人，理应对本案债务承担相应民事责任。一审判决上述三人对本案债务承担连带清偿责任，并无不当。林某、林某某不应当承担责任的上诉理由不能成立，不予支持。

三局二公司不服原审判决，向最高人民法院申请再审。再审法院最高人民法院认为，本案争议的主要问题为：(1) 武汉某公司、胡某等人是否冒用福建某建工公司名义签订涉案相关合同文件；（2）三局二公司应否承担金属材料公司钢材货款的清偿责任。

（1）武汉某公司、胡某等人是否冒用福建某建工公司名义签订涉案相关合同文件

根据审理查明的事实，2011 年 4 月 9 日，金属材料公司作为乙方签订的《钢材购销合同》中，载明合同甲方为武汉某公司，合同上加盖的印章为“福建某建工公司某名城项目经理部”。甲方指定的验收货物人员为兰某某和胡某。2011 年 6 月 29 日，三局二公司签订《建设工程劳务分包合同》，约定将涉案某名城项目工程劳务作业分包给福建某建工公司。合同对方加盖的印章为福建某建工公司印章及江某某的私章，合同对方开户银行情况为武汉某公司在中国银行湖北省分行所开账户。2013 年 5 月 20 日，金属材料公司签订的《付款协议》载明合同对方为福建某建工公司。该协议简述了双方签订涉案购销合同及履行情况，并对欠付货款、还款期限等问题作出核对确认。协议书加盖了福建某建工公司印章，胡某分别作为福建某建工公司代表和保证人在协议上签名。2013 年 7 月 12 日，林某、林某某、胡某、郭某签署的《协议书》记载，武汉某公司注册至今，公司经营、资金的使用支配实际均由胡某运作，所有债权债务均由胡某承担。胡某于 2014 年 12 月 9 日出具《承诺书》称，胡某、林某某、林某三人合作承办涉案工程项目，私刻福建某建工公司公章用于签订与三局二公司劳务合同。以上事实足以表明，武汉某公司及胡某等人冒用福建某建工公司名义签订并实际履行涉案合同文件。原审判决认定福建某建工公司并未签订涉案相关合同文件，是正确的。

合同如系假冒他人名义签订，相关当事人依法可以请求人民法院判决予以撤销或宣告无效，当事人不请求撤销或宣告无效的，冒用人应当自行承担因相关合同签订与履行引发的法律责任。就本案而言，在对方当事人未依法请求人民法院撤销涉案合同或宣告合同无效的情况下，武汉某公司及胡某等人作为冒用人应当自行承担合同相关责任。

（2）三局二公司应否承担金属材料公司钢材货款的清偿责任

涉案《建设工程劳务分包合同》与《钢材购销合同》属于相互独立的合同。合同当事人依法应当就其各自订立的合同行使相应权利并承担相应义务。金属材料公司对于依约供应钢材后未获清偿的货款，依法应向实际购买方武汉

某公司及胡某等人提出主张。原审期间，金属材料公司明确表示放弃对武汉某公司的主张，本院不持异议。

在金属材料公司所签涉案《钢材购销合同》中，对方指定兰某某为验收货物人员。三局二公司在其他合同中亦指定兰某某为材料员，兰某某因而具有双重身份。但金属材料公司在其依约所供钢材已由合同指定验收人员兰某某签收的情况下，依法应向合同相对方提出货款清偿请求，而不能基于兰某某亦为三局二公司在其他合同中指定的材料员而向其提出清偿主张。原审判决依据兰某某系三局二公司在其他合同中指定的材料员而认定其系代表三局二公司验收涉案钢材，依据显然不足。从在案支付款项证据情况看，协信房地产公司开出汇票票面记载的收款人为三局二公司。按照汇票流转规范，即使汇票最后转给了金属材料公司，但如无证据证明汇票系由三局二公司直接背书让与金属材料公司，亦不能证明其直接向金属材料公司支付货款的事实。2012 年 8 月 28 日、9 月 11 日，三局二公司虽曾将 150 万元、100 万元分别支付至长沙市雨花区某建材经营部的账户，但没有进一步证据证明此款项确系属于受金属材料公司指示而支付的涉案钢材货款。原审判决关于三局二公司曾向金属材料公司直接支付钢材货款的认定，缺乏足够证据证明。在当事人之间缺乏合同关系的情况下，钢材是否实际用于涉案工程，不能成为金属材料公司向三局二公司提出货款清偿主张的当然依据。另外，三局二公司对于他人冒用福建某建工公司订立《建设工程劳务分包合同》虽然未尽足够审查义务，但与金属材料公司基于其他合同所售钢材货款不能及时获偿之间，没有必然关联。原审判决以三局二公司订立分包合同转包工程存在过错为由，判令其对金属材料公司涉案钢材货款承担清偿责任，缺乏事实和法律依据。

实际上，涉案工程结算过程中，三局二公司已经按照分包合同约定多次向武汉某公司支付工程款项，武汉某公司亦已向金属材料公司实际支付多达 3000 余万元的钢材货款。原审法院在已查明涉案《钢材购销合同》系金属材料公司与武汉某公司及胡某等人实际订立并履行的情况下，却又认定金属材料公司与三局二公司存在事实上的买卖合同关系，并进而判令三局二公司承担欠付货款的清偿责任，认定事实和适用法律均有错误。

【律师解析】

本案中涉及多方主体，主要涉及表见代理和法律关系的认定问题。

第一个争议问题是胡某等人与金属材料公司签订《钢材购销合同》的行为是否构成对福建某建工公司的表见代理。胡某等人私刻福建某建工公司公章和法人名义章与三局二公司签订《建设工程劳务分包合同》，又以武汉某公司名义与作为乙方的金属材料公司签订《钢材购销合同》，但合同上加盖的印章为“福建某建工公司某名城项目经理部”。胡某等人与金属材料公司签订《钢材购销合同》的行为是否构成对福建某建工公司的表见代理？

对此，三级人民法院的观点是一致的，均认定不构成表见代理行为，因为在构成表见代理权表象特征上，只有胡某私刻的福建某建工公司公章和法人名义章，没有其他的代理权表象特征，福建某建工公司完全不知情，也没有任何过错行为导致金属材料公司相信胡某有福建某建工公司的代理权。因而胡某私刻印章伪造福建某建工公司名义与金属材料公司签订购销合同的行为不构成表见代理。但是，也并非只要印章是私刻的，就不构成表见代理。如果除了私刻印章的行为之外，还存在其他的代理权表象特征，使相对人有理由相信行为人有代理权，也可能构成表见代理。

第二个争议的问题是胡某等人与金属材料公司签订的《钢材购销合同》是否对三局二公司发生法律效力，又是否构成对三局二公司的表见代理。对此一审法院和二审法院的认定一致，再审法院最高人民法院否定了一、二审法院的认定意见。一、二审法院均认为三局二公司非法转包，胡某是非法转包的实际施工人，《钢材购销合同》上加盖的印章为“福建某建工公司某名城项目经理部”，实际施工人对外以项目部名义签订的买卖合同，由项目部对外承担民事责任，项目部由三局二公司和胡某等人组成，而且三局二公司没有考察福建某建工公司存在过错，所以胡某对外签订的《钢材购销合同》构成对三局二公司的表见代理，对三局二公司发生法律效力，由三局二公司承担合同付款责任。

再审法院最高人民法院认为《钢材购销合同》不对三局二公司发生法律效力，仅在金属材料公司和胡某等人之间产生法律效力。首先，胡某等人是冒用福建某建工公司的名义与金属材料公司签订的《钢材购销合同》，而不是以三局二公司的名义，使相对人金属材料公司有理由认为胡某代表的是福建某建工公司，而不是代表三局二公司，金属材料公司在订立合同以及履行中均没有理由相信其是与三局二公司之间形成了合同关系。其次，三局二公司在《钢材购销合同》履行中也未产生代理权的表象特征，虽然收货员兰某某为三局二公司人员，但他是《钢材购销合同》指定人员，具有双重身份，金属材料公司没有理由相信他是三局二公司的人员。同时一、二审法院认定的三局二公司直接向金属材料公司支付货款，也缺乏足够证据证明。再次，本人的过错不是认定表见代理的构成要件，虽然三局二公司存在非法转包行为，也未发现胡某私刻印章冒用福建某建工公司的行为，但是与认定是否构成对三局二公司的表见代理行为之间不存在必然的逻辑关系。最终，最高人民法院认定胡某与金属材料公司签订的《钢材购销合同》由其自行承担法律责任。

因而，在建设工程领域，特别是存在非法转包、违法分包和挂靠的复杂情形下，行为人之间的法律关系也相对复杂，但是要首先理清各方主体之间的法律关系，才能准确认定各方主体的法律责任，人民法院会综合考虑各种因素进行判断并作出认定。

二、监理人表见代理的认定

监理人作为工程建设中的第三方主体，其与发包人、承包人之间的关系如何认定，虽然仍存在争议，但是根据通说，监理人是发包人的委托代理人，在发包人的委托权限范围内对建设工程质量、工期和造价进行控制，在发包人委托权限范围内监理人签署的有关文件对发包人发生效力，构成有权代理，自然没有争议。但是，由于法律法规对监理人的职责有明确的规定，监理人还应该依据法律法规履行监理职责，如果监理人依据法律法规履行监理职责签署的有关签证文件超过了发包人的授权范围，是否对发包人构成表见代理，是司法实践中的难题。笔者依据监理人的法定职责和建设工程的实践对此进行分析。

1. 关于监理人的法定职责

《建设工程监理规范》（GB/T 50319－2013）第2.0.2条对建设工程监理的定义是："工程监理单位受建设单位委托，根据法律法规、工程建设标准、勘察设计文件及合同，在施工阶段对建设工程质量、造价、进度进行控制，对合同、信息进行管理，对工程建设相关方的关系进行协调，并履行建设工程安全生产管理法定职责的服务活动。"

第3.2.1条规定了总监理工程师应履行的职责，其中包括："……5. 组织审核分包单位资格。6. 组织审查施工组织设计、（专项）施工方案。7. 审查工程开复工报审表，签发工程开工令、暂停令和复工令。8. 组织检查施工单位现场质量、安全生产管理体系的建立及运行情况。9. 组织审核施工单位的付款申请，签发工程款支付证书，组织审核竣工结算。10. 组织审查和处理工程变更。11. 调解建设单位与施工单位的合同争议，处理工程索赔。12. 组织验收分部工程，组织审查单位工程质量检验资料。13. 审查施工单位的竣工申请，组织工程竣工预验收，组织编写工程质量评估报告，参与工程竣工验收。14. 参与或配合工程质量安全事故的调查和处理。15. 组织编写监理月报、监理工作总结，组织整理监理文件资料。”

因而，监理人的核心职责是对建设工程的施工进行监督管理，对建设工程质量、进度和造价进行控制，同时协调各方建设主体，保证建设工程安全有效地施工。

2. 监理人签署有关文件对发包人的效力问题

依据国家规范文件的规定，监理人履行职责时要审核、签发一些施工文件，尤其是包括工程变更的签证文件。哪些文件需要发包人的特别授权，哪些文件的签发不需要发包人的授权，属于监理人的职权范围之内，法律法规尚未明确。因而对于某些文件的签发，如果没有发包人的特别授权，对发包人是否产生法律效力容易产生不同的理解。对此，虽有不同的意见，但是，人民法院一般支持监理人在职责范围内签署的涉及工程施工事实的签证文件对发包人产生法律效力，构成表见代理，不需要发包人特别授权。《北京市高级人民法院关于审理建设工程施工合同纠纷案件若干疑难问题的解答》规定：“工程监理人员在签证文件上签字确认的效力如何认定？工程监理人员在监理过程中签字确认的签证文件，涉及工程量、工期及工程质量等事实的，原则上对发包人具有约束力，涉及工程价款洽商变更等经济决策的，原则上对发包人不具有约束力，但施工合同对监理人员的授权另有约定的除外。”

北京市高级人民法院的司法观点是，监理人签署的涉及工程量、工期及工程质量等事实的签证文件，不需要发包人的特别授权，对发包人发生法律效力，因为在施工阶段对建设工程质量、进度、造价进行控制本就是监理人的法定工作职责。而涉及工程价款洽商签证则不属于监理人的法定职责，需要发包人的特别授权，如果没有发包人的特别授权，对发包人不产生法律效力。其他的涉及发包人经济利益的事宜，监理人也无权签证，如建筑材料价格的认定、工程变更计价方式的确认、工程价款的结算、工程进度款的支付等，监理人在没有得到发包人特别授权的情形下，其签署的有关签证文件不构成表见代理，对发包人不产生法律效力。

典型案例解析

案例 6.2　监理人签证单的认定

——冶建公司与贵州某房产公司建设工程施工合同纠纷案

【案例来源】

（2020）最高法民再 336 号

【基本案情】

2011 年 7 月 7 日，冶建公司与贵州某房产公司签订《建设工程施工合同》，约定贵州某房产公司将其开发的澳门路宏达花园项目发包给冶建公司。合同约定为：发包方派驻现场的监理工程师为金某，职权为对工程施工全过程行使管理、安全、质量、技术等手续，并负责协调施工方与设计、分包单位的关系等。但在本合同施工过程中，对于包括设计图纸变更、价款变更、工程量增减、工期等直接导致工程价款增加或减少、工期顺延或者提前的签证，除经发包方派驻的工程师签证外必须经发包人加盖印章，方发生效力。

合同签订之后，冶建公司于 2012 年 1 月 17 日进场施工，于 2013 年 3 月 1 日完成基础与主体分部施工，2014 年 1 月，冶建公司出于各种原因停止施工，在水电安装和消防工程尚未完工的情况下，冶建公司于 2014 年 4 月撤离施工现场。2015 年 2 月 4 日，冶建公司向贵州某房产公司报送了工程结算书，贵州某房产公司工作人员对该结算书予以签收。现涉案房屋已由贵州某房产公司交付、出售，绝大部分房屋已经实际入住。冶建公司自认除贵州某房产公司擅自分包给案外人的工程外，水电安装和消防工程未实际完工；贵州某房产公司主张因冶建公司未按合同约定施工，其向案外人另行发包了部分工程（如塑钢门窗的安装、二次装饰和绿化工程等）。

诉讼过程中，贵州某房产公司向一审法院提出申请，要求对冶建公司完成的工程量进行造价鉴定。经一审法院委托后，贵州黔元会计师事务所有限公司作出“贵州黔元鉴字〔2019〕第2号遵义市澳门路宏达花园工程造价鉴定意见书”，鉴定结果为：一、双方确定的部分造价为19433095.69元（包括土建、营业房、签证、观光电梯、新增天桥和楼梯、消防水池、化粪池、给排水工程、电气安装工程、塔吊基础）。二、不确定部分：1146064.03元（竣工图反映有该部分内容，但建设单位认为施工单位未做）、1383694.68元（施工单位未按照合同要求履行签证手续）、1089170.5元（施工单位针对确定部分的材料差价未按照合同要求履行签证手续）、125624.72元（施工单位针对不确定部分的材料差价未按照合同要求履行签证手续）、264907元（施工单位的返工费用）。

【争议焦点】

本案签证的工程价款1383694.68元（施工单位未按照合同要求履行签证手续）、1089170.5元（施工单位针对确定部分的材料差价未按照合同要求履行签证手续）、125624.72元（施工单位针对不确定部分的材料差价未按照合同要求履行签证手续）如何认定？

【法院裁判】

一审法院贵州省遵义市中级人民法院认为：签证上无贵州某房产公司盖章的部分（造价1383694.68元）、材料差价（1214795.22元），根据《建设工程施工合同》的约定，对承包人送达的签证单，发包人应在7日内给予审批回复，如不回复，则视为认可承包人报送的资料。因该部分工程量的签证单上无贵州某房产公司的签字或盖章，冶建公司也无证据证明该部分签证单已送达给贵州某房产公司，故该部分造价不应计入冶建公司的工程款内。

二审法院贵州省高级人民法院认为：双方签订的合同约定了金某的职责范围，并明确对于包括设计图纸变更、价款变更、工程量增减、工期等直接导致工程价款增加或减少、工期顺延或者提前的签证，除经发包方派驻的监理工程师签证外必须经发包人加盖印章，方发生效力。在未经授权的情况下，金某的签字行为需等待贵州某房产公司加盖印章进行确认。对于未按合同约定履行盖章手续的三个不确定部分，金额分别为1383694.68元、1089170.5元、125624.72元，因不符合双方的合同约定，不应当计入冶建公司工程款。

再审法院最高人民法院认为：关于鉴定意见书中未履行盖章程序的签证单所涉的三项费用是否应计入工程款的问题，双方在《建设工程施工合同》中约定，对于包括设计图纸变更、价款变更、工程量增减、工期等直接导致工程价款增加或减少、工期顺延或者提前的签证，除经发包方派驻的监理工程师签证外必须经发包人加盖印章，方发生效力。对于鉴定意见“不确定部分”中承建单位未按合同要求盖章的签证单，经过贵州某房产公司派驻的监理工程师金某的签字确认，在贵州某房产公司未提交充分证据证明该部分工程系由其他施工人施工或上述签证系虚假签证的情况下，虽然贵州某房产公司未加盖印章，但无法否定该部分建设工程系由冶建公司施工完成的事实，故从公平角度考虑，应对该部分工程及相应 1383694.68 元工程价款予以认定。对于鉴定意见“不确定部分”中未经贵州某房产公司盖章的材料价差部分，根据合同的约定，对大宗材料，承包方必须在材料采购前的七个工作日呈报《材料报价清单》，由发包方认可后组织承包方、监理单位进行市场调查后七个工作日内确定。其他未确定的零星材料按《贵州省造价信息（遵义地区）材料价格》单价或双方协商单价结算，因材料的市场价格随行情不断变化，故对该部分价差的认定应按照双方合同约定从严把握，因该部分签证未经发包方贵州某房产公司的盖章确认，故本院对于鉴定意见“不确定部分”关于材料价差的两项费用 1089170.5 元、125624.72 元不予支持。

【律师解析】

本案主要争议焦点是三项签证单的费用认定。三项签证单均不符合双方签订的《建设工程施工合同》约定的签证程序和权限，只有监理人的签字没有发包人的盖章确认。在只有监理人签字的情形下，是否对发包人发生法律效力，是否对发包人产生表见代理的法律后果，是否由发包人承担相应的法律责任，一、二审法院和再审法院的司法观点不一致。

一、二审法院均严格按照《建设工程施工合同》的约定，认定三项签证单只有监理人的签字，没有发包人加盖印章进行确认，不符合合同约定，因而对发包人不产生法律效力。再审法院最高人民法院则区别认定，对于 1383694.68 元签证部分，虽然只有监理人签字，未经过发包人盖章确认，但是该部分已经施工的事实存在，在发包人不能提供其他证据证明该部分由其他单位施工的情形下，应认定由承包人施工，发包人应支付该部分费用。对于材料价差的两项费用 1089170.5 元、125624.72 元，最高人民法院认为这两项费用是关于材料价差的调整部分，不是建设工程施工事实的证据，应严格按照《建设工程施工合同》的约定程序进行签证，未经过发包人盖章确认，只有监理人签字，超过监理人的权限，未经过发包人的特别授权不能对发包人产生法律效力，不构成表见代理。

因而，根据最高人民法院的司法观点，对于监理人的签证，如果涉及建设工程施工事实的认定，监理人的签证即使超过了权限范围，仍可以认定，并对发包人产生法律效力，这里监理人的签证即可以认定为对发包人的表见代理行为，也可以作为施工中第三方的证据来认定。所以对于施工事实行为的签证，最高人民法院认为应该掌握相对较为宽松的标准，即使签证仅有监理人的签字，也应该予以认定。

而对于涉及经济利益的签证，最高人民法院认为应该适用较为严格的认定标准，对于涉及材料价格调整、计价方式的变更以及对承包人结算价款的审核确认等，监理人没有发包人的特别授权，其签证不构成表见代理，不对发包人产生法律效力。

·第七章·

建设工程价款支付与结算疑难法律问题

一、固定总价合同结算疑难问题

（一）固定总价合同结算时是否可以调整合同价格的问题

固定总价合同结算时是否可以调整合同总价，应区分不同的情形：

1. 合同约定了固定总价包含的风险范围，超过约定的风险范围的，应对风险范围以外的合同价格进行调整

固定总价合同通常约定固定总价包含的风险范围，一般包括价格风险范围和工程量风险范围。在风险范围内，合同总价不进行调整；如发生风险范围以外的重大变化，应对合同总价进行调整。如合同约定建筑材料价格变化的风险范围为5%，那么建筑材料价格变化在5%范围之内的，合同总价不予调整；如建筑材料价格变化超过5%，要对价格变化超过5%的部分进行调整。

如合同对工程价款调整的办法有明确约定，要根据合同约定的调整办法进行调整。如没有约定调整办法，如何进行调整？首先参照合同约定的计价标准和计价方式对超过风险范围的部分进行计价，然后对合同总价进行调整。如果合同没有约定计价标准和计价方式或者约定不明，并且合同双方就工程价款调整不能达成一致意见，应参照施工地建设行政主管部门发布的计价标准和计价方式对超过风险范围的部分进行计价，然后对合同总价进行调整。

2. 如合同未约定固定总价包含的风险范围，能否对合同总价进行调整

笔者认为以下情形应调整合同固定总价：

第一，如建筑材料或人工费单价等发生重大变化并符合《民法典》规定的情势变更，应对合同固定总价进行调整。

《民法典》第五百三十三条规定："合同成立后，合同的基础条件发生了当事人在订立合同时无法预见的、不属于商业风险的重大变化，继续履行合同对于当事人一方明显不公平的，受不利影响的当事人可以与对方重新协商；在合理期限内协商不成的，当事人可以请求人民法院或者仲裁机构变更或者解除合同。人民法院或者仲裁机构应当结合案件的实际情况，根据公平原则变更或者

解除合同。”

因而，固定总价合同在履行中如果建筑材料或人工费单价发生不属于商业风险的重大变化，继续按照合同约定的原固定总价进行结算，明显对一方不公平的，当事人在合同结算时可以要求调整合同总价，法院或仲裁机构应根据公平原则调整合同总价。是否属于商业风险的变化，由法院或仲裁机构根据市场变化等相关因素进行裁量。当地政府行政机关颁布的对建设工程造价进行调整的政策性文件，可以作为判断是否超过商业风险的依据之一。《建设工程工程量清单计价规范》（GB 50500－2013）第9.8.2条规定：“承包人采购材料和工程设备的，应在合同中约定主要材料、工程设备价格变化的范围或幅度；当没有约定，且材料、工程设备单价变化超过5%时，超过部分的价格应按照本规范附录A的方法计算调整材料、工程设备费。”该文件规定的单价变化范围5%也可以作为判断是否属于商业风险的依据之一。

建筑材料和人工费单价要将工程所在地建设行政主管部门公布的价格，与固定总价合同约定的单价进行比较，根据两者的差价进行调整。固定总价合同未约定建筑材料或人工费单价的，要依照工程所在地建设行政主管部门公布的合同签订时和合同履行时两个不同时点的价格，根据价格差对合同固定总价进行调整。

如果建筑材料或人工费单价变化没有超过商业风险，不符合情势变更，那么当事人不能主张对固定总价进行调整。

第二，国家法律、法规、规章和政策变化引起工程造价变化或者规费、税金变化的，应对固定总价进行调整。

因国家法律、法规、规章和政策的变化在当事人的预料范围之外，所以因国家法律、法规、规章和政策的变化引起工程造价变化的，根据《民法典》的公平原则，应对工程固定总价进行调整。同时，有的建设工程合同把国家法律、法规、规章和政策的变化约定为不可抗力，对由此引起的工程造价在当事人之间进行合理分担，进而调整合同固定总价。

目前，因国家法律、法规、规章和政策的变化对工程合同价格进行调整的依据是《建设工程工程量清单计价规范》（GB 50500－2013），第9.2.1条规定：“招标工程以投标截止日前28天、非招标工程以合同签订前28天为基准日，其后因国家的法律、法规、规章和政策发生变化引起工程造价增减变化的，发承包双方应按照省级或行业建设主管部门或其授权的工程造价管理机构据此发布的规定调整合同价款。”

因规费、税金必须按照国家或省级、行业建设主管部门的规定计算，且不得作为竞争性费用，所以当国家法律、法规、规章和政策变化引起规费、税金变化的，应据此调整合同固定总价。

第三，规划调整、设计变更等原因引起施工范围变化，进而导致施工工程量发生增减的，应对工程量增减部分进行计价，并调整合同总价。

如果发生规划调整或设计变更，实际施工范围相对于原施工图纸的施工范围，必然发生变化，由于合同固定总价是对原施工范围内工程量价款的约定，所以发生了工程量变更时，应对变更的工程量进行计价，并对合同固定总价进行调整。

对工程量增减部分的计价，如合同有明确约定的计价方式，要按照合同约定进行计价。如果合同没有约定或者约定不明，并且合同双方不能达成一致意见，应参照工程所在地建设行政主管部门发布的计价标准和计价方式对增减的工程量进行计价，然后调整合同总价。

有的地方法院对此规定了相应司法政策，如《北京市高级人民法院关于审理建设工程施工合同纠纷案件若干疑难问题的解答》中规定：“固定总价合同履行中，当事人以工程发生设计变更为由要求对工程价款予以调整的，如何处理？建设工程施工合同约定工程价款实行固定总价结算，在实际履行过程中，因工程发生设计变更等原因导致实际工程量增减，当事人要求对工程价款予以调整的，应当严格掌握，合同对工程价款调整有约定的，依照其约定；没有约定或约定不明的，可以参照合同约定标准对工程量增减部分予以单独结算，无法参照约定标准结算的，可以参照施工地建设行政主管部门发布的计价方法或者计价标准结算……”

典型案例解析

案例 7.1　固定总价合同结算调整合同价格的问题
——工商学院与七局建设公司建设工程施工合同纠纷案

【案例来源】

（2016）吉民终 567 号

【基本案情】

2013 年 2 月，为建设新校区，工商学院对外发布了招标公告。七局建设公司按要求向工商学院报送投标书后，于 2013 年 3 月 27 日取得工商学院新校区建设工程第七标段的中标通知书。2013 年 4 月 10 日，七局建设公司与工商学院签订了《建设工程施工合同》，工商学院将新校区学生一食堂和浴室的土建、给排水、装饰、消防、采暖、通风、电气等工程发包给七局建设公司。合同价款为 43868433 元，承包方式为包工包料，工期从 2013 年 4 月 10 日起至 2013 年 9 月 30 日止。

该合同专用条款第二十三条约定："本合同价款采用固定总价方式确定，除下述几方面外，总价不再调整：A. 经工程师批准和发包人认定的工程变更；B. 招标范围以外的工程量增减；C. 不可抗力造成的费用增加。具体见补充协议。"

其后，双方又签订了一份《建设工程施工合同补充协议》（未标注具体日期），其中第十一条约定："1. 合同价款采用固定价格，已经包含如下风险，即发生如下风险事件，固定总价不变：（1）人工费及机械费发生市场及政府政策调整，建筑材料发生市场及政府政策调整。（2）法律、法规、规章或有关政策出台导致工程税金、规费、人工发生变化。（3）承包人根据自身技术水平、管理、经营状况能够控制的风险。（4）工程量计算错误、招标文件中的工程量清单未列全的项目、招标时图纸设计深度不够造成的误差、漏报、误报的项目等。2. 但施工期间出现如下情况，固定总价调整如下［乙方（七局建设公司）原因导致工程迟延，迟延期间发生如下价格变动，固定总价不变］：（1）经甲方（工商学院）签证确认的增减工程量或设计变更导致价格变化，即增减的工程量按照《建设工程工程量清单计价规范》计算，增减的价款以双方共同询价后的市场价或当地造价部门的市场信息价中较低的价格为准计价结算。(2) 钢材、水泥、商品混凝土、人工（劳务）价格涨幅低于基准价格的5%（含5%本数），固定总价不调整；涨幅超过基准价格的5%，上涨或下浮超过5%的部分，按照双方共同确认价格涨浮后的采购量及涨幅额度并结算涨浮价款后各自负担50%（双方确定，价格涨浮尺度由双方共同做市场询价后共同确定，未书面通知对方，视为没有涨浮）。(3) 本补充协议第十五条及附件2中关于甲方指定建材设备与乙方投标价格差额部分，结算时按实际差额互相找差。”第十八条约定：“施工中发生的现场签证，实际超出的价款由甲方项目部核实盖章后确认。该超过部分在双方现场签证发生日由乙方向甲方提出书面说明，甲方工程部5日内核定确认。”

上述施工合同及补充协议签订后，七局建设公司即组织人员、设备进行了施工建设。该工程已于2013年11月交付工商学院使用。2014年9月5日，七局建设公司向工商学院报送了结算报告，单方计算的工程造价为64371236元，其中：合同内造价43868433元，合同内清单量差2297402元，土建人工、材料价格与市场价差4078181元，人防门价格调增1108897元，基坑降水及土钉墙支护2291885元，图纸会审及清单中缺少的项目3079214元，土建经济签证3968210元，变更2与原图改动200459元，电气变更547636元，给排水及消防签证（一）309071元，采暖及通风签证（二）30254元，给排水及消防签证（三）36554元，给排水及消防签证（四）301016元，给排水及消防签证（五）712077元，A区甲供主材与乙方采购价格差284274元，地面防水及排水1257673元。但工商学院对此结算报告未予认可。2015年1月4日，七局建设公司起诉至一审法院，诉讼中，七局建设公司提交了鉴定申请，要求：1. 对案涉工程A区、B区土建、水暖、电气的增加、变更部分工程造价进行鉴定；2. 对工商学院指定的建材设备价格与七局建设公司投标价格之间的差额进行造价鉴定；3. 对钢材、水泥、商品砼及人工价格的涨浮部分进行造价鉴定；4. 对投标文件中的工程量与实际施工工程量之间的差额进行造价鉴定。工商学院亦向法庭提交了鉴定申请，要求对七局建设公司未施工完成的33项工程进行造价鉴定。

一审法院委托嘉通造价公司对七局建设公司申请的签证增减工程造价及材差和工商学院申请的未完工程造价进行了司法鉴定。

【争议焦点】

本案在合同固定总价基础上如何进行调整的问题?

【法院裁判】

一审法院吉林省长春市中级人民法院认为:关于案涉工程款数额。(1)合同(工程量清单)范围内的工程造价。七局建设公司与工商学院之间签订的施工合同和补充协议约定采用固定价格结算,合同固定总价为43868433元,因七局建设公司尚有工程未施工(包括人防门工程),经嘉通造价公司鉴定确认未施工工程造价为1623766元,故合同范围内七局建设公司已完工程造价为42244667元。(2)签证增加部分的工程造价。在案涉工程施工期间,出于更改设计等原因,工商学院工程负责人为七局建设公司开具了133份签证,增加了工程施工内容,工商学院应当给付七局建设公司该签证增加部分的工程价款。133份签证单虽然标注了增加工程的价格,但因七局建设公司与工商学院签订的施工合同补充协议第十一条明确约定"经甲方签证确认的增减工程量或设计变更涨幅,即增减的工程量按照《建设工程工程量清单计价规范》计算,增减的价款按照双方共同询价后的市场价或当地造价部门的市场信息价中较低的价格为准计价结算",因此对七局建设公司主张按照明显高于造价信息价的签证单记载价格结算该部分签证增加价款不予支持。故工商学院应当给付七局建设公司签证增加部分的工程款金额为11029283元。(3)材差调整部分的工程造价。七局建设公司与工商学院签订的《建设工程施工合同补充协议》第十一条约定,人工费及机械费发生市场及政府政策调整,建筑材料发生市场及政府政策调整,法律、法规、规章或有关政策出台导致工程税金、规费、人工发生变化,承包人根据自身技术水平、管理、经营状况能够控制的风险,工程量计算错误、招标文件中的工程量清单未列全的项目、招标时图纸设计深度不够造成的误差、漏报、误报的项目,合同固定总价不予调整。钢材、水泥、商品混凝土、人工(劳务)价格涨幅超过基准价格的5%,按照双方共同确认价格涨浮后的采购量及涨幅额度并结算涨浮价款后各自负担50%。价格涨浮尺度由双方共同做市场询价后共同确定,未书面通知对方,视为没有涨浮。甲方指定建材设备与乙方投标价格差额部分,结算时按实际差额互相找差。因此工商学院应当按照嘉通造价公司鉴定的数额给付七局建设公司"甲指乙供"部分材料的材差调整工程价款1370973元。对于"甲指乙供"材料之外的钢材、水泥、商品砼、人工（劳务）的涨浮价款，因上述合同条款约定的内容为“价格涨浮尺度由双方共同做市场询价后共同确定，未书面通知对方，视为没有涨浮”，而七局建设公司和工商学院既未在施工期间共同做市场询价，七局建设公司又未书面通知工商学院“甲指乙供”之外的材料和人工（劳务）的涨浮超过了5%，故对七局建设公司无权主张工商学院给予调整该部分材料和人工的价差。七局建设公司虽然主张其在工程完工后向工商学院报送的结算书中涵盖了此项内容，其向法院起诉主张工商学院给付材差调整价款视为其已经书面通知了工商学院，工商学院应当给予调整，但因补充协议第十一条第二款明确限定在“施工期间”出现该情况合同固定总价才允许调整，七局建设公司在工程完工交付后再告知工商学院存在涨幅超过5%的材差明显不符合合同约定，故七局建设公司主张工商学院给付此部分材差调整价款666909元不予支持。七局建设公司虽然还主张投标文件中清单工程量与实际不符，要求工商学院调整，但因补充协议上述条款已经明确约定“工程量计算错误、招标文件中的工程量清单未列全项目、招标时图纸设计深度不够造成的误差、漏报、误报项目”不予调整，故对七局建设公司的主张不予支持。综上，七局建设公司已施工完成的案涉工程总造价为54644923元，扣除尚未到返还期限的5%防水工程质保金84870.20元和双方共同确认的工商学院已付工程款43064439元，工商学院尚应给付七局建设公司的案涉工程款金额为11495613.80元。

二审法院吉林省高级人民法院针对工商学院上诉提出的七局建设公司合同内未施工部分认定：关于B10号签证吊顶做法变更未施工黑漆问题，该部分工程款为78198元，双方同意各自承担50%。七局建设公司承认女儿墙内保温未施工，同意扣除该项工程款24615元。外墙面砖减少工艺未施工轻钢龙骨和纤维水泥板材问题，双方均认可应扣除该部分工程款661443元。关于环氧砂耐磨地面工程，本院要求七局建设公司提供施工记录否则视为没有施工，七局建设公司对此表示同意，但在本院限定的期限内七局建设公司并没有提供施工记录，故本院对该项工程造价予以扣减，双方均同意该部分工程款为206654元。以上工程款经一审法院委托的鉴定机构计算，并经工商学院和七局建设公司共同确认，总计应扣减工程款数额为949616元。故本案涉案工程总造价应为53695307元。

【律师解析】

本案建设工程合同为固定总价合同，合同约定了固定总价包含的风险范围，包括人工费、机械费、建筑材料政策调整以及清单漏项等；也约定了相应的调整范围，包括设计变更增加的施工内容，合同内的钢材、水泥、商品砼、人工（劳务）等涨幅超过基准价格5%的调整，“甲指乙供”材料价差的调整等。

一审法院按照合同约定对本案固定总价进行了调整，调整的内容包括三个方面：一是合同内未施工部分的扣减。二是对合同内“甲指乙供”材料价差进行了调整。但是没有对合同约定的钢材、水泥、商品砼、人工（劳务）涨幅超过5%的部分进行调整，该部分涉及工程价款666909元，虽然合同约定该部分内容可以调整，但是一审法院认定七局建设公司未按照合同约定程序和期限向监理或工商学院主张，丧失了要求调整工程价款的权利。由于合同约定七局建设公司未在施工期间主张的，视为未涨浮。因而对于承包人而言，在工程施工中要加强工程合同的管理，对于工程中约定的索赔内容要及时向发包人主张，即使未得到发包人的认可，也可以在诉讼中主张权利，而不会丧失相应的权利。一审法院对于实际施工内容与工程量清单不符，即清单漏项部分的工程造价，不予调整，因为合同有明确的约定，这部分属于承包人的风险范围，是作为有经验的承包商在订立合同时应预料到的风险，因而承包人应自行承担。三是一审法院对合同外设计变更签证增加的工程施工造价进行了相应调整。对该部分调整，是因合同和补充协议对此有明确的约定，即使合同未对此有明确约定，也应该进行调整，因为固定总价合同只包括合同范围内的施工内容，不包括合同外增加的施工内容。所以无论合同是否有约定，均应进行调整。问题是，对于合同外设计变更增加的内容，承包人必须有证据证明，工程签证或工程联系单是最常见的证明材料，如果没有此证据，其他能够证明实际进行施工的材料，也能得到法院的支持，比如监理会纪要、设计变更通知单、经监理批准的施工设计方案等。这要求承包人在施工中及时向监理人或发包人提交签证申请，或者保留其他的施工凭据，以保护自己的利益。

（二）固定总价建设工程合同解除工程价款结算问题

固定总价建设工程合同未履行完毕而解除的，如双方明确约定了合同解除时工程价款的结算方式，应按照合同约定进行结算。如双方未明确约定合同解除时工程价款的结算方式，如何结算工程价款？司法实践中存在不同的观点。

第一种观点，比例法，即按照一定的计价标准计算出全部工程和已完工程的造价，并计算出已完工程造价占全部工程造价的比例，用该比例乘以合同约定的固定总价，进而计算出已完工程的造价。如《北京市高级人民法院关于审理建设工程施工合同纠纷案件若干疑难问题的解答》规定："固定总价合同履行中，承包人未完成工程施工的，工程价款如何确定？建设工程施工合同约定工程价款实行固定总价结算，承包人未完成工程施工，其要求发包人支付工程款，经审查承包人已施工的工程质量合格的，可以采用'按比例折算'的方式，即由鉴定机构在相应同一取费标准下分别计算出已完工程部分的价款和整个合同约定工程的总价款，两者对比计算出相应系数，再用合同约定的固定价乘以该系数确定发包人应付的工程款……"

第二种观点：直接采用工程所在地的定额计算出已完工程造价。该观点认为，采用固定总价的建设工程合同，建设工程各个组成部分的造价并不是平均比例分配，会存在不均衡的造价，已完工程和整个工程的造价往往很难形成比例。比如，工程施工一般包括土建和装修两部分内容，土建部分和装修部分的工程造价就不均衡，很难形成比例。尤其是对于工程总承包合同，包括勘查、设计、采购、施工等内容，各部分的造价更无法形成比例，无法按照比例计算已完工程的造价。所以，双方对合同解除工程价款结算没有明确约定的，应该按照定额对已完工程进行计价。法律依据是《民法典》第五百一十一条第一款第二项的规定："价款或者报酬不明确的，按照订立合同时履行地的市场价格履行；依法应当执行政府定价或者政府指导价的，依照规定履行"以及《建设工程施工合同司法解释（一）》第十九条的规定："当事人对建设工程的计价标准或者计价方法有约定的，按照约定结算工程价款。因设计变更导致建设工程的工程量或者质量标准发生变化，当事人对该部分工程价款不能协商一致的，可以参照签订建设工程施工合同时当地建设行政主管部门发布的计价方法或者计价标准结算工程价款……"定额计价是政府发布的指导价格，反映了当地市场的基本价格标准，因而在合同双方对合同解除后的工程价款结算方式没有明确约定时，可以参照建设行政主管部门的定额计价标准和计价方式对已完工程进行结算。

笔者认为，固定总价合同解除的，一般应采用“比例法”对已完工程进行结算。理由是：第一，应尊重合同当事人对固定总价的约定，完全采用定额计价法，违背当事人签订合同的本意，与民法意思自治的基本原则相冲突；第二，在当事人对未完工程采用定额计价未达成协商一致的情形下，司法强行采用定额计价介入当事人之间的民事纠纷，也有违民法的自愿原则，很容易造成一方的不公平。所以应该在尊重当事人签订合同本意的基础上确定已完工程的造价，即使造成一定的不公平，也是在当事人合同约定的基础上形成的，而不是司法强行干预的结果。

另外需要引起注意的是，固定总价合同解除时，对于已完全投入的措施项目费用的分摊和认定也是司法实践中容易出现争议的问题，主要包括临时设施费和安全文明施工费。笔者认为，应该根据合同解除的原因进行认定，如果是发包人原因造成合同解除的，已经投入的临时设施费和安全文明施工费应全部补偿承包人，而不是按已完工程的比例分摊，否则未完工程分摊的临时设施费和安全文明施工费将造成承包人的损失，明显对守约方不公。如果是承包人原因解除合同的，应该按照已完工程和未完工程的比例分摊已投入的临时设施费和安全文明施工费，未完工程分摊的临时设施费和安全文明施工费损失由承包人承担，这样才能保护守约一方的利益。

典型案例解析

案例 7.2　固定总价合同解除如何结算的问题

——河北某房产公司与某建筑公司建设工程施工合同纠纷案

【案例来源】

（2020）最高法民终 871 号

【基本案情】

2013 年 7 月 21 日，某建筑公司和河北某房产公司签订《北方嘉园一期工程建设工程施工合同》，由某建筑公司承建河北某房产公司开发的北方嘉园一期项目，工程内容为北方嘉园 1—6#住宅楼。2014 年 12 月 10 日，某建筑公司和河北某房产公司签订《北方嘉园二期项目建设工程施工合同》，工程内容为北方嘉园7—10#楼，工程价款约定为固定合同总价。上述合同签订后，某建筑公司进场施工。

2015年3月12日，某建筑公司和河北某房产公司签订北方嘉园1—6#楼及地下车库《补充协议》，载明：某建筑公司严重延误工期致使工程继续延误，经双方约定，以下工程项目不再执行原合同……2015年6月4日北方嘉园项目一期会议纪要载明：原定于2014年11月30日交房，某建筑公司严重延误交房至今；按合同应于2014年9月24日完工，工期延误，严重合同违约；于2015年2月至今，乙方某建筑公司施工现场空无一人，无技术人员、管理人员、负责人、资料员、财务人员、造价员、安全管理员、材料管理员。该会议纪要上有某建筑公司河北分公司负责人、某建筑公司北方嘉园一期项目负责人、河北某房产公司负责人、河北环渤工程建设监理有限公司等人员签字。2015年3月15日，某建筑公司和河北某房产公司签订《北方嘉园7—10#楼工程补充协议》。2015年10月5日，施工单位、建设单位和监理单位就截至2015年9月30日北方嘉园二期工程形象进度进行了确认。2015年11月11日，河北某房产公司向某建筑公司发出解除合同通知函。

本案诉讼工程中，一审法院委托汉丰公司对北方嘉园7—10#住宅楼及二期地下车库进行工程造价鉴定，该公司出具了北方嘉园二期项目《工程造价鉴定意见书（征求意见稿)》《工程造价鉴定意见书》《工程造价鉴定意见书的更正及说明》，并对某建筑公司和河北某房产公司异议均作出了书面答复，鉴定人员亦出庭接受了质询。

【争议焦点】

二期住宅楼工程未完工，固定总价合同如何结算？

【法院裁判】

一审法院河北省高级人民法院认为：关于北方嘉园二期项目工程造价，诉讼过程中，某建筑公司和河北某房产公司均申请对北方嘉园二期工程造价进行鉴定。一审法院委托汉丰公司对北方嘉园二期工程进行造价鉴定。汉丰公司出具北方嘉园二期项目《工程造价鉴定意见书》，鉴定结论为：1. 北方嘉园二期项目7—10#楼工程造价，若采用“按比例折算”的鉴定方法计算，为23663516.92元；若采用施工期适用的河北省计价依据计算，则为29850122.33元。2. 北方嘉园二期项目地下车库工程造价为13652095.76元。

对于北方嘉园二期工程7—10#楼工程造价，某建筑公司认为应采用施工期适用的河北省计价依据计算，河北某房产公司认为应采用“按比例折算”的鉴定方法计算。由于双方合同约定的是固定总价，北方嘉园二期项目为未完工程，固定总价合同中未完工程的造价计算原则应采用比例折算法，即以合同约定的固定价为基础，根据已完工工程占合同约定施工范围的比例计算工程款。某建筑公司主张以定额标准作为造价鉴定依据，一审法院不予支持。故北方嘉园二期工程7－10#楼工程造价应为23663516.92元。由于双方未签订北方嘉园二期车库工程的施工合同，未对车库工程的结算方法进行约定，汉丰公司采用施工期河北省计价依据计算已完部分的工程价款符合计价规范及法律规定。

某建筑公司认可一审法院认定的比例折算法，对此没有提起上诉，二审法院最高人民法院未再对此问题进行审理。

【律师解析】

本案北方嘉园二期工程合同价格为固定总价，二期工程未完工，如何确定已完工程的造价，当事人双方产生争议，发包人要求按照比例折算，承包人要求按照河北省定额计价。鉴定机构就两种不同的计价方式做出两种工程造价，两者相差600多万元，差距比较大，对当事人的利益有重大影响。

一审法院采取了比例折算法，比例折算法更能反映当事人签订合同时的本来意愿，对当事人双方相对公平合理，也避免了司法对民事法律行为的过分干预，比例折算法也容易得到当事人的认可。本案中承包人某建筑公司虽然主张定额结算，不同意比例折算法，但是也最终接受了一审法院的认定，没有提起上诉。

律师提示，固定总价合同解除后适用比例折算法计算已完工程的造价，需要对已完工程和未完工程的界面有明确的区分，只有已完工程和未完工程的工程量计量准确，才能形成相对客观准确的比例，否则，很难形成客观准确的比例，最终形成的已完工程造价就会偏离比较多，对一方不公平。本案中，承包人和发包人在合同解除前对截至2015年9月30日北方嘉园二期工程形象进度进行了确认，避免了更多的争议，为适用比例折算法奠定了良好的基础条件，有利于确定已完工程的最终造价。

二、发包人与分包人、实际施工人的工程款结算与支付问题

1. “背靠背”结算支付条款的效力问题

建设工程分包合同和转包合同里有时会约定“背靠背”支付条款，即约定承包人或转包人在收到发包人支付的工程款后再向分包人或转包承包人支付工程款。一般是总承包人与分包人、专业承包人与劳务分包人、转包人与转包承包人之间签订，有时也会有三方主体签订，三方主体可能是发包人、总承包人和分包人，也可能是总承包人、专业承包人和劳务分包人。

“背靠背”条款一般包含两层意思：第一层意思是承包人、转包人向分包人、转包承包人付款的前提是发包人向承包人、转包人付款，且承包人、转包人付款进度与发包人付款进度同步；第二层意思是发包人迟延付款或者未付款，承包人、转包人的付款可以相应延期或者拒绝付款。

对于“背靠背”条款的法律性质，司法实践中一般倾向于认为其属于附条件的合同条款。针对具体的法律适用，我们区分合法的分包合同以及转包合同和违法分包合同进行分析。

首先，合法的分包合同约定的“背靠背”条款，对双方具有法律约束力，属于附条件的合同条款，双方应该遵守。但是承包人故意拖延结算或者怠于行使对发包人的到期工程款债权的，属于承包人不正当阻止条件的成就，视为条件已经成就，分包人有权要求承包人支付到期的工程价款。

其次，转包合同和违法分包合同属于无效的合同，其约定的“背靠背”条款自然无效。同时违法分包合同的承包人和转包合同的承包人属于实际施工人，其有权依据《建设工程施工合同司法解释（一）》第四十三条的规定直接起诉发包人，主张工程价款，所以“背靠背”条款对于违法分包合同和转包合同的承包人不具有法律约束力。

2. 以承包人与发包人的结算结果作为承包人与实际施工人结算依据条款的效力

承包人往往在转包和违法分包合同中与实际施工人约定，以其与发包人的结算结果作为双方结算的依据。该条款是承包人与实际施工人对工程价款结算方式的约定，同时也直接影响实际施工人工程款的支付时间，因为结算结果不

确定，付款时间也不确定。虽然转包合同和违法分包合同均属于无效，但是该条款属于合同结算方式条款。同时《民法典》第七百九十三条第一款规定："建设工程施工合同无效，但是建设工程经验收合格的，可以参照合同关于工程价款的约定折价补偿承包人。"依照该条法律规定，建设工程合同即使无效，合同关于工程价款的约定一般要进行参照适用，所以虽然转包合同和违法分包合同均属于无效，但是合同中关于工程价款结算的条款应予参照适用，对双方具有约束力，同时也不违背双方的真实意愿。

但是，如果承包人和发包人之间恶意串通，通过结算损害实际施工人的合法权益的，属于承包人和发包人共同侵权行为，应该对由此造成的实际施工人的损失进行赔偿；承包人在工程竣工验收后故意拖延与发包人结算的，属于承包人恶意阻止其与实际施工人结算条件的实现，实际施工人有权要求与承包人单独结算，具体结算方式首先应参照承包人与实际施工人的合同约定，如承包人与实际施工人对结算方式没有约定或约定不明，可以参照承包人与发包人的约定，也可以参照工程施工地建设行政主管部门发布的工程计价标准和计价方式。

3. 发包人未经承包人同意向分包人或实际施工人支付工程款的问题

发包人是否可以未经承包人同意向分包人或实际施工人支付工程款，在司法实践中，各地法院持不同的观点：

第一种观点持部分肯定说，仅支持发包人向实际施工人直接支付工程款，不支持发包人向分包人直接支付工程款。

《江苏省高级人民法院关于审理建设工程施工合同纠纷案件若干问题的意见》（已失效）第十四条规定："承包人根据建设工程施工合同要求发包人支付工程款，发包人要求对已经向实际施工人支付的部分进行抵扣的，人民法院应予支持，但承包人有证据证明发包人与实际施工人恶意串通的除外。"江苏省高级人民法院支持发包人向实际施工人支付的工程款可以在承包人的工程款中进行抵扣；但是对于发包人未经承包人同意向分包人支付工程款的，是否可以在承包人的工程款中进行抵扣，未作规定。

第二种观点持否定说，但是有例外情况。

《北京市高级人民法院关于审理建设工程施工合同纠纷案件若干疑难问题的解答》第二十一条规定："发包人主张将其已向合法分包人、实际施工人支付的工程款予以抵扣的，如何处理？承包人依据建设工程施工合同要求发包人支付工程款，发包人主张将其已向合法分包人、实际施工人支付的工程款予以抵扣的，不予支持，但当事人另有约定、生效判决、仲裁裁决予以确认或发包人有证据证明其有正当理由向合法分包人、实际施工人支付的除外。”

对北京市高级人民法院规定的几种例外情形，当事人另有约定的，很好理解，也不易产生争议；生效判决和仲裁裁决的情形，作为已经被生效裁判认定的事实，依据《最高人民法院关于民事诉讼证据的若干规定》（法释〔2019〕19号）第十条“下列事实，当事人无须举证证明：……（五）已为仲裁机构的生效裁决所确认的事实；（六）已为人民法院发生法律效力的裁判所确认的基本事实……”，法院也可以进行认定；至于发包人有证据证明其有正当理由的情形，需要司法实践中进一步明确，比如承包人未按期向分包人或实际施工人支付工程价款导致建筑工人闹事，发包人被迫垫付部分工资，或者在政府等相应机构的协调下先行向分包人或实际施工人支付部分工程款以解决农民工工资等情形。

笔者认为，工程款的结算和支付应当在合同相对人之间进行，理应严格遵循合同的相对性原则，除法律有明确规定的外，不能突破合同的相对性，否则会造成工程款结算和支付的混乱，更容易产生工程款结算与支付的争议，而且会给发包人、承包人、分包人以及实际施工人之间相互串通损害另一方的利益留下漏洞。因而，对于合法的分包人，除发包人和承包人在合同中有明确约定或者经过承包人确认并同意的，发包人不能直接向分包人支付工程款，否则由发包人承担由此可能重复支付工程款的法律后果。

对于转包、违法分包和挂靠的实际施工人而言，笔者认为，在以下情形中，发包人可以直接向实际施工人支付工程款，且发包人支付的工程款未超过实际施工人应得的工程款，可以在承包人的工程款中进行抵扣：第一，发包人经过承包人同意和确认的；第二，发包人、承包人和实际施工人三方均明知存在转包、违法分包或者挂靠的，且承包人明知发包人已经向实际施工人支付工程款而未提出异议的；第三，实际施工人根据《建设工程施工合同司法解释（一）》第四十三条的规定提起诉讼并经法院判决生效的；第四，非发包人自身原因向实际施工人支付工程款的，如发包人出于政府协调等原因向实际施工人支付农民工工资的，或者因承包人存在过错发包人向实际施工人支付工程款的。

除以上情形外，发包人不能直接向实际施工人支付工程款，否则发包人应该承担相应的法律后果。因而笔者提醒发包人不能随意向分包人或实际施工人直接支付工程款，在支付前最好和承包人确认，否则可能要承担不利的法律后果。

典型案例解析

案例 7.3　"背靠背"合同条款的效力和适用

——山东某集团公司与钢结构公司建设工程分包合同纠纷案

【案例来源】

（2019）津民终 128 号、（2020）最高法民申 351 号

【基本案情】

2016 年 8 月，山东某集团公司与泰富公司签订《建设工程总承包合同》，工程内容为：某制造基地项目。2016 年 9 月 29 日，钢结构公司与山东某集团公司签订了两份《建设工程分包合同》，合同约定：山东某集团公司将某制造基地项目制造中心一、二区钢结构工程分包给钢结构公司进行施工，工程总造价暂计 3.3 亿元，最终以实际结算价格为准，工程款支付方式为"分包人每月 25 日前向承包人提交已完成工程量报价表两份，按业主方审计认可的施工现场完成产值，承包人在收到业主方实际付款后 5 个工作日内同比例给予支付工程进度款"，工期自 2016 年 10 月 20 日起到 2017 年 7 月 30 日止。合同签订后，钢结构公司按照约定开工，山东某集团公司未按约定付款。

2017 年 11 月 17 日，山东某集团公司起诉泰富公司，要求解除双方合同，支付剩余工程款及利息，返还保证金并支付财务费用等主张。2018 年 1 月，山东某集团公司与泰富公司经天津市高级人民法院（2018）津民初 11 号调解书确定：1. 泰富公司向山东某集团公司返还履约保证金 3.2 亿元，并以此为基数按年利率 8% 计算的财务费用，于调解书生效后 5 日内返还 5000 万元，2018 年 2 月 10 日前返还 1.5 亿元，同年 3 月 31 日前返还 1.2 亿元并支付财务费用 4520 万元，逾期支付的，按照月利率 2% 计算违约金，直至付清全部款项为止；2. 山东某集团公司与泰富公司确认，已完成工程产值为 4.04922659 亿元

（含生产厂家的钢结构成品构件、半成品构件及散件等），建设单位已付2.02427亿元，欠付2.02495659亿元，于2018年2月5日前支付3000万元，同年4月30日前支付1亿元，于同年5月30日前支付0.72495659亿元，逾期支付的，按月利率2%计算违约金，直至付清全部款项为止；3. 山东某集团公司与泰富公司确认，山东某集团公司产生的临建设施和停工费用共计4500万元，于2018年4月30日前全部付清，逾期支付的，按月利率2%计算违约金，直至付清全部款项为止。签署调解书后，泰富公司依约自动履行了5000万元履约保证金及后续2000万元款项。现上述案件在执行阶段。

2018年7月20日，钢结构公司与山东某集团公司达成《工程结算及付款协议》，协议约定，双方在对已安装及未安装钢结构进行结算和下浮后，确定的结算价为49375900元，山东某集团公司在此之外无须支付给钢结构公司任何费用，若山东某集团公司与建设单位的执行结算金额减少，则双方结算金额同比例下调，下调比例最多不超过10%。在该协议签订前，山东某集团公司已支付给钢结构公司730万元。工程款支付方式为“乙方（原告）同意按照甲方（被告）收到业主方工程款同比例的付款作为甲方向乙方付款的条件，在甲方没有收到业主方工程款的情况下，乙方不向甲方提出付款要求。甲方自收到业主方执行工程款一周内，支付乙方工程款”。

2018年8月6日，钢结构公司向山东某集团公司发出《联系函》，主张目前建设单位已支付给山东某集团公司工程款约2.7亿元，付款比例约为70%，要求山东某集团公司按照此比例向钢结构公司付款。同月10日，山东某集团公司回函，主张自2018年7月20日后未收到建设单位工程款，未达成付款条件，不同意向钢结构公司付款。钢结构公司向法院起诉请求：判令山东某集团公司支付工程款及利息。

【争议焦点】

分包合同工程款的付款条件是否成就以及付款比例如何确定？

【法院裁判】

一审法院天津市第二中级人民法院认为：双方当事人之间签署结算及付款协议，对于结算金额无异议，但对于何时支付以及支付比例存在不同理解。对此，一审法院综合考虑如下因素：1. 对于“比例”的理解问题，根据双方在原施工合同中亦存在“同比例”的约定，应以相同解释为原则，那么结算及付款协议中的“比例”应认定为泰富公司向山东某集团公司支付的工程款比例为宜。山东某集团公司所称系执行到位款项与全部执行款项之比例，解释有违常理，有悖诚信，不予采信。2. 虽然约定了“同比例”，但考虑到泰富公司与山东某集团公司之间的承包合同以及调解书中约定了除工程款外的保证金及财务费用等金额，加之调解案件并未实际自动履行，已经进入执行阶段，造成后续付款的性质无法确认，进而工程款“比例”无法确认。现有证据亦无法证明在案涉结算及付款协议签署时，钢结构公司知晓泰富公司与山东某集团公司之间存在保证金返还及财务费用的问题。泰富公司与山东某集团公司调解书签订后，仅自动履行给付7000万元，案件即进入执行阶段。3. 另案调解书中，包含保证金返还、财务费用以及工程款，但付款时间存在差异，后期给付中，保证金给付、财务费用部分相对靠前，工程款给付相对靠后。该约定势必影响钢结构公司的利益。4. 案涉工程已经停滞一年有余，钢结构公司已生产构件数量（安装完和制作完）5000吨，参考原材料钢材市场价格计算钢结构公司实际原材料支出，与山东某集团公司实际付款730万元相比，存在较大差距。5. 案涉工程目前停滞，但钢结构施工尚未完成，仍有继续施工的可能。6. 泰富公司与山东某集团公司在调解中，确认总工程款4.04922659亿元，其中含生产厂家的钢结构成品构件、半成品构件及散件等，尚欠付2.02495659亿元。约定了付款的期限，并没有提出验货检验等付款条件。综合上述因素，本案若单纯考察付款“同比例”有失公允，应从双方结算付款协议的订立本意出发，考虑建筑行业的惯例，参考泰富公司与山东某集团公司签署的调解书所反映的事实，结合本案实际，平衡各方利益，酌定山东某集团公司应再向钢结构公司支付工程款2500万元，并自起诉日2018年10月9日起，以欠付工程款金额为基数，以中国人民银行公布的同期银行贷款利率的1.5倍为利息标准，支付逾期付款利息。

二审法院天津市高级人民法院认为：关于工程款的给付问题，钢结构公司与山东某集团公司在《工程结算及付款协议》中，对涉案工程的总价款作出约定，双方对于结算金额并无异议。山东某集团公司上诉称钢结构公司在签署该工程结算及付款协议时已知晓山东某集团公司与泰富公司的另案调解书内容，因此《工程结算及付款协议》中约定的“同比例”，应为山东某集团公司实收另案执行工程款占执行程序中确定的总工程款之比例，对此本院分析如下。首先，钢结构公司并非山东某集团公司与泰富公司另案纠纷的当事人，山东某集团公司并无证据证明其与钢结构公司在签订《工程结算及付款协议》时，已将另案调解书内容告知钢结构公司。其次，山东某集团公司认为《工程结算及付款协议》第二条约定“甲方自收到业主方执行工程款一周内，支付乙方工程款”中的“执行工程款”即属于另案的执行款项，协议中的“同比例”也即实收执行工程款与全部执行款之比例。经查，《工程结算及付款协议》中多次使用“执行”一词，双方均认可结合上下文文义，其中部分“执行”用词应解释为“履行合同”。在《工程结算及付款协议》中并未明确指明“执行”即为“法院强制执行”时，山东某集团公司对协议中“同比例”的解释并无依据。最后，原审法院在《工程结算及付款协议》约定的基础上，结合本案在案证据，综合考虑山东某集团公司与泰富公司的付款情况、涉案工程的实际履行情况及钢结构公司已发生的实际支出情况，酌定由山东某集团公司支付工程款2500万元，尚欠其他款项可待新事实或新情况发生后另行解决，该酌定方式并无明显不当。

【律师解析】

关于本案分包合同工程价款的支付问题，承包人和分包人在《建设工程分包合同》和《工程结算及付款协议》均约定了“同比例”支付，即按照承包人收到业主单位支付工程款的比例支付分包人工程价款。法院认可该约定有效，对合同当事人具有法律约束力。

本案存在特殊情形，即承包人和业主单位是通过法院调解确定工程价款以及付款进度的。工程价款除包括工程款外，还包括履约保证金和财务利息费用。而承包人和分包人对工程款已经支付的比例理解不同，承包人主张是实收执行款占全部执行款的比例，分包人主张是已经支付的工程款占全部工程结算价款的比例。显然分包人的理解符合当事人的本意，法院不支持承包人的主张，但是也未严格按照约定的比例认定承包人应支付分包人的工程款，而是考虑各种因素，综合酌定工程款2500万元。

按照分包人的理解，承包人完成的工程价款为4.04922659亿元，发包人已经支付的工程价款为2.02427亿元，如执行中的2000万元也认定为工程价款，共计支付2.22427亿元，占全部工程价款的比例为54.93%。分包人工程结算价款为49375900元，按照54.93%的比例应支付2712.22万元，已经支付730

万元，尚需支付1982.22万元。而法院最终确定的工程价款数额为2500万元，相差500多万元，可看出法院是酌情考虑了分包人的实际完成施工情况等各种因素作出相对公平合理的认定。

律师提示，本案当事人之所以对比例的理解产生争议，主要是由于合同约定内容不明确，对《工程结算及补充协议》中“执行”一词的理解存在分歧。为了避免争议，也为了保护各自的利益，在签订有关协议时，一定要做出明确的约定，将合同当事人的本意表达明白，不要出现有争议的表述和语句。

三、工程款逾期支付的利息和违约金问题

（一）关于工程款逾期支付的利息

1. 工程款利息起算之日的问题

关于工程款的利息起算之日，《建设工程施工合同司法解释（一）》第二十七条规定：“利息从应付工程价款之日开始计付。当事人对付款时间没有约定或者约定不明的，下列时间视为应付款时间：（一）建设工程已实际交付的，为交付之日；（二）建设工程没有交付的，为提交竣工结算文件之日；（三）建设工程未交付，工程价款也未结算的，为当事人起诉之日。”

理解以上规定应注意以下问题：首先，以建设工程是否交付两种情形判断应付款时间。建设工程已经实际交付的，无论建设工程是经过竣工验收后交付发包人，还是未经过竣工验收交付发包人，也无论承包人是否向发包人提交竣工结算文件，建设工程实际交付之日是发包人应付工程价款之日，也是利息起算之日。《建设工程施工合同司法解释（一）》第九条第三项规定：“建设工程未经竣工验收，发包人擅自使用的，以转移占有建设工程之日为竣工日期。”所以建设工程未经竣工验收发包人擅自占用的，视为竣工验收合格，发包人负有向承包人支付工程款的义务。

其次，建设工程未交付的，又分两种情形：第一种情形是承包人已经向发包人提交了竣工结算文件，承包人提交竣工结算文件之日是发包人应支付工程价款之日，利息同时起算，而不是发包人和承包人完成竣工结算之日。但是需要注意的是，在这种情形下，应当是建设工程已经竣工验收合格，如果建设工

程未竣工验收合格，承包人即使提交了竣工结算文件，也不能认定为发包人应支付工程价款，因为建设工程未经竣工验收合格，承包人尚不具备向发包人主张竣工结算的权利。那么，如果承包人先提交了竣工结算文件，后将建设工程交付发包人，以哪个时间作为发包人应支付工程价款的时间呢？还应以承包人提交竣工结算文件之日作为应支付工程价款之日，而不是以实际交付建设工程之日作为应支付工程价款之日。第二种情形是建设工程未交付，工程价款也未结算的，为当事人起诉之日。这里的未结算，不是指发包人和承包人未完成结算，而是指承包人未提交竣工结算文件，如果承包人提交了竣工结算文件，虽然未完成结算，仍应以承包人提交竣工结算文件之日作为工程价款应支付之日，而不是起诉之日。因而，如果建设工程已经竣工验收合格，而未实际交付发包人，承包人应尽快提交竣工结算文件，促使发包人支付工程价款的条件成就，以维护自己的合法权益。

实践中，我们还应注意以下两个问题：

第一，对于工程进度款是否支付利息以及利息起算之日问题，最高人民法院没有明确规定。发包人逾期支付工程进度款也会给承包人造成损失，利息是工程进度款的法定孳息损失，所以发包人逾期支付工程进度款的，也应该支付利息。建设工程合同一般会约定工程进度款的支付时间，所以利息起算之日应为合同约定的工程进度款支付之日。

第二，建设工程实践中，合同往往约定工程结算款支付之日为双方完成工程结算之日或其后的一段时间，而发包人又借此故意拖延工程结算时间。如依据合同约定，工程结算没有完成，工程价款支付之日尚无法确定，相应工程价款利息也无法起算，对承包人极为不利。

为了保护承包人的利益，惩罚发包人的故意违约行为，很多地方法院均规定，如果发包人在工程审核结算期内无正当理由拒绝结算或者故意拖延结算，应从审核结算期满的次日计算工程结算款的利息。

《江苏省高级人民法院关于审理建设工程施工合同纠纷案件若干问题的意见》（已失效）第十五条规定："发包人应及时审查承包人提交的工程竣工结算文件。发包人在合同约定的审核结算期限届满后，又以承包人提交的竣工结算文件不完整为由拒绝结算，承包人要求从合同约定的审核结算期限届满之日起计算工程价款利息的，人民法院应予支持。"

这里承包人要注意：首先，建设工程合同中应明确约定发包人的工程结算审核期限；如果没有明确约定审核期限，发包人故意拖延结算，承包人只能提起诉讼主张工程结算款和利息。其次，承包人要及时向发包人提交工程竣工结算文件，并保留向发包人提交的证据。

2. 工程款利息的利率确定问题

《建设工程施工合同司法解释（一）》第二十六条规定："当事人对欠付工程价款利息计付标准有约定的，按照约定处理。没有约定的，按照同期同类贷款利率或者同期贷款市场报价利率计息。"

首先，当事人对欠付工程价款利息计付标准有约定的，按照约定，但是不得超过建设工程合同成立时一年期贷款市场报价利率的四倍，否则，超过的部分法院应不予支持。法律参照依据是《最高人民法院关于审理民间借贷案件适用法律若干问题的规定》（法释〔2020〕17 号）第二十五条第一款的规定："出借人请求借款人按照合同约定利率支付利息的，人民法院应予支持，但是双方约定的利率超过合同成立时一年期贷款市场报价利率四倍的除外。"

其次，2019 年 8 月 16 日，中国人民银行发布《关于中国人民银行决定改革完善贷款市场报价利率（LPR）形成机制的公告》，自 2019 年 8 月 20 日起，中国人民银行授权全国银行间同业拆借中心于每月 20 日（遇节假日顺延）9 时 30 分公布贷款市场报价利率，人民银行不再发布贷款利率。所以，当事人没有约定利率的，2019 年 8 月 19 日前应支付的工程价款，应该按照同期同类贷款利率计算利息；2019 年 8 月 20 日以后应支付的工程价款应按照贷款市场报价利率计算利息。贷款市场报价利率目前有一年期和五年期，是按照一年期还是五年期利率要根据工程价款利息起算时间决定。

（二）承包人向发包人同时主张逾期支付工程款的利息和违约金的问题

分以下三种情形进行阐述：

第一种情形，合同双方就欠付工程款仅约定利息，未约定违约金的，当事人只能主张利息，不能主张违约金，因为违约金是违约责任的承担方式之一，只有在双方有明确约定的情形下才能适用，既然没有约定违约金，自然不适用。

第二种情形，合同双方就欠付工程款既没有约定违约金，也没有约定利息的，当事人可以主张利息，不能主张违约金。在当事人没有约定欠付工程款的利息时，当事人仍有权主张利息，法律依据是《建设工程施工合同司法解释（一）》第二十六条的规定。因为利息作为工程价款的法定孳息，即使没有约定，也属于当事人的法定损失，应该予以赔偿。如果没有约定违约金，当事人无权主张违约金，原因同上。

第三种情形，合同就欠付工程款既约定了违约金，又同时约定利息的；或者合同双方仅仅约定了违约金，没有约定利息的；当事人是否有权同时主张违约金和利息。

因为利息作为工程价款的法定孳息，属于当事人的法定损失，无论是否约定，当事人均有权主张，所以如当事人约定了欠付工程款的违约金，无论是否约定利息，是否可以同时主张违约金和利息损失，仍然为司法实践中争议较大的问题，对此，主要有两种不同的观点：

第一种观点，违约金和利息同时适用不违反法律规定，因为利息属于法定孳息损失，违约金是合同双方的约定，产生的法律基础不同，二者的请求权基础不同，因而可以同时适用。北京市高级人民法院基本持该观点，其在《关于审理建设工程施工合同纠纷案件若干疑难问题的解答》第三十六条规定："承包人同时主张逾期支付工程款的违约金和利息的，如何处理？建设工程施工合同明确约定发包人逾期支付工程款，承包人可以同时主张逾期付款违约金和利息的，依照其约定，发包人主张合同约定的违约金和利息之和过分高于实际损失请求予以适当减少的，按照《最高人民法院关于适用〈中华人民共和国合同法〉若干问题的解释（二）》第二十九条①的规定处理；没有约定或约定不明的，对承包人的主张，一般不应同时支持，但承包人有证据证明合同约定的违约金或利息单独不足以弥补其实际损失的除外。"

第二种观点，违约金和利息不能同时适用，只能选择适用其一。因为利息和违约金均属于违约责任的承担方式之一，均为赔偿合同一方的损失。《民法典》第五百八十四条规定："当事人一方不履行合同义务或者履行合同义务不符合约定，造成对方损失的，损失赔偿额应当相当于因违约所造成的损失，包括合同履行后可以获得的利益；但是，不得超过违约一方订立合同时预见到或

① 与本条相对应的条文是《民法典》第五百八十五条，内容有修订。

者应当预见到的因违约可能造成的损失。”因而《民法典》规定的违约损失赔偿责任属于补偿性质，以赔偿守约方的实际损失为基本原则。利息属于承包人工程价款的法定孳息损失，违约金也属于赔偿承包人工程价款的损失，所以二者不能同时适用，否则有违公平。

《浙江省高级人民法院民事审判第一庭关于审理建设工程施工合同纠纷案件若干疑难问题的解答》第二十一条规定：“承包人能否一并请求逾期支付工程款的违约金和利息？承包人不能按照建设工程施工合同的约定，既请求发包人承担逾期支付工程款的违约金，又同时请求支付相应利息。”

笔者认为，如合同双方明确约定了欠付工程款的违约金，无论是否又约定了欠付工程款的利息，当事人均应有权同时主张违约金和利息。因为并没有法律明确禁止同时主张利息和违约金，同时《民法典》规定的违约金除了补偿性质之外，也有惩罚的性质。如果承包人只能主张利息或者违约金之一，可能会造成承包人的实际损失无法得到赔偿的后果，更无法惩罚发包人逾期支付工程价款的违约行为，明显对承包人不公平。但是，如果违约金和利息过分高于承包人实际损失，发包人有权要求法院进行调整，但是发包人应该承担举证责任。是否过分高于承包人的实际损失，可以违约金和利息之和是否高于承包人实际损失的30%作为参照标准。

典型案例解析

案例7.4 工程款逾期支付的利息和违约金是否可同时主张的问题

——葛某与浙江某建筑公司建设工程分包合同纠纷案

【案例来源】

（2020）最高法民终1165号

【基本案情】

2012年6月，瑞昌公司作为招标人，九江市建设监理有限公司为招标代理机构，就江西省瑞昌市大唐新区建设三个活动中心项目工程进行公开招标，浙江某建筑公司中标。其后，瑞昌公司向浙江某建筑公司发出中标通知书，明确由浙江某建筑公司中标承建上述大唐新区三个活动中心项目。

2012年7月28日，瑞昌公司作为发包人、浙江某建筑公司作为承包人签订《施工合同》。2012年11月26日，浙江某建筑公司大唐新区项目部作为甲方、葛某作为乙方签订《经营责任书》。双方约定：浙江某建筑公司委派葛某作为三个活动中心项目的经营负责人对工程实施经营承包；合同造价约1亿元（最终以审定决算为准）。经营负责人（乙方）应上交公司利润为工程总造价的5.1%，建筑营业税费及有关部门行业规费由甲方代扣代交，其他相关费用由乙方自行承担并交纳。

浙江某建筑公司大唐新区项目部与葛某订立《经营责任书》后，葛某组织施工班组进场施工。2015年8月30日，案涉工程竣工。2015年11月18日，案涉工程通过竣工验收备案。2015年11月24日，浙江某建筑公司大唐新区项目部正式向瑞昌公司和实际使用人瑞昌市大唐新区管委会移交案涉工程。

2016年7月7日，浙江某建筑公司大唐新区项目部致函葛某，因三个活动中心项目竣工交付给业主已近一年，但项目部至今未收到本项目正式结算报告，因此要求葛某在2016年7月20日之前将三个活动中心项目正式结算报告送达浙江某建筑公司大唐新区项目部，逾期不送达则由葛某承担本工程结算延迟的全部责任。葛某于2016年7月15日在通知接收人一栏中签字确认。其后，浙江某建筑公司出具收条一份并加盖印章，收条载明：葛某上报三项工程“三个中心”结算书一本；王某；2016年7月。

【争议焦点】

葛某关于逾期支付工程款利息和违约金的主张能否同时得到支持?

【法院裁判】

1. 关于欠付工程价款利息的问题。一审法院认为：浙江某建筑公司大唐新区项目部与葛某签订的《经营责任书》约定，三个活动中心工程总价约1亿元；《施工合同》中《专用条款》第23.2款约定，合同控制价（工程发包价）以瑞昌市发改委审核价为基数，三个活动中心工程造价下浮3%，即三个活动中心工程竣工结算前的合同价约为9700万元。案涉工程2015年11月18日通过竣工验收备案后，葛某一直未提交竣工结算资料，2016年7月在浙江某建筑公司大唐新区项目部催促下，葛某提交结算书一本，浙江某建筑公司认为葛某提交的结算资料不完整，发包人瑞昌公司陈述至今还未收到施工方完整的竣工结算报告及结算资料，因此瑞昌公司未对案涉工程进行竣工结算。《施工合同》

中《专用条款》第6条第26款工程款（进度款）支付约定：三个活动中心按7∶3付款，即工程竣工验收后付至工程发包价70%（其中基础工程完工后付20%，主体工程完工后付20%，竣工验收后付20%，办理工程结算后付10%），浙江某建筑公司只需要按照三个活动中心工程竣工结算前的合同价约为9700万元的60%即5820万元向葛某支付工程款。根据法院已查明的事实，浙江某建筑公司已向葛某支付工程款为66610717.46元，超过了5820万元的金额。故浙江某建筑公司不需要按照《施工合同》中《通用条款》第9条第33.3款“发包人收到竣工结算报告及结算资料后28天内无正当理由不支付工程竣工结算价款，从第29天起按逾期付款按承包人同期向银行贷款利率支付拖欠工程价款的利息，并承担违约责任”的约定，向葛某支付利息。但是根据《施工合同》中《专用条款》第6条第26款的约定，工程竣工验收合格后第二年内除预留5%创优风险金外，其余全部付清。案涉工程2015年11月18日通过竣工验收备案，根据《最高人民法院关于审理建设工程施工合同纠纷案件适用法律问题的解释》第十七条[①]“当事人对欠付工程价款利息计付标准有约定的，按照约定处理；没有约定的，按照中国人民银行发布的同期同类贷款利率计息”的规定，浙江某建筑公司应自案涉工程竣工验收备案之日第二年即2016年11月18日起，以34414825.44元为基数，按中国人民银行同期同类贷款利率计息的标准向葛某支付未付工程款的利息。

2. 关于浙江某建筑公司逾期付款违约金的问题。一审法院认为：主张违约金的前提是合同有效，因浙江某建筑公司大唐新区项目部与葛某签订的《经营责任书》实为分包合同，违反法律强制性规定，应属无效合同，故葛某向浙江某建筑公司主张违约金表述不当。根据浙江某建筑公司与瑞昌公司签订的《施工合同》中《专用条款》第6条第26款的约定，工程竣工验收合格后第二年内除预留5%创优风险金外，其余全部付清。《施工合同》中《专用条款》第10条约定，如发包人未按合同约定的时间节点付款，则应支付按工程决算总价每天万分之二计算的违约金。根据浙江某建筑公司大唐新区项目部与葛某签订的《经营责任书》中葛某关于“自愿承担并有能力履行甲方与业主单位所签订的合同条款及承诺的全部内容”的约定，结合业已查明的事实来看，案涉工程

---

① 本条修订后并入《建设工程施工合同司法解释（一）》第二十六条。

合同约定的竣工日期为2013年10月底，实际通过竣工验收备案日为2015年11月18日，按照上述“第二年全部付清”的约定，本应自2016年11月18日开始计算逾期付款损失，但因葛某施工的工程实际竣工日期比合同约定的延后了两年，按照公平原则，逾期付款的损失起算点也应相应延后两年，即调整至2018年11月18日。因此，浙江某建筑公司应自2018年11月18日开始，以欠付工程款34414825.44元为基数，按日万分之二的标准向葛某支付案涉工程损失。

二审法院最高人民法院判决如下：

首先，葛某是案涉工程的实际施工人，负有举证证明其已将案涉工程的竣工图纸、技术资料、竣工结算报告以及结算资料等完整移交给浙江某建筑公司或瑞昌公司的义务。本案中，葛某主张其已向瑞昌公司移交了相关结算资料，但未提交充分证据证明。瑞昌公司委托其他机构形成的文件系有关工程预算，不足以证明葛某已提交了完整的竣工材料。原审判决据此认定浙江某建筑公司无须按照《施工合同》第二部分《通用条款》第9条第33.3款有关利息支付时间的约定，向葛某支付利息，并无不当。其次，瑞昌公司与浙江某建筑公司签订的《施工合同》，以及浙江某建筑公司大唐新区项目部与葛某签订的《经营责任书》均约定按工程进度支付工程款。《施工合同》第三部分《专用条款》第6条第26款约定，案涉三个活动中心按7∶3付款，即工程竣工验收合格后第二年内除留5%作创优风险金外，其余工程款全部付清。根据本案事实，案涉工程于2015年11月18日竣工验收后，浙江某建筑公司尚欠葛某工程款未付清，故原审判决参照《施工合同》约定，确定浙江某建筑公司应自案涉工程竣工验收备案一年后即2016年11月18日起，按中国人民银行同期同类贷款利率标准向葛某支付未付工程款的利息，并无不当。浙江某建筑公司以案涉工程迟延竣工两年，责任主要在于葛某为由主张利息起算点也应迟延两年的上诉理由，以及葛某关于浙江某建筑公司应自工程竣工之日即2015年8月31日起支付逾期利息的主张，均不能成立，本院不予支持。

关于浙江某建筑公司应否赔偿葛某逾期支付工程款损失的问题。《最高人民法院关于审理建设工程施工合同纠纷案件适用法律问题的解释（二）》第三条[①]规定：“建设工程施工合同无效，一方当事人请求对方赔偿损失的，应

① 本条并入《建设工程施工合同司法解释（一）》第六条。

当就对方过错、损失大小、过错与损失之间的因果关系承担举证责任。损失大小无法确定，一方当事人请求参照合同约定的质量标准、建设工期、工程价款支付时间等内容确定损失大小的，人民法院可以结合双方过错程度、过错与损失之间的因果关系等因素作出裁判。”本案中，葛某未提交证据证明浙江某建筑公司迟延支付工程款给其造成了除工程款利息外的损失。在此情形下，原审判决确定浙江某建筑公司自2018年11月18日起按日万分之二的标准向葛某支付欠付工程款的损失不当，本院予以纠正。

【律师解析】

本案关于工程价款逾期支付是否同时支付利息和违约金的问题，一审法院和二审法院的认定不一致，一审法院支持了分包人葛某同时主张逾期付款的利息和违约金。二审法院只支持了利息主张，并没有支持违约损失的主张。

最高人民法院认为，主张逾期付款的利息，同时也主张违约损失赔偿的，应举证除利息损失外，还有其他的损失。如果只有利息损失，无法举证除利息外的损失，法院只能支持利息损失，不能再支持违约损失。相反，如果分包人能够举证除利息外的损失，还是可以主张其他的损失赔偿，也就是最高人民法院并没有否定同时主张利息和违约金，但是要求同时主张利息和违约金的当事人承担较高的举证责任。

· 第八章 ·

建设工程合同解除与违约赔偿疑难法律问题

《民法典》第五百六十二条规定了合同的约定解除，第五百六十三条规定了合同的法定解除，第八百零六条专门规定了建设工程合同的法定解除。因而，就建设工程合同的解除而言，包括约定解除和法定解除两种。约定解除属于当事人协商一致的法律行为，一般不会出现纠纷和争议。而法定解除是基于法律规定的合同解除，是合同解除制度的核心。由于其在当事人之间易产生争议，故而是我们讨论的重点。建设工程合同发包人和承包人的法定解除权，要依据《民法典》第八百零六条和第五百六十三条进行判断，同时由于建设工程合同的复杂性，在判断发包人和承包人的法定解除权行使条件是否成就、解除的法律效力、解除的法律后果等方面还有不同的认识和观点，尚需进一步研究并厘清。

一、发包人的法定解除权问题

依据相关法律法规，发包人的法定解除权主要有以下情形：

（一）承包人将建设工程转包、违法分包的，发包人享有法定解除权

《民法典》第八百零六条第一款规定："承包人将建设工程转包、违法分包的，发包人可以解除合同。"

《建设工程质量管理条例》第七十八条第三款规定："本条例所称转包，是指承包单位承包建设工程后，不履行合同约定的责任和义务，将其承包的全部建设工程转给他人或者将其承包的全部建设工程肢解以后以分包的名义分别转给其他单位承包的行为。"转包属于承包人的严重违约行为，背离了发包人对承包人以其自身技术力量、管理能力完成建设工程的期待，使建设工程的质量无法保证，发包人签订建设工程合同的目的无法实现，因而发包人解除合同自无争议。

依据《建设工程质量管理条例》第七十八条的规定，违法分包，是指下列行为：（1）总承包单位将建设工程分包给不具备相应资质条件的单位的；（2）建设工程总承包合同中未有约定，又未经建设单位认可，承包单位将其承包的部

分建设工程交由其他单位完成的；（3）施工总承包单位将建设工程主体结构的施工分包给其他单位的；（4）分包单位将其承包的建设工程再分包的。

对于是否只要承包人有违法分包行为，发包人就享有合同解除权，司法实践中仍存在争议。

笔者认为，承包人违法分包时，发包人能否行使法定解除权，还要依据《民法典》第五百六十三条判断承包人的违法分包行为是否致使建设工程合同的目的不能实现。如果影响建设工程合同的目的实现，发包人有权行使合同解除权。承包人违法将主体结构工程分包的，或者将主体结构工程劳务分包给不具备建筑业企业资质的个人或者单位的，将严重影响建设工程的质量，致使建设工程合同目的无法实现。如果不影响实现建设工程合同目的，发包人不能行使合同解除权。如承包人未经过发包人同意，仅将非主体结构工程的劳务分包，或者将门窗、防水等非主体结构工程分包给有建筑业企业资质的单位，或者虽然没有相应建筑业企业资质但是施工质量合格的，均不影响建设工程的质量，也不会导致建设工程合同目的无法实现，发包人均不应享有合同解除权。

（二）发包人依据《民法典》第五百六十三条享有的法定解除权

《民法典》第五百六十三条第一款规定："有下列情形之一的，当事人可以解除合同：（一）因不可抗力致使不能实现合同目的；（二）在履行期限届满前，当事人一方明确表示或者以自己的行为表明不履行主要债务；（三）当事人一方迟延履行主要债务，经催告后在合理期限内仍未履行；（四）当事人一方迟延履行债务或者有其他违约行为致使不能实现合同目的；（五）法律规定的其他情形。"

该条法律规定了合同法定解除的一般情形。依据建设工程合同履行的具体情形和司法实践经验，发包人依据本条享有建设工程合同法定解除权的，主要有以下情形：

1. 承包人工期延误经发包人催告后，仍严重拖延工期的；或者承包人延误工期已经严重影响建设工程竣工的

建设工程工期是建设工程合同的重要组成部分，也是发包人完成工程建设并获取投资回报的重要保证，如果建设工程不能在约定期限内竣工，将严

重影响发包人的投资收益，并最终致使发包人无法实现建设工程合同的目的。因而，依据《民法典》第五百六十三条第一款第三项、第四项的规定，承包人延误工期，经发包人催告后仍未改正，继续拖延工期的，或者承包人严重延误工期致使建设工程竣工受到严重影响的，发包人应享有合同解除权。

发包人因承包人工期延误主张法定解除权，需要满足以下条件：第一，工期延误必须是承包人或主要是承包人自身的原因造成的，如果工期延误的原因是由发包人或者第三人造成的，发包人不享有合同解除权；第二，建设工程合同约定的工期必须合理，发包人不能任意压缩合理工期，工期是否合理参照当地建设行政主管部门发布的定额工期或相关行业指导意见等规范文件，如果发包人约定的工期不合理，承包人有权要求延长工期；第三，发包人对承包人的工期延误必须经过催告程序且承包人未予改正；第四，承包人的工期延误严重，已影响建设工程合同目的的实现，工期延误的程度应参照经监理人或发包人批准的施工组织设计或施工进度计划进行判断。

2. 承包人擅自停工，经发包人催告后仍未复工的

就建设工程而言，承包人擅自停工，经发包人催告后仍未复工的，可以视为承包人明确表示或者以自己的停工行为表明不履行建设工程合同的主要义务，即建设工程施工的义务；也可以认定承包人严重的停工违约行为会导致建设工程合同目的无法实现，因此，发包人应享有合同解除权。法律依据是《民法典》第五百六十三条第一款第二项、第四项的规定。发包人依据该法律规定行使解除权，也要具备两个条件：第一，承包人的停工必须是其单方擅自无理由的停工，承包人的停工不是由发包人的违约行为导致，比如承包人因发包人未按期支付工程进度款而享有停工权，无论承包人停工时间长短，发包人均没有合同解除权。第二，发包人行使合同解除权之前，也要履行一个必要的催告程序。只有在发包人催告后，承包人擅自停工并拒绝复工的，发包人才可以行使合同解除权。

3. 承包人建设工程质量不合格的，发包人的法定解除权

承包人已经完成的建设工程质量不合格，承包人拒绝修复，或者已经不可修复的，建设工程不能通过竣工验收并投入使用，发包人签订建设工程合同的目的无法实现，符合《民法典》第五百六十三条第一款第四项规定的“其他违约行为致使不能实现合同目的”的情形，此时发包人应享有合同解除权。但在

建设工程司法实践中仍存在以下问题：

第一，建设工程存在一般质量缺陷，且承包人拒绝修复的，发包人的合同解除权如何认定。

建设工程的质量缺陷需要达到什么程度，发包人才享有合同解除权？笔者认为，应根据建设工程质量缺陷程度是否导致合同目的无法实现作为判断依据，如建设工程地基基础、主体结构出现重大质量问题，承包人拒绝修复或者不可修复，发包人自应享有合同解除权。

实践中存在较大争议的是当工程存在一般质量缺陷，且承包人拒绝修复的，发包人是否有合同解除权。如仅存在一般的质量缺陷，虽然承包人拒绝修复，但发包人通过委托第三方进行修复仍能达到建设工程质量合格，不影响建设工程的合同目的，发包人一般不享有合同法定解除权。但是如果承包人不仅自己拒绝修复，而且拒绝发包人委托第三方进行修复，或者承包人不仅对已经完工的建设工程质量缺陷采取漠视的态度，而且对将要施工部分的质量仍采取消极态度，继续施工的建设工程质量仍存在很大的不确定性，这是承包人以自己的行为表明不履行合同的主要义务，或履行合同义务将产生重大质量问题等，此时发包人应有权解除合同，避免造成更大损失。

第二，竣工验收后建设工程存在质量缺陷的，发包人是否仍有合同解除权。

建设工程竣工验收后，承包人在质量保证期内对工程质量缺陷承担质量保修责任，发包人显然不能以工程质量缺陷为由解除合同，发包人只能要求承包人承担修复责任或者修复费用。但是建设工程竣工验收后，如果发现建设工程的地基基础、主体结构存在重大质量问题，承包人拒绝修复或不可修复，致使建设工程经鉴定不具有使用价值，发包人仍有合同解除权。因为虽然建设工程经过竣工验收的程序，但工程质量不符合国家标准，不能投入使用，此时建设工程合同的目的仍无法实现，发包人有权解除合同。

第三，建设工程质量虽合格但未达到合同约定的特殊标准或者要求时，发包人的解除权问题。

如果当事人在建设工程合同中约定了特殊的标准要求，比如要获得鲁班奖等，建设工程质量未达到合同约定的特殊标准，但是符合国家质量标准，属于合格工程并能够投入使用。这属于承包人的一般违约行为，即使承包人拒绝整改以达到特殊的标准或要求，也不会导致建设工程合同目的无法实现，发包人不应享有解除合同的权利。此时发包人可以追究承包人的违约责任，要求承包人赔偿损失或支付违约金。

但是，如果质量的特殊标准或要求是建设工程投入使用的必要条件，如因安全生产需求而设定的特殊质量要求，承包人拒绝修复或者经过修复也无法达到特殊标准的，视为发包人的建设工程合同目的不能实现，发包人应有权解除合同。

4. 承包人施工中发生重大生产安全事故，发包人的合同解除权问题

建设工程施工是高风险行业，承包人在施工中因管理不到位发生安全事故时有发生，承包人原因发生安全事故的，发包人是否有解除合同的权利，分以下不同情形进行分析：

第一，要区分生产安全事故主要是人身安全事故还是建设工程生产安全事故。一般情形下，发生人身安全事故，不影响施工活动继续进行，也不影响建设工程质量的，发包人不应享有合同解除权。

第二，如发生建设工程安全事故，造成已经建成的建设工程严重损坏、坍塌或报废，如果承包人愿意积极整改或者重新建设，并承担相应建设费用，发包人不享有解除合同权，应尽量维持合同的稳定性，避免社会资源的浪费。但是如果承包人拒绝整改，或者无能力整改，发包人应有权解除合同。

第三，如承包人因生产安全事故被建设行政主管部门降低建筑业企业资质等级或者吊销建筑业企业资质，发包人是否有权解除合同。司法实践中也有不同的观点。笔者认为，如果承包人的资质仍符合本合同工程的资质等级要求，发包人应不享有合同解除权，因为承包人仍有能力完成建设工程施工。如果承包人的资质等级不再符合本合同工程的要求，或者被吊销了建筑业企业资质，承包人已经丧失继续施工的法定资格要求，承包人继续施工将违反《建筑法》等法律法规，此时，发包人可以行使合同解除权。

典型案例解析

案例 8.1　发包人合同解除权的认定问题

——井巷公司与安徽某矿业公司建设工程施工合同纠纷案

【案例来源】

（2016）皖民终 736 号、（2017）最高法民申 4319 号

【基本案情】

2008 年 10 月 5 日，安徽某矿业公司（甲方）与井巷公司（乙方）签订一份《建设工程施工承包合同》，约定由井巷公司承包周油坊铁矿探矿井掘、砌工程。

合同专用补充条款约定：井建单位同时承担相应井筒建成后的采矿工程并投资相应的采矿、提升、运输装备，投入的资金从采矿单价中以折旧或摊销等形式补偿，采矿单价为 43 元/吨。在施工和采矿的过程中由于承包人的责任，连续三个月完不成井建和采矿计划，发包人有权终止合同，承包人必须在发包人指定的日期撤离施工场地。承包人所投入的装备不得拆除。根据使用年限，按国家规定折旧后，发包人按净值回收。承包人在施工和采矿的过程中由于市场价格发生变化，以采矿单价偏低为由要求终止合同，属违约行为，并承担违约责任，违约金按合同中标价的 10% 计算，并承担相应的法律责任。采矿过程中双方终止合作，承包人投入的永久设备，根据使用年限，按国家规定折旧后，发包人按净值回收。

关于合同的解除，双方约定：（44.1 条）发包人承包人协商一致，可以解除合同。（44.2 条）发生本通用条款第 36.4 款情况，停止施工超 56 天，发包人不支付工程款（进度款），承包人有权解除合同。（44.3 条）发生本通用条款第 38.2 款禁止的情况，承包人将其承包的全部工程转包给他人或者支解以后以分包的名义分别转包给他人，发包人有权解除合同。（44.4 条）有下列情形之一的，发包人承包人可以解除合同：（1）因不可抗力致使合同无法履行；（2）因一方违约（包括发包人原因造成工程停建或缓建）致使合同无法履行。（44.5 条）一方依据第 44.2 款、第 44.3 款、第 44.4 款约定要求解除合同的，应以书面形式向对方发解除合同的通知，并在发出通知前 7 天告知对方，通知

到达对方时合同解除。对解除合同有争议的，按本通用条款第37条关于争议的约定处理。

合同签订后，2010年1月至2012年2月，双方又陆续签订了《周油坊铁矿2#主井井下斜坡道掘砌工程施工补充协议》《周油坊铁矿2#主井、南风井竖井掘砌及采准、采切、采矿工程施工补充协议》《周油坊矿南风井井下通风设施施工协议》等协议。

2012年5月5日，在井巷公司施工范围内发生采场坍塌较大事故。后经过整改，2012年9月14日，某市人民政府下发《某市人民政府关于同意某矿业周油坊铁矿南区2#主井复工建设的批复》，载明："市安全生产监督管理局：你局《关于同意某矿业周油坊铁矿南区2#主井复工建设的请示》收悉。经研究，同意某矿业周油坊铁矿南区2#主井复工建设。"

2012年10月16日，安徽某矿业公司向井巷公司发出《关于终止施工合同的通知》，载明："井巷公司：贵公司于2008年10月5日与我公司签订了《建设工程施工承包合同》。由于地质原因，我公司周油坊铁矿于5月5日出现了塌陷事故。地方政府和上级主管部门十分重视，组织安全专家按安全标准化要求对我矿的所有施工单位进行了检查评分，评分结果贵公司安全不合格。周油坊铁矿2#主井和南风井的二、三期工程已经近尾声，再加上政府安全部门根据我矿南区地质破碎情况，已经禁止我矿在南区进行采切工作。根据贵公司的技术力量，我公司主管部门提出达到安全一级标准方可施工。经与贵公司现场管理人员协商，双方终止施工合同为妥。请贵公司接通知后，做好撤离准备，两个月内全部撤场。我公司将依据原合同的约定积极配合你们做好撤场的清算工作，请贵公司及时回复。"

2012年10月17日，井巷公司向安徽某矿业公司发出《〈关于终止施工合同的通知〉的回复函》，载明："安徽某矿业公司：贵公司《关于终止施工合同的通知》收悉。根据贵、我双方原签订的《建设工程施工承包合同》及今年'5·5'塌陷事故的实际情况，我公司特提出如下意见：一、'5·5'塌陷事故，与我公司无关，我公司没有任何责任，并对我公司造成很大经济损失及社会影响；二、我公司驻贵矿项目部安全生产符合要求，自2008年10月施工以来，从未发生生产安全事故，并且2011年度被某县人民政府评为安全生产管理先进单位。贵公司所谓的安全专家检查评分安全不合格，属单方操作，没有依据，我公司认为不能成立。三、贵公司提出终止合同，属于贵方单方意见，我公司认为只有在贵方结清工程款、清理付款交接好机械设备、设施、材料及兑现在‘5·5’事故中承诺的相关损失的前提下方可进行。以上三条意见明确答复后，我公司方可做项目部撤离准备工作。”

【争议焦点】

发包人安徽某矿业公司是否有权解除合同，其单方解除合同是否属于违约行为?

【法院裁判】

一审法院安徽省六安市中级人民法院认为：关于井巷公司与安徽某矿业公司之间所签订的合同及补充协议是否已经解除，安徽某矿业公司单方解除合同的行为是否符合合同约定或法律规定。根据相关法律规定，签订合同的一方当事人享有的解除权，一方面来源于合同约定，当合同约定的条件成就时，享有解除权的一方可以主张解除合同。另一方面来源于法律规定。本案双方当事人签订《建设工程施工承包合同》对安徽某矿业公司得以行使解除权的情形约定有：(1) 承包人将其承包的全部工程转包给他人或者支解后以分包的名义分别转包给他人，发包人有权解除合同；(2) 因不可抗力致使合同无法履行；(3) 因一方违约（包括因发包人原因造成工程停建或缓建）致使合同无法履行。法律规定当事人得以行使解除权的情形为：(1) 因不可抗力致使不能实现合同目的；(2) 在履行期限届满之前，当事人一方明确表示或者以自己的行为表明不履行主要债务；(3) 当事人一方迟延履行主要债务，经催告后在合理期限内仍未履行；(4) 当事人一方迟延履行债务或者有其他违约行为致使不能实现合同目的；(5) 法律规定的其他情形。结合本案具体情况，安徽某矿业公司并未能举证证明双方在履行合同的过程中存在法定的或约定解除合同的情形。

2012 年 10 月 16 日，安徽某矿业公司向井巷公司发出《关于终止施工合同的通知》，该通知确认 2012 年 5 月 5 日周油坊铁矿出现塌陷事故的原因系“地质原因”，该通知同时称经安全专家组检查评分，结果为井巷公司“安全不合格”，故通知井巷公司解除合同。但井巷公司对安徽某矿业公司所发通知的内容不予认可，对某矿业公司据以解除合同的《铜陵万通驻安徽某矿业公司项目部安全标准化考核结果》亦不予认可，该考核结果无井巷公司任何人的签字盖章确认，且井巷公司亦向安徽某矿业公司出具不予确认的书面意见。故在安徽某矿业公司无其他相关证据证实具备约定的或法定的解除合同的情形时，即单方解除合同，属违约行为。

双方在协商未果的情况下，安徽某矿业公司的违约行为导致双方所签订的建设工程施工承包合同及其他的补充协议等无法继续履行，故一审法院对井巷公司要求解除《周油坊铁矿竖井掘砌工程（二标段）建设工程施工承包合同》《周油坊铁矿2#主井井下余坡道掘砌工程施工补充协议》《周油坊铁矿2#主井、南风井竖井掘砌及采准、采切、采矿工程施工补充协议》《钻孔施工协议》《周油坊铁矿南风井恢复下掘的补充协议》《周油坊矿南风井井下通风设施施工协议》《周油坊铁矿开拓、采切工程补充协议》等协议的诉讼请求，依法予以支持。

安徽某矿业公司上诉认为，经考核，井巷公司未整改到位，其安全不合格，为防止再次发生安全事故，遂发通知解除双方的合同及全部补充协议，不属单方违约行为。双方的协议在诉讼前已经解除。

井巷公司则认为，“5·5”事故责任不在井巷公司，事故后经过整改，当地政府已发通知同意安徽某矿业公司周油坊铁矿南区2#主井复工建设，而井巷公司一直参与整改，安全生产符合要求，安徽某矿业公司所谓的安全专家检查评分安全不合格，属单方操作，不认可其结果。只有在结清工程款、清理付款交接好机械设备、设施、材料及兑现在“5·5”事故中承诺的相关损失的前提下方可解除合同。不同意其单方终止合同。其通知不发生合同解除的效力。

二审法院安徽省高级人民法院认为：经查，“5·5”事故后，井巷公司作为施工单位参与整改，当地政府发的复工通知显然包括了施工单位整改也符合相关安全生产的要求，该通知并未表明井巷公司存在安全不合格问题，要求安徽某矿业公司对其重新考核。故安徽某矿业公司组织专家对井巷公司安全进行考核，属其单方行为，井巷公司对该考核结果又不认可，且双方在合同中也无此约定。故安徽某矿业公司以考核结论“安全不合格”为由，通知解除双方的合同及补充协议无依据。井巷公司在复函中提出了解除合同的条件，安徽某矿业公司未作答复，故双方亦未协议解除。一审法院据此认定安徽某矿业公司不同意井巷公司复工，并通知终止合同属违约行为，有事实和法律依据，本院予以维持。安徽某矿业公司此项上诉理由不能成立，本院不予支持。

再审法院最高人民法院认为：一、关于安徽某矿业公司单方解除合同是否属于违约的问题。首先，双方未能协商一致解除合同。根据安徽某矿业公司与井巷公司签订的《建设工程施工承包合同》通用条款和专用条款中双方的约定，合同的解除包括双方协议解除和发包人或承包人违约情形下的单方解除。关于解约的程序，通用条款约定应以书面形式向对方发解除合同的通知，并在发出通知前7天告知对方，通知到达对方时合同解除。案涉合同履行过程中，2012年5月5日，在井巷公司施工范围内发生采场坍塌较大事故，后经整改，某市人民政府于2012年9月14日下发批复同意安徽某矿业公司矿业周油坊铁矿南区2#主井复工建设。2012年10月16日，安徽某矿业公司向井巷公司发出《关于终止施工合同的通知》，井巷公司复函明确表示安徽某矿业公司提出终止合同，属于单方意见，在安徽某矿业公司结清工程款、清理付款交接好机械设备、设施、材料及兑现在“5·5”事故中承诺的相关损失的前提下方可撤场。双方未能协商一致解除合同。

其次，关于安徽某矿业公司认为，井巷公司对“5·5”坍塌事故负有直接责任，属于根本违约情形，且符合双方合同约定的单方解除合同情形的申请理由。经查，安徽省安全生产监督管理局《关于安徽某矿业公司周油坊铁矿“5·5”采场坍塌较大事故调查处理决定的通知》中关于事故原因及事故性质的调查处理意见为：“这次事故是安徽某矿业公司布置采场过多，矿体顶盘围岩稳固性差未能采取有效方法措施导致采场顶板垮塌引起地表塌陷造成的一起较大生产安全责任事故，且铜陵万通井巷公司瞒报事故。”关于事故责任认定及处理决定为：“井巷公司安全责任主体不落实、安全管理混乱，事故发生后，隐瞒事故，造成恶劣社会影响，对此事故负有主要责任；安徽某矿业公司基建期间布置实验采场过多，矿体顶盘围岩稳固性差，未能采取有效防范措施，对施工单位管理不到位，对此次事故发生负有重要责任。”故从该通知调查处理意见可以看出安徽某矿业公司与井巷公司对“5·5”坍塌事故均负有责任。而“5·5”坍塌事故发生后，经整改，某市人民政府已批复同意复工建设，不能因此得出合同目的无法实现的结论。安徽某矿业公司又单方经安全专家组检查评分，以井巷公司“安全不合格”为由通知井巷公司解除合同，该评分结果无井巷公司任何人的签字盖章确认，且井巷公司出具书面意见对评分结果不予认可。故原审认定在安徽某矿业公司无其他相关证据证实具备约定的或法定的解除合同的情形时，在双方协商未果的情况下，单方解除合同属违约行为符合本案客观事实。

【律师解析】

本案发包人安徽某矿业公司单方解除建设工程合同被三级人民法院均认定为违约行为，安徽某矿业公司单方解除合同的理由不成立，不享有合同解除权。

首先，导致本案建设工程安全事故的责任是双方责任，虽然最高人民法院查明井巷公司负有主要责任，但是安徽某矿业公司也负有重要责任，不构成承包人的单方严重违约行为。

其次，本案事故并不会导致建设工程合同无法继续履行，事故经过了整改且政府行政管理部门已经同意复工建设，所以不会导致建设工程合同目的无法实现的严重后果。

最后，安徽某矿业公司以单方的专家组安全检查考核结果作为解除合同的理由，未得到承包人井巷公司的认可，更未得到法院的依法认定，解除合同理由不符合合同约定和法律规定。

综合以上三个原因，发包人未取得合同解除权，其单方解除合同构成违约行为。

律师提示，发包人只有在依法享有合同解除权的情形下，才能单方向承包人发出解除合同的通知。发包人享有合同解除权应具备如下三个条件：一是承包人是否具有合同约定的违约行为或者法律规定的情形；二是承包人的违约行为是否导致合同目的无法实现，是否产生合同解除的法律后果；三是发包人在合同解除前是否履行了一定的催告义务。只有具备以上三个条件，发包人行使合同解除权才符合法律规定，才能得到法院支持。

二、承包人的法定解除权问题

（一）承包人依据《民法典》第八百零六条享有的合同解除权

《民法典》第八百零六条第二款规定："发包人提供的主要建筑材料、建筑构配件和设备不符合强制性标准或者不履行协助义务，致使承包人无法施工，经催告后在合理期限内仍未履行相应义务的，承包人可以解除合同。"承包人依据本条法律规定解除合同的，主要有两种情形，下面逐一进行分析。

1. 发包人提供的主要建筑材料、建筑构配件和设备不符合强制性标准，致使承包人无法施工，经催告后在合理期限内仍未履行相应义务的，承包人享有法定解除权。

发包人提供主要建筑材料、建筑构配件和设备的，要确保其质量符合国家强制性标准。承包人负有对建筑材料、建筑构配件和设备进行质量检测的义务，如果经检测不符合国家强制性标准，承包人不得使用，并通知发包人进行更换，如发包人拒绝进行更换，致使承包人无法施工，承包人可以解除合同。

承包人依据前述规定行使合同解除权，要注意履行必要的程序：首先要对发包人提供的主要建筑材料、建筑构配件和设备进行检测；其次在检测不符合国家强制性标准的情形下，要通知发包人进行更换；最后还要对发包人进行催告，并给予其一定的合理期限进行更换。

2. 发包人不履行协助义务，致使承包人无法施工，经催告后在合理期限内仍未履行相应义务的，承包人享有法定解除权。

发包人在建设工程施工中的协助义务，一般包括以下内容：（1）取得建设工程规划许可证、建设工程施工许可证等行政许可法律文件，保证建设工程施工的合法性；（2）提供经行政机关审查的施工图纸，如施工过程中进行设计变更，要及时提供经设计单位确认的设计变更图纸，如还需要行政机关审查，要及时申请审查；（3）提供具备施工条件的场地，保证三通一平，办理临时用水、用电、占地征用、道路封闭或占用等手续，提供建筑材料、设备储存场地等；（4）对承包人施工组织设计、施工计划审批确认，开工、停工、复工施工指示的发出等；（5）施工过程中的隐蔽工程、分部分项工程验收；（6）建筑材料、设备型号以及价格的确认；（7）及时审核工程进度，确认相应签证文件。

承包人依据前述规定行使合同解除权，也需要满足一定的条件：首先，发包人不履行协助义务的后果严重，要致使承包人无法施工，对于发包人不履行一般性的协助义务，虽然影响承包人施工但不会导致承包人无法施工的，承包人不享有合同解除权。至于发包人的哪些协助义务影响承包人施工，以及影响的程度，要依据各种因素综合分析判断，由法院或仲裁机构进行裁量。其次，发包人不提供协助义务的，承包人应给予催告，经催告后发包人仍不履行协助义务的，承包人才享有合同解除权。

（二）承包人依据《民法典》第五百六十三条享有的合同解除权

《民法典》第五百六十三条规定了合同法定解除权的一般情形，适用于发包人，也适用于承包人。依据建设工程合同履行的具体情形和司法实践经验，承包人适用该条规定享有合同解除权的主要情形是发包人未按照约定支付工程进度款。

在建设工程合同履行中，发包人的主要义务就是按照合同约定按期支付工程款，发包人未按照约定支付工程款，致使承包人无法施工的，符合《民法典》第五百六十三条第一款第二项至第四项规定情形的，承包人有权解除合同。但是承包人依据该规定解除合同，也必须具备一定的条件：一是承包人应催告发包人支付工程款；二是发包人在承包人催告的合理期限内仍未支付工程款；三是发包人未按照约定支付工程款已经影响到承包人施工，且达到承包人无法施工的程度。何为承包人无法施工，实践中也要根据施工实际情形综合进行判断。

典型案例解析

案例 8.2 承包人合同解除权的认定问题

——福建某建设集团与佳宇公司建设工程施工合同纠纷案

【案例来源】

(2020) 最高法民终 337 号

【基本案情】

2015 年 1 月 15 日，福建某建设集团与佳宇公司签订《建设工程施工合同》，约定：福建某建设集团自筹资金，承包佳宇公司位于昆明市晋宁县米钢结构厂房，固定总价包干，五标段共计 16 栋，总价为 95455286.88 元。在标段全部栋号主体全部封顶后，发包人（佳宇公司）付给施工方（福建某建设集团）合同总价款的 30% 即 28636586.06 元。

2014 年 10 月 8 日，福建某建设集团垫资进场施工。

2015 年 8 月 3 日，佳宇公司向福建某建设集团发出工作联系函，提出因地块加筋挡土墙出现质量问题，要求对其中 3 栋房屋暂停施工，后一直未通知对该 3 栋房屋再行恢复施工。

2016 年 1 月 7 日，福建某建设集团完成了除 3 栋停工栋号外的其他 13 栋房屋主体封顶工作，并经监理人验收确认。

案涉项目经第三方消防检测评价公司检测，确认存在明显质量问题，注明："如上述问题未按要求整改清楚，将严重影响消防验收（防火涂料验收合格后，方可进行下一项施工工序）。"

一审中，经双方共同确认，佳宇公司已向福建某建设集团支付工程款330万元。

二审法院又查明：双方均认可，福建某建设集团共收到330万元工程款，其中晋宁人社局于2016年2月向福建某建设集团支付150万元用于解决农民工工资问题系从佳宇公司开立的农民工工资保证金专户中划支；晋宁工业园区管委会于2017年1月出借给福建某建设集团100万元；晋宁工业园区管委会于2018年2月垫资80万元给福建某建设集团用于支付农民工工资，并明确该80万元从支付佳宇公司地上临时设施及土地平整费补偿款中抵扣。前述2017年1月的100万元系由晋宁工业园区管委会出借给福建某建设集团，双方签订有借款合同。佳宇公司在二审中也同意将该笔款项不认定为已付工程款。经二审确认，佳宇公司已付工程款应为230万元。

【争议焦点】

承包人福建某建设集团公司是否有权解除本案《建设工程施工合同》?

【法院裁判】

一审法院云南省高级人民法院认为：福建某建设集团与佳宇公司就案涉项目于2015年1月15日签订的《建设工程施工合同》系双方当事人的真实意思表示，该合同未违反法律、行政法规的强制性规定，合法有效，双方均应按照约定全面履行合同义务。

经审理查明，福建某建设集团按照约定对案涉项目进行垫资施工，截至起诉之日，除3栋建筑因佳宇公司要求暂停施工外，其余13栋建筑均于2016年1月7日完成主体封顶，对此双方均予确认。按照双方签订的《建设工程施工合同》第四条中关于付款方式的约定："在标段全部栋号主体全部封顶后，发包人付给承包人合同总价款的30%即28636586.06元。"鉴于双方就案涉工程约定以包干价格6279953.08元下浮5%为单栋金额，以已完工13栋建筑计算，佳宇公司应支付工程款金额为23267226.16元（13栋×6279953.08元×95%×30%）。但截至庭审，佳宇公司共向福建某建设集团支付工程款330万元，支付金额仅占应付工程款金额14.18%。因此，佳宇公司违反合同约定，未能按约支付工程进度款19967226.16元。

2017年10月3日，福建某建设集团就佳宇公司未依约履行合同义务，迟延支付工程进度款情形，向佳宇公司法定代表人赵某某邮寄送达了《律师意见函》及《解除合同通知书》，催告其履行合同义务，同时要求解除合同并支付已完工程价款。

双方签订的《建设工程施工合同》通用合同条款第16.1.1项第（7）目约定发包人违约的情形“发包人明确表示或者以其行为表示不履行合同主要义务的”。第16.1.3项约定：“除专用合同条款另有约定外，承包人发出通知后，发包人不纠正其违约行为并致使合同目的不能实现的，或出现16.1.1项（发包人违约的情形）第（7）目约定的违约情况，承包人有权解除合同，发包人应承担由此增加的费用。”结合《合同法》第九十四条①“有下列情形之一的，当事人可以解除合同：……（四）当事人一方迟延履行债务或者有其他违约行为致使不能实现合同目的……”的规定，及《最高人民法院关于审理建设工程施工合同纠纷案件适用法律问题的解释》第九条②“发包人具有下列情形之一，致使承包人无法施工，且在催告的合理期限内仍未履行相应义务，承包人请求解除建设工程施工合同的，应予支持：（一）未按约定支付工程价款的……”之规定，一审法院认为：佳宇公司与福建某建设集团基于合同约定，互负权利义务。在施工方按约垫资完成项目建设，工程进度届至付款节点时，发包方如约支付对应工程款项，此系福建某建设集团的合同目的，亦系佳宇公司根本性的合同义务。而佳宇公司迟延履行支付工程进度款致使福建某建设集团不能实现合同目的，本案中，福建某建设集团并未请求确认双方于2015年1月15日签订的《建设工程施工合同》已经解除，而系请求依法解除该合同，且有事实和法律依据，一审法院予以支持。

对于佳宇公司以福建某建设集团施工完成的13栋建筑中防火涂料存在工程质量为由，主张工程款项的支付应以交付工程质量合格为由，提出不应支付工程进度款的抗辩意见，一审法院认为，在双方签订的《建设工程施工合同》

① 与本条相对应的条文是《民法典》第五百六十三条。
② 本条经修订后被吸收入《民法典》第八百零六条。

中，并未就工程封顶后进度款的支付设定前提条件，且工程尚未竣工验收前，质量问题可以通过返工、维修、重做等方式予以解决，并不影响进度款项的支付，故其抗辩意见没有事实和法律依据，不予支持。

二审法院最高人民法院认为：根据福建某建设集团与佳宇公司于2015年1月15日签订的《建设工程施工合同》，第一阶段30%进度款的支付条件是全部楼栋主体全部封顶。双方当事人对于除因佳宇公司要求暂停施工的3栋房屋外，其余13栋房屋主体已于2016年1月7日完成主体封顶的事实不持异议，且监理在《工程进度款支付单》确认了福建某建设集团的施工进度，故佳宇公司应依约向福建某建设集团支付13栋房屋的进度款。其至今未能支付该工程进度款。根据《建设工程施工合同》通用条款第16.1.1项规定："在合同履行过程中发生的下列情形，属于发包人违约：……（2）因发包人原因未按合同约定支付价款的……（7）发包人明确表示或者以其行为表明不履行合同主要义务……"佳宇公司的行为已构成违约。同时，根据双方签订的《建设工程施工合同》第16.1.3项"除专用合同条款另有约定外，承包人发出通知后，发包人不纠正其违约行为并致使合同目的不能实现的，或出现第16.1.1第（7）目约定的违约情况，承包人有权解除合同，发包人应承担由此增加的费用"之约定，福建某建设集团有权解除双方签订的《建设工程施工合同》。此外，在建设工程施工合同关系中，发包方的主要义务系及时支付足额工程款或进度款，本案中佳宇公司作为发包方未按约支付工程进度款，且应支付数额与已付工程款数额相差较大，故根据《合同法》第九十四条以及《最高人民法院关于审理建设工程施工合同纠纷案件适用法律问题的解释》第九条之规定，福建某建设集团可以请求解除双方签订的《建设工程施工合同》，一审法院予以支持，并无不当。佳宇公司主张因案涉工程防火防腐涂料质量不合格，其拒付工程进度款系行使先履行抗辩权，不构成违约。本院认为，根据《建设工程施工合同》约定，第一阶段进度款的支付并未设置除主体封顶外的其他前提条件。福建某建设集团对于工程质量问题的整改义务是在佳宇公司支付第一阶段的工程进度款之后，不影响佳宇公司第一阶段进度款的支付，故佳宇公司的该项主张不能成立。

【律师解析】

本案发包人存在严重的迟延支付工程进度款的违约行为，截至2016年1月7日承包人已完成13栋房屋主体封顶，依据合同约定，此时发包人应支付的工程款为2326.7万元。但是发包人仅仅支付了230万元，还分别是晋宁人社局于2016年2月从佳宇公司开立的农民工工资保证金专户中划支向福建某建设集团支付150万元用于解决农民工工资问题；晋宁工业园区管委会于2018年2月从支付佳宇公司地上临时设施及土地平整费补偿款中抵扣80万元给福建某建设集团用于支付农民工工资。所以严格地讲，发包人佳宇公司从未向承包人支付工程进度款，因而发包人的违约行为特别严重。

发包人在支付工程进度款上存在严重违约行为，致使承包人无法继续垫资施工。承包人依据法律规定享有合同解除权，且承包人在解除权合同前向发包人做了催告，于2017年10月3日向佳宇公司法定代表人赵某某邮寄送达了《律师意见函》及《解除合同通知书》，催告其履行合同义务，同时要求解除合同并支付已完工程价款。所以本案建设工程合同在2017年10月3日可以确认解除，但是承包人并没有在诉讼中主张确认合同于2017年10月3日解除，而是于2018年10月10日起诉要求解除合同，法院也只能判决合同解除，对于合同解除的时间，一审法院和二审法院均没有明确，依据《民法典》第五百六十五条第二款的规定："当事人一方未通知对方，直接以提起诉讼或者申请仲裁的方式依法主张解除合同，人民法院或者仲裁机构确认该主张的，合同自起诉状副本或者仲裁申请书副本送达对方时解除。"本案建设工程合同应自起诉书副本送达发包人之日解除。

三、特定情形下的合同解除权问题

1. 不可抗力情形下的合同解除权

依据《民法典》第五百六十三条第一款第一项的规定，因不可抗力致使不能实现合同目的的，当事人均有权解除合同。在建设工程合同履行过程中，发生不可抗力，致使不能实现建设工程的合同目的，发包人和承包人均有权解除合同。建设工程合同目的能否实现，要根据具体情形进行判断，如建设工程已经无法继续施工、工程的复工时间无法确定等均可认定建设工程合同目的无法实现。虽然发生不可抗力的情形，但是不可抗力情形能够很快消除，并能够继续施工的，发包人和承包人均不能解除合同。

受不可抗力影响的当事人解除合同的，不承担违约责任，但是，如果因为当事人迟延履行合同义务，在迟延履行期间发生不可抗力造成合同解除的，应该承担违约责任。

2. 情势变更情形下的合同解除权

《民法典》第五百三十三条规定："合同成立后，合同的基础条件发生了当事人在订立合同时无法预见的、不属于商业风险的重大变化，继续履行合同对于当事人一方明显不公平的，受不利影响的当事人可以与对方重新协商；在合理期限内协商不成的，当事人可以请求人民法院或者仲裁机构变更或者解除合同。人民法院或者仲裁机构应当结合案件的实际情况，根据公平原则变更或者解除合同。"

同时《建设工程工程量清单计价规范》（GB 50500－2013）第3.4.1规定："建设工程发承包，必须在招标文件、合同中明确计价中的风险内容及其范围，不得采用无限风险、所有风险或类似语句规定计价中的风险内容及范围。"该规范为国家标准，其第3.4.1条为强制性条文，必须严格执行。该条要求建设工程合同中必须对风险范围进行约定，当超过一定的风险范围时，当事人可以要求变更或解除合同。

依据以上法律法规，如果建设工程合同履行中出现超过商业风险的重大变化，发包人和承包人就工程合同变更无法达成一致意见，一方有权解除合同。

建设工程中的风险除不可抗力外，其他的风险主要是建筑材料、设备价格和人工费的变化以及法律政策变化导致的风险。对承包人而言，在建设工程合同约定固定单价或固定总价的情形下，如建筑材料、设备价格或人工费发生超过商业风险的巨大变化，承包人就合同价格调整与发包人无法协商一致，应有权解除合同。

适用情势变更原则解除合同的权利与其他法定解除权不同，当事人必须通过法院或仲裁机构行使合同解除权，也就是当事人不能依据法律规定直接向另一方行使合同解除权，即使一方发出解除合同的通知，但是不发生解除合同的法律效力，必须请求法院或者仲裁机构裁判解除合同。

3. 发包人是否享有建设工程合同任意解除权

《民法典》合同编第十八章建设工程合同第八百零八条规定："本章没有规定的，适用承揽合同的有关规定。"合同编第十七章承揽合同第七百八十七条规定："定作人在承揽人完成工作前可以随时解除合同，造成承揽人损失的，应当赔偿损失。"

依据以上法律规定，有人主张建设工程发包人享有合同任意解除权。因为建设工程合同作为特殊的承揽合同，可以适用承揽合同的有关规定，承揽合同中定作人可以随时解除合同，那么发包人作为建设工程的定作人，也可以随时解除建设工程合同。

也有观点认为，发包人不应享有建设工程合同任意解除权，因为承揽合同一般涉及标的额相对比较小，定作人任意解除合同不会造成较大的损失，而且定作人如果不愿继续进行定作，承揽人继续定作反而会造成资源的浪费。但是，建设工程合同涉及巨大投资，如果任意解除合同，对承包人造成的损失将会比较大，因而可能会造成社会资源的巨大浪费。发包人只能依据《民法典》第八百零六条和第五百六十三条的规定行使合同解除权，在法律没有明确规定的情形下，发包人不能行使任意解除权。

笔者认为，发包人一般不能享有建设工程合同任意解除权，应按照合同约定履行自己的义务，如果拒绝履行合同义务，应承担违约赔偿责任，即在建设工程继续建造的情形下，发包人不能任意解除合同，再发包给其他承包人继续施工。但是在特定的情形下，即建设工程无论何种原因将长时间停工或者放弃建造的，发包人应享有合同解除权，在这种情形下，既不属于发包人违约，也不属于承包人违约，也不是不可抗力造成的，是在建设工程无法继续建造的客观情形下，建设工程合同目的已经无法实现，发包人应享有的任意解除权。除此之外，发包人不应享有任意解除权。

典型案例解析

案例 8.3　情势变更情形下的合同解除权

——中国某电力设计院与漳州某公司建设工程合同纠纷案

【案例来源】

（2018）最高法民终 105 号

【基本案情】

2006 年 12 月 20 日，漳州某公司（发包人）与中国某电力设计院（总承包商）签订《勘察设计及设备采购总承包合同》，包括《合同协议书》《合同通用条件》《合同专用条件》《某热电厂（3×480t/h+2×100MW）总承包合同技术附件》（以下简称《合同技术附件》）。《合同协议书》2.2载明，总承包商负责的设计工作范围系以《合同技术附件》为基础，结合国家及电力行业现行有关技术标准，对新建3×480t/hCFB锅炉+2×100MW超高压抽汽凝汽式汽轮发电机组开展初步设计和施工图设计工作。《合同协议书》5.1载明，合同总价为57102万元，合同价格为固定总价，市场材料价格变动、政策性税费、汇率调增等风险均由总承包商承担。

自2007年6月1日开始，中国某电力设计院多次致函漳州某公司，提出某市人民政府已公布本合同项目暂缓实施，要求尽快明确是否暂停后续工作，并就款项支付等问题提出交涉。

2008年1月15日，漳州某公司向中国某电力设计院发出《因不可抗力因素，暂缓〈某热电厂勘察设计及设备采购总承包合同〉履行的函》，主要载明：某市人民政府宣布本合同项目缓建已将近七个月，漳州某公司依然未接到政府通知项目重新启动。这些不确定因素已严重影响了案涉合同的履行。案涉合同项目依法履行了相关手续，出现上述客观情况，漳州某公司不能预见、不能避免且不能克服，上述客观情况属于不可抗力。由于不可抗力，案涉《勘察设计及设备采购总承包合同》将暂缓履行，漳州某公司将及时向中国某电力设计院通报某市人民政府的后续决定，并根据政府决定处理合同事宜。2008年1月25日，中国某电力设计院复函漳州某公司，载明：鉴于目前整个合同项目尚处于缓建状态，中国某电力设计院决定中止《勘察设计及设备采购总承包合同》的履行，将向已签约的各分包商发出中止履行分包合同的通知，并将漳州某公司的来函作为该通知的附件。

2008年1月25日，中国某电力设计院复函漳州某公司，决定中止《勘察设计及设备采购总承包合同》履行。双方对中国某电力设计院缓建前期工作进度及产生的费用进行磋商。2008年年底至2009年年初，国土资源部、环境保护部等相关部委对项目由某市迁建至漳州市某地作了批复。其间，中国某电力设计院与漳州某公司就项目迁址后续工作、费用调整、进度安排等问题展开协商。2009年5月12日，漳州某公司、中国某电力设计院重启谈判会议。

由于双方就工程增加费用存在分歧，2009年8月10日，漳州某公司委托北京市某律师事务所向中国某电力设计院发送律师函，载明：“2007年5月30日，某市政府宣布合同项目缓建，鉴于此不可抗力事件所造成的影响，双方就合同暂缓履行达成了一致意见。2009年合同项目经国家批准正式迁址漳州某地后正式重启。2009年5月12日，贵院提供《项目重启会谈资料》，提出在原项目EPC总价基础上合计增加39997.4303万元费用的重大变更。根据双方签订的承包合同通用条款及专用条款第12.4.2节‘合同价格变化’之规定，基于项目迁址后敝当事人作为发包人并没有增加工作范围及超过技术附件的要求，所以本合同总价款不应作变更。贵院单方提高合同价款的行为已构成重大违约。依据合同规定，敝当事人拒绝了贵院的变更要求……现敝当事人特授权本律师通知：自贵院接函之日起解除双方签订的《某热电厂（3×480t/h+2×100MW）勘察设计及设备采购总承包合同》，同时敝当事人将依据合同规定进行相应的索赔。”2009年8月17日，中国某电力设计院复函漳州某公司，要求继续履行合同，对相关费用双方进一步协商。

【争议焦点】

本案建设工程合同是否因情势变更解除？

【法院裁判】

一审法院福建省高级人民法院认为：在《勘察设计及设备采购总承包合同》履行过程中，某市人民政府宣布缓建案涉项目、国家相关部委批准案涉项目搬迁，该事件属于各方当事人在订立合同时无法预见、无法防止的情势变更，已经导致合同基础动摇，案涉合同事实上已经无法履行。双方当事人对此均没有过错，该情形符合《最高人民法院关于适用〈中华人民共和国合同法〉若干问题的解释（二）》第二十六条①规定的情形。因此，案涉《勘察设计及设备采购总承包合同》应予解除。

二审法院最高人民法院认为：2006年12月20日，漳州某公司与中国某电力设计院签订《勘察设计及设备采购总承包合同》，后在该合同履行过程中，某市人民政府宣布缓建案涉项目，国家相关部委批准案涉项目迁址建设，该事件属于当事人在订立合同时无法预见的、非不可抗力造成的不属于商业风险的重大变化，一审法院认定该事件构成情势变更，并无不当。案涉项目在某市建

① 与本条相对应的条文是《民法典》第五百三十三条。

设前已依法履行相关审批程序，中国某电力设计院关于案涉项目被政府宣布缓建并迁址系漳州某公司过错造成的主张，无事实依据。漳州某公司关于案涉项目迁址系不可抗力造成的主张，于法无据。在合同项目建设地发生重大变化后，项目勘察、设计、工期等均随之变化，原合同显然无法继续履行，中国某电力设计院关于迁址对《勘察设计及设备采购总承包合同》的履行并不产生根本影响，也不影响合同目的实现的主张，不能成立。虽然漳州某公司与中国某电力设计院从继续就案涉项目开展合作的角度进行磋商，但双方长期不能就合同价款等达成合意，致案涉项目未能根据新情况尽快建成投产，客观上损害了双方权益，现案涉项目已发包给案外人施工并已竣工。据此，一审法院认定《勘察设计及设备采购总承包合同》应予解除，双方当事人对此均无过错，中国某电力设计院与漳州某公司不存在违约行为，并无不当。

【律师解析】

在建设工程司法实践中由情势变更造成合同解除的情形比较少，本案属于比较典型的由情势变更导致合同解除的案例。

关于情势变更的认定需注意以下几个问题：一是情势变更不属于正常的商业风险变化；二是情势变更不是一方的违约行为，也不是由一方的违约行为而导致；三是情势变更不属于不可抗力情形，情势变更虽然属于当事人无法预见的情形，但是当事人可以通过协商对合同进行变更从而继续履行合同，属于可以克服的客观情形，不可抗力属于不能克服的客观情况。本案建设项目因受到当地民众的抵制被迫迁址，迁址前后均经过国家行政的审批，符合建设规划。因而发包人对项目被迫迁址的情形是无法预见的，也没有过错，不构成违约行为。

建设项目迁址后，建设费用发生变化，导致无法按照原合同约定价格继续履行，双方均有权要求对合同进行调整，承包人提出对合同价格和其他费用进行调整，属于其合法权利，因而也不属于合同履行过程中的违约行为。

由于发包人和承包人对情势变更后的合同调整无法达成一致意见，因而本案建设工程合同无法继续履行，只能解除。

四、建设工程合同解除权的行使规则和期限

1. 建设工程合同解除权的行使期限

《民法典》第五百六十四条规定："法律规定或者当事人约定解除权行使期限，期限届满当事人不行使的，该权利消灭。法律没有规定或者当事人没有约定解除权行使期限，自解除权人知道或者应当知道解除事由之日起一年内不行使，或者经对方催告后在合理期限内不行使的，该权利消灭。"

依据上述法律规定，建设工程合同解除权应当及时行使，未在行使期限内行使的会产生失权的法律后果。司法实践中应注意以下问题：第一，不论是约定的解除权行使期限还是法定的解除权行使期限，均属于除斥期间，都是不变期间，不适用中止、中断和延长的规定，所以发包人和承包人均应及时行使合同解除权，否则将丧失解除合同的权利。第二，法定的解除权行使期限又分为两种：解除权人知道或者应当知道解除事由的，并且违约一方没有催告是否解除合同的，解除权行使期限为自解除权人知道或者应当知道解除事由之日起一年。如违约方催告解除权人是否解除合同时，解除权的行使期限为"合理期限"，合理期限如何确定，一般由法院根据具体案情进行认定。对于建设工程合同而言，合理期限不能太长，否则会严重影响工程施工的进展，建设工程的延期竣工将会造成巨大的损失，同时因为建设工程施工中承包人一般会有大量施工人员、机械设备、建筑材料等滞留现场，所以当事人应在合理的时间内决定是否行使合同解除权。

2. 建设工程合同解除权的行使规则和合同解除时间点

《民法典》第五百六十五条规定："当事人一方依法主张解除合同的，应当通知对方。合同自通知到达对方时解除；通知载明债务人在一定期限内不履行债务则合同自动解除，债务人在该期限内未履行债务的，合同自通知载明的期限届满时解除。对方对解除合同有异议，任何一方当事人均可以请求人民法院或者仲裁机构确认解除行为的效力。当事人一方未通知对方，直接以提起诉讼或者申请仲裁的方式依法主张解除合同，人民法院或者仲裁机构确认该主张的，合同自起诉状副本或者仲裁申请书副本送达对方时解除。"

依据上述法律规定，行使合同解除权的形式，法律规定了两种：一种是解

除权人通知的方式；另一种是提起诉讼或者申请仲裁的方式。由于合同解除权属于形成权，是一种依照权利人单方意思表示就可以使已经成立的民事法律关系发生变化的权利。所以只要解除权人单方解除合同的意思到达对方，合同就发生解除的法律后果。如果另一方当事人对合同解除有异议，任何一方应通过人民法院或者仲裁机构来确认解除行为的效力，解除权人可以请求确认解除行为有效，另一方当事人可以请求确认解除行为无效。至于当事人向人民法院或者仲裁机构请求确认解除行为效力的期限，法律没有明确规定，有待于最高人民法院作出司法解释进行明确。

如果当事人一方在接到解除合同通知时，没有任何表示，既不表示同意解除合同，也不提出异议，那么合同是否解除呢？由于解除权属于形成权，在解除通知到达对方时，发生合同解除的法律后果，如果当事人一方在接到解除合同通知时，未提出异议，应视为合同已经解除。因而如果当事人一方不同意解除合同，对合同解除有异议，应及时向对方提出。至于当事人提出异议的期限，以及提出异议的方式，法律没有规定，也需要最高人民法院作出司法解释进行明确。

司法实践中还应注意的问题，解除权人发出解除通知，虽然没有规定必须要采用书面形式，但是解除权人负有证明解除通知已经送达的义务，所以解除权人原则上应采用书面形式通知，并能证明已经送达。何为书面形式？《民法典》第四百六十九条规定："……书面形式是合同书、信件、电报、电传、传真等可以有形地表现所载内容的形式。以电子数据交换、电子邮件等方式能够有形地表现所载内容，并可以随时调取查用的数据电文、视为书面形式。"所以，发包人或承包人行使合同解除权的，最好采取向对方发出书面解除合同通知书的形式，并保留通知已经送达的证据，如果采取公证送达的方式，则更为有效。

五、建设工程合同解除的法律后果

《民法典》第五百六十六条规定："合同解除后，尚未履行的，终止履行；已经履行的，根据履行情况和合同性质，当事人可以请求恢复原状或者采取其他补救措施，并有权请求赔偿损失。合同因违约解除的，解除权人可以请求违约方承担违约责任，但是当事人另有约定的除外……"

第八百零六条第三款规定："合同解除后，已经完成的建设工程质量合格的，发包人应当按照约定支付相应的工程价款；已经完成的建设工程质量不合格的，参照本法第七百九十三条的规定处理。"

第七百九十三条规定："建设工程施工合同无效，但是建设工程经验收合格的，可以参照合同关于工程价款的约定折价补偿承包人。建设工程施工合同无效，且建设工程经验收不合格的，按照以下情形处理：（一）修复后的建设工程经验收合格的，发包人可以请求承包人承担修复费用；（二）修复后的建设工程经验收不合格的，承包人无权请求参照合同关于工程价款的约定折价补偿。发包人对因建设工程不合格造成的损失有过错的，应当承担相应的责任。"

以上法律规定了建设工程合同解除后的后果，建设工程合同解除后一般没有溯及力，不能发生恢复原状的法律后果，未履行的不再履行，已经履行的，建设工程质量合格的或者经修复后建设工程质量合格的，发包人应按照合同约定支付相应工程价款。但是建设工程经修复后验收也不合格或者无法修复、修复费用过高的，建设工程没有利用价值的，发包人也有权依据《民法典》第五百六十六条的规定要求承包人恢复原状，返还已经支付的工程价款，并赔偿相应损失。

司法实践中，合同解除后容易产生争议的问题比较多，建设工程合同解除后的固定总价合同结算问题、质量保修责任问题、优先受偿权问题在其他相应章节进行分析，本章主要分析以下问题：

1. 合同解除后的交接责任问题

由于合同解除多是发包人和承包人产生激烈矛盾冲突的结果，所以在工程交接工作上会存在相互不配合的情形。那么交接中的主要责任分配就显得尤为重要，这个是判断双方当事人承担责任的主要依据。法律法规并没有规定发包人和承包人在交接工作中的主要义务和责任，应按照双方建设工程合同约定进行认定，约定不明的，根据工程施工的实际，承包人的主要义务应该是做好已完工程和已购材料、成品、半成品、工程设备、工程资料的保护和交接工作，并将机械设备、车辆、仪器仪表和施工人员及时撤离施工现场，发包人提供配合义务。发包人主要做好已完工程量的测量，现场建筑材料、设备等的核对和确认，承包人给予配合。

如果当事人因未完成工作交接的主要责任和义务，应该承担相应的责任，承包人拒不撤离施工现场的，应赔偿发包人的损失。发包人没有及时确认工程量和工程质量的，应承担主要的责任。

2. 合同解除后的可得利益损失问题

《民法典》第五百八十四条规定："当事人一方不履行合同义务或者履行合同义务不符合约定，造成对方损失的，损失赔偿额应当相当于因违约所造成的损失，包括合同履行后可以获得的利益；但是，不得超过违约一方订立合同时预见到或者应当预见到的因违约可能造成的损失。"

这是合同解除后当事人可以主张可得利益损失的法律依据。可得利益是合同履行后可以获得的利益，是合同当事人在合同履行中的期待利益。但是该可得利益，必须符合可预期损失原则，即不得超过合同当事人订立合同时预见到或者应当预见到的因违约可能造成的损失。

司法实践中，主要是承包人的可得利益损失问题，发包人的可得利益损失一般不会存在。因为建设工程一般会继续建造完成，发包人投资建设工程的目的一般会实现，预期利益也相应能够实现，所以在司法实践中，几乎见不到发包人主张可得利益损失的情形。如因承包人违约解除合同，发包人一般会主张实际损失赔偿，包括工期违约赔偿、工程质量赔偿和其他损失赔偿。

对于承包人的可得利益损失，主要是继续履行合同直至履行完毕后所产生的利润，司法实践中并没有形成统一的认定方法。主要有以下几种方法：一是按照承包人投标报价的利润比例，并计算剩余工程量所包含的利润；二是参照行业协会等机构发布的行业平均利润率计算；三是采用定额计价模式的，按照定额计价的利润率计算。

但是由于承包人的可得利益认定很复杂，与工程项目特征、承包人管理水平、工程施工进度等密切相关，所以应结合个案情形综合判断。司法实践中，笔者认为应注意以下问题：第一，既然法律规定了可得利益损失赔偿，就应尽量适用，不能因为当事人举证困难或者法院认定困难一概否定。支持可得利益损失赔偿，有利于维护社会经济秩序的稳定，加大违约成本，强化严守契约的严肃性。第二，当事人双方合同中已经约定不予赔偿可得利益损失的，应不予支持一方可得利益损失赔偿要求，因为这违反了可预见规则，如合同约定仅赔偿承包人的直接损失，则应不包括可得利益这种间接损失。第三，要结合工程施工的进度进行综合判断，一般来说，建设工程合同履行了大部分内容，应支持剩余部分的全部预期利润损失；如果工程施工刚刚开始，不能对剩余工程量的利润全部予以支持，否则将使承包人在未付出人力、物力、财力等成本时获取的利润具有不正当性。第四，要综合违约的性质判定可得利益，违约行为性质不严重，或者非恶意违约行为情形下，可得利益应酌减，反之，应酌情增加。第五，就举证责任而言，根据谁主张谁举证的原则，承包人应对其主张的预期利润承担举证责任，但是如果承包人举证后，发包人不认可，发包人应对反驳事由承担举证责任。

典型案例解析

案例 8.4　承包人的预期利润如何确定

——某建筑集团公司与北京某时装公司建设工程施工合同纠纷案

【案例来源】

（2020）京民终 80 号

【基本案情】

2014 年 12 月 21 日，北京某时装公司（发包人）就某时装基地生产科研楼等 7 个项目与某建筑集团公司（承包人）签订《建设工程施工合同》，合同约定：工程承包范围为施工图纸范围内的地基基础、结构、装修、电气、给排水、消防、通风空调、室外工程等全部工程。合同工期计划开工日期为 2014 年 12 月 20 日。计划竣工日期为 2016 年 4 月 28 日。工期总日历天数 496 天，自监理人发出的开工通知中载明的开工日期起算。本合同采用固定单价合同形式。签约合同价为 161420612 元。

2014 年 12 月 22 日，北京某时装公司（发包人，甲方）与某建筑集团公司（承包人，乙方）又签订了《建筑工程施工补充协议书》，约定：……2. 甲乙双方本着互惠互利的原则，经协商，乙方愿在工程施工中标价的基础上，再优惠让利，调整后的实际工程施工费用为 150789600 元。在施工中，如遇设计图调整或工程量变化，将依规按洽商增减工程量及费用。注：中标价仅用于建筑工程施工合同备案……4. 专业分包工程。甲方有责任全程监督专业分包工程的进度、质量和使用的品牌以及材质情况，督导专业分包公司的施工行为，监督乙方在专业分包项目上的专款专用情况……

上述《建设工程施工合同》及《建筑工程施工补充协议书》签订后，案涉工程于2015年3月10日正式开工，其中主体工程已于2016年1月11日封顶。后双方在合同履行过程中产生争议，北京某时装公司于2016年2月3日向某建筑集团公司发送终止施工合同的通知，通知《建设工程施工合同》及《建筑工程施工补充协议书》于2016年2月19日解除，某建筑集团公司认可收到上述通知。2016年5月17日，某建筑集团公司以北京某时装公司单方解除合同构成根本违约为由向北京某时装公司发出解除合同通知，北京某时装公司否认收到该通知，某建筑集团公司亦未提供证据证明其解除合同通知实际送达北京某时装公司。此后案涉工程处于停工状态。

【争议焦点】

承包人某建筑集团公司主张合同解除的预期利润损失是否应予支持以及如何确定？

【法院裁判】

一审法院北京市第一中级人民法院认为：某建筑集团公司主张预期利润损失的计算方法为按照中标合同总价减去已完工部分造价乘以7%的利润率。某建筑集团公司的该项诉讼请求实为《建设工程施工合同》履行后，其利用该履行之结果可以获得的纯利润。本案中，由于双方签订的《建设工程施工合同》已经部分履行且系北京某时装公司单方违约导致未能继续履行完毕，故某建筑集团公司主张的预期利润损失并未超出北京某时装公司的预见能力，符合法律规定。北京某时装公司主张因某建筑集团公司构成违约应自行承担损失的抗辩理由，无事实及法律依据，一审法院不予采纳。

但某建筑集团公司主张的预期利润损失属于未来可以获得的利润，在《建设工程施工合同》剩余部分未履行的情况下，该利润本身具有不确定性。故一审法院对于某建筑集团公司的可得利益损失在考虑以下主要因素的基础上予以酌定：1. 可预见性。可得利益损失不得超过北京某时装公司在订立合同时能够预见到的因违反合同可能造成的损失。由于《建设工程施工合同》剩余部分未实际履行，在工程施工的漫长过程中产生商业风险或其他情形导致合同无法完全履行的风险较大。可得利益损失赔偿数额，应当考虑特殊合同性质及实际履行情况对可预见规则产生的影响。2. 减损规则。在北京某时装公司违约并造成损失后，某建筑集团公司应当及时采取合理措施防止损失的扩大。3. 过错相抵原则。案涉合同虽系因北京某时装公司违约解除，但某建筑集团公司的施工内容确实存在一定的质量问题，在这种情况下，对于《建设工程施工合同》剩余部分能否在保证质量的前提下完成存在不确定性，故在计算可得利益赔偿额时，应当考虑因某建筑集团公司自身过错对正常水平利润率的影响。综合以上因素，一审法院酌情确定某建筑集团公司的预期利润损失为 100 万元。故对某建筑集团公司该部分诉讼请求中的合理部分予以支持，其余部分予以驳回。

某建筑集团公司上诉主张：一审法院仅支持了某建筑集团公司主张金额的 20%，违背了法律的规定，也不符合本案中合同解除过错责任的认定。一审法院以可预见性有不可确定性、减损规则以及过错相抵原则为由只酌情确定了 100 万元的预期利润损失金额太低、显失公平。

二审法院北京市高级人民法院认为：一审法院综合考量因某建筑集团公司对案涉工程的质量问题存在过错，剩余部分的修复质量存在不确定性，对计算正常水平利润率存在负影响，依据可得利益损失的可预见性及减损规则，酌情确定某建筑集团公司的预期利润损失为 100 万元，具有合理性，本院不持异议，予以维持。

【律师解析】

本案承包人主张的预期利润损失得到了法院的支持，虽然预期利润损失由法院进行了酌定，且支持的预期利润损失不高。

承包人主张预期利润损失的，应符合以下条件：发包人存在违约解除建设工程合同的行为；对于预期利润损失如何确定，承包人要提供预期利润的计算依据和方法。本案承包人主张按照剩余工程造价的 7% 计算预期利润，一审法院认可了该计算方式，但是并没有全部支持按照该计算方式计算出的全部利润。因为一审法院认为该预期利润建立在承包人正常完成全部剩余工程量的基础上，且未存在任何商业风险的条件下，才能实现。同时考虑到承包人的施工质量存在问题，且承包人负有在合同解除后防止损失扩大的责任，因而一审法院并没有完全按照承包人计算的预期利润予以支持，仅仅支持了 20%。

预期利润是在承包人正常履行建设工程合同的情形下，应该可以获得的利益，但是承包人如果要获得该部分利润，仍然需要投入成本，包括人力成本、财务成本等。在合同解除的情形下，如果全部支持承包人剩余工程量的预期利润，将会造成承包人未进行任何投入即获取了利润收入，显然也不符合公平公正的民法原则，同时还可能导致承包人希望发包人违约解除合同的道德风险。同时，依据《民法典》的规定，承包人的预期利润损失应予支持，依据违约赔偿的补偿性原则，预期利润损失不完全属于损失补偿，更多地属于对违约发包人的惩罚，所以对预期利润损失不能给予过多支持。但是，如果对承包人的预期利润损失赔偿支持过低，也可能放纵发包人的违约行为，对发包人违约解除合同的行为约束力不够，对建设工程合同履行的稳定性产生损害。所以预期利润损失的确定是司法难题，对承包人预期利润损失的赔偿要兼顾各种因素，作出相对合理的裁量。

另外，承包人主张预期利润损失，也可以申请会计司法鉴定。目前已经有部分案件在尝试进行这种鉴定，但是还不够成熟，尤其是预期利润损失的确定标准问题，尚不够明确。

·第九章·

建设工程价款优先受偿权疑难法律问题

建设工程价款优先受偿权问题较为复杂，尤其是在司法实践中适用的司法政策存在不同，因而对建设工程价款优先受偿权的理解与适用争议较大。但是，随着最高人民法院通过司法解释对相关问题的不断明确以及人民法院适用建设工程价款优先受偿权经验的不断积累，特别是《民法典》和《建设工程施工合同司法解释（一）》相继施行，建设工程价款优先受偿权的相关问题进一步得到明确。笔者对建设工程价款优先受偿权相关问题进行了梳理，对尚待进一步研究明确的有关问题进行分析并提出建议。

一、建设工程价款优先受偿权的权利主体

《民法典》第八百零七条规定："发包人未按照约定支付价款的，承包人可以催告发包人在合理期限内支付价款。发包人逾期不支付的，除根据建设工程的性质不宜折价、拍卖外，承包人可以与发包人协议将该工程折价，也可以请求人民法院将该工程依法拍卖。建设工程的价款就该工程折价或者拍卖的价款优先受偿。"依据该条法律规定，承包人享有建设工程价款优先受偿权。而《民法典》第七百八十八条第二款规定："建设工程合同包括工程勘察、设计、施工合同。"所以建设工程承包人包括勘察承包人、设计承包人、施工承包人和工程总承包人。依据对法律的文义解释，建设工程勘察承包人、设计承包人、施工承包人和工程总承包人均享有建设工程价款优先受偿权。

《建设工程施工合同司法解释（一）》第三十五条规定："与发包人订立建设工程施工合同的承包人，依据民法典第八百零七条的规定请求其承建工程的价款就工程折价或者拍卖的价款优先受偿的，人民法院应予支持。"

最高人民法院对《民法典》规定的建设工程价款优先受偿权的权利主体做了限制性解释，依据该条规定，只有与发包人存在直接的建设工程施工合同关系的承包人才享有优先受偿权，应包括建设工程施工承包人和建设工程总承包人，而建设工程的勘察人、设计人均不享有建设工程价款优先受偿权。

因而，依据以上法律规定，享有建设工程价款优先受偿权的主体需要具备

三个条件：一是与发包人订立的合同属于建设工程合同，不成立建设工程合同关系的承包人不享有建设工程价款优先受偿权。如建设工程监理合同、建设工程代建合同和建设工程项目管理合同均不属于法律规定的建设工程合同，所以监理人、代建人和项目管理人均不享有建设工程价款优先受偿权。二是与发包人直接订立建设工程合同，与发包人直接成立建设工程合同关系。与建设工程施工承包人或建设工程总承包人签订建设工程专业分包合同或劳务分包合同的分包人不享有建设工程价款优先受偿权。三是与发包人订立的建设工程合同必须包含施工内容，如建设工程施工承包和建设工程总承包合同；不包含施工内容的建设工程合同承包人不享有建设工程价款优先受偿权，如建设工程勘察、设计合同承包人等。

建设工程价款优先受偿权的主体是指与发包人订立建设工程施工合同的承包人，具体包括与发包人订立建设工程总承包合同和施工承包合同的承包人，而施工承包合同，包括与发包人订立建设工程施工总承包合同、建设工程专业承包合同和装饰装修工程承包合同。

对于装饰装修工程承包人的建设工程价款优先受偿权，《建设工程施工合同司法解释（一）》第三十七条规定："装饰装修工程具备折价或者拍卖条件，装饰装修工程的承包人请求工程价款就该装饰装修工程折价或者拍卖的价款优先受偿的，人民法院应予支持。"对于装饰装修工程，不再要求发包人是建筑物的所有权人，发包人即使不是建筑物的所有权人而是使用权人，与承包人签订装饰装修工程合同的，装饰装修工程具备折价或者拍卖条件的，承包人也享有优先受偿权。

关于建设工程价款优先受偿权的主体，司法实践中还存在以下问题：

1. 建设工程转包的，如何认定建设工程价款优先受偿权的主体

建设工程承包人将承包的建设工程转包的，建设工程的实际施工人为转包合同的承包人，虽然转包合同属于无效合同，但是承包人与发包人签订的建设工程合同仍然有效，依据最高人民法院司法解释的规定，承包人应享有建设工程价款优先受偿权。

但是如果承包人仍享有建设工程价款优先受偿权，将会出现以下问题。首先，承包人并不是建设工程的真实施工人，未对建设工程进行任何投入，不是建设工程价款的最终享有者，真正享有建设工程价款债权的是转包合同的承包

人，优先受偿权依附于建设工程价款债权，如果承包人不享有建设工程价款债权，自然不应享有优先受偿权，皮之不存，毛将焉附。其次，《建设工程施工合同司法解释（一）》第四十三条规定，实际施工人可以以发包人为被告主张权利，要求发包人直接支付工程价款。在转包合同的承包人向发包人主张直接支付工程价款时，而建设工程的承包人却享有建设工程价款优先受偿权，不符合逻辑。最后，建设工程价款优先受偿权制度设置的目的是保护建筑工人的劳动报酬，维护建筑工人的最低生活保障，在转包合同中，建筑工人不是承包人雇佣的，承包人也不负责建筑工人工资的发放，赋予承包人建设工程价款优先受偿权与优先受偿权制度价值相背离。

综合以上分析，笔者认为，建设工程承包人转包建设工程的，其不享有建设工程价款优先受偿权。那么转包合同的实际施工人是否享有建设工程价款优先受偿权呢？笔者认为，也不应享有建设工程价款优先受偿权。首先，转包行为是违法行为，实际施工人不应因违法行为获利；其次，转包合同的实际施工人与发包人之间并不存在建设工程施工合同关系，不符合《民法典》第八百零七条的规定。因而，转包合同的实际施工人即使依据《建设工程施工合同司法解释（一）》第四十三条的规定起诉发包人主张权利，也不能主张建设工程价款优先受偿权。

2. 建设工程挂靠的，建设工程价款优先受偿权主体如何认定

建设工程挂靠的，即实际施工人借用建筑企业的资质，以建筑企业名义与发包人签订建设工程施工合同的，建设工程价款优先受偿权的主体如何确定。笔者认为，无论挂靠人还是被挂靠人均不享有建设工程价款优先受偿权，因为依据《建设工程施工合同司法解释（一）》第一条的规定，借用资质签订的建设工程合同无效，无效的建设工程合同承包人不享有建设工程价款优先受偿权，具体分析见本章第四部分的论述。

3. 承包人将建设工程价款债权转让的，受让人是否享有建设工程价款优先受偿权

关于该问题，有观点认为，建设工程价款优先受偿权依附于建设工程价款债权，建设工程价款债权转让的，建设工程价款优先受偿权随着转让，受让人取得该建设工程价款债权的优先受偿权。《江苏省高级人民法院关于审理建设工程施工合同纠纷案件若干问题的解答》（已失效）第二十条规定：“工程款

债权转让的，建设工程价款优先受偿权是否一并转让？建设工程价款优先受偿权依附于工程款债权，承包人将建设工程价款债权转让的，建设工程价款优先受偿权随之转让。受让人是否实际享有建设工程价款优先受偿权，仍应进行实体审查。”

也有观点认为，建设工程价款优先受偿权制度设立的目的是保护建筑工人的劳动报酬，承包人转让债权后获取的收入能够保障建筑工人劳动报酬的实现，而且受让人一般不是建筑施工企业，不再担负支付建筑工人劳动报酬的义务，因而建设工程价款债权转让后，优先受偿权制度的存在价值已经丧失，此时受让人不应再享有建设工程价款优先受偿权。

《河北省高级人民法院建设工程施工合同案件审理指南》（2018 年 6 月 13 日）第三十七条规定：“建设工程价款优先受偿权与建设工程价款请求权具有人身依附性，承包人将建设工程价款债权转让，建设工程价款的优先受偿权消灭。”重庆市第五中级人民法院在（2020）渝 05 民终 5767 号《民事判决》中也认为：“承包人德感建司将其与发包人钧煌公司结算的结果含工程款优先受偿权一并转让给程某，因德感建司通过转让工程价款的债权已获得相应的对价，其作为承包人的权利得以实现，故其不再享有建设工程价款优先受偿权，程某作为受让人也不能因转让协议而当然取得工程价款优先受偿权。故程某只能取得向发包人收取工程价款的权利，不能取得工程价款的优先受偿权。”

笔者认为，建设工程价款优先受偿权不是一项单独的权利，是依附于建设工程价款债权基础之上优先受偿的权利，所以优先受偿权不应因该债权的转让而丧失。而且，如果建设工程价款优先受偿权在建设工程价款债权转让后丧失，不利于建设工程价款债权的流转，也不利于建筑施工企业债权的实现，最终不利于保障建筑工人劳动报酬的实现。因而，笔者认为建设工程价款优先受偿权不因债权转让而丧失，司法应统一裁判标准。

典型案例解析

案例9.1 实际施工人是否享有建设工程价款优先受偿权
——吴某与重庆某建筑公司建设工程施工合同纠纷案

【案例来源】

(2019)最高法民再258号

【基本案情】

2015年8月1日，发包人甲文化公司、乙文化公司与承包人重庆某建筑公司签订《建设工程总承包合同》，合同约定：一、工程名称：某文化主题公园改造建设工程。二、工程承包范围：负责本项目红线范围内工程施工内容（深基坑支护止水工程、地基基础工程、主体结构工程、钢结构、管网工程、水电等）。三、开工日期、竣工日期。四、质量标准。五、工程保证金：保证金额为1200万元（签订合同之日乙方缴纳1100万元，余款于10个工作日之内补齐）。六、合同价款：合同价款暂估100000000元，（大写）壹亿元整。具体以竣工结算为准。甲文化公司、乙文化公司与重庆某建筑公司均在合同尾部加盖公司印章。

2015年8月25日，重庆某建筑公司与吴某签订《建设工程内部承包合同》，合同约定：首次支付工程款的时间为基础开工后两个月支付，结算月次月的五日前银行转账支付；工程全部完工通过验收，即将工程款付至95%，留5%作为保修金，保修期一年，保修期满后10日内无息一次退完全款。重庆某建筑公司在合同尾部加盖公司印章，吴某在合同尾部签字。

同日，甲文化公司作为甲方、重庆某建筑公司作为乙方、吴某作为丙方签订了《补充协议》，约定：一、甲、乙、丙三方再次释明乙方与丙方于2015年8月25日签订的工程承包合同中的实际施工承包人为：吴某。二、该合同中约定缴纳工程保证金的实际缴纳人为：丙方吴某。并打入乙方指定的甲方账户。三、该补充协议与该工程承包合同具有同等的效力。同日，重庆某建筑公司向吴某出具授权委托书，授权吴某全权代表其公司执行某文化主题公园改造建设工程的合同签署及管理工作。授权有效期：从本授权委托书签署之日起至工程合同履行完毕止。在授权范围和授权有效期一年内，吴某的一切行为，均代表重庆某建筑公司，对其一切经济行为由委托代理人承担全部法律责任。2015年8月26日，吴某按照上述三方《补充协议》的约定向甲文化公司指定账户汇入了工程保证金1050万元。

随后，吴某组织工人进场施工。吴某于2015年11月13日向甲文化公司、乙文化公司以及重庆某建筑公司发出停工通知书。诉争工程于2015年11月14日正式停工。吴某向一审法院起诉，第4项诉讼请求为：吴某对某文化主题公园改造建设工程的建筑工程价款具有优先受偿权。

【争议焦点】

吴某对本案工程是否享有建设工程价款优先受偿权?

【法院裁判】

一审法院重庆市第三中级人民法院认为：根据《最高人民法院关于建设工程价款优先受偿权问题的批复》（已失效）的规定，承包人有权就发包人欠付的工程款主张优先受偿权。虽然案涉工程于2015年11月14日实际停工，吴某于2016年1月向法院提起诉讼主张优先受偿权，未超过6个月法定期间，因此，吴某享有在欠付工程款2934181.04元范围内就涉案工程折价、拍卖所得价款的优先受偿权。

二审法院重庆市高级人民法院认为：吴某不能对案涉工程享有工程价款优先受偿权。事实和理由：1.《合同法》第二百八十六条①赋予承包人建设工程价款优先受偿权，但并未直接赋予实际施工人享有建设工程价款优先受偿权。2.在发包人欠付承包人工程款数额明确，但承包人怠于行使优先受偿权的情况下，考虑到可能会因为承包人的不积极作为而影响实际施工人收取工程款的合法权益，故允许实际施工人向发包人主张优先受偿权，但这种优先受偿权应当在《最高人民法院关于审理建设工程施工合同纠纷案件适用法律问题的解释》第二十六条②赋予实际施工人的权利范围内，即在发包人欠付承包人工程款范围内享有优先受偿权，而非对于承包人欠付实际施工人的工程款享有优先受偿权。3.本案中因甲文化公司与重庆某建筑公司尚未完成结算，甲文化公司是否

① 与本条相对应的条文是《民法典》第八百零七条。

② 本条修订后并入《建设工程施工合同司法解释（一）》第四十三条。

欠重庆某建筑公司工程款以及欠款的具体金额尚未确定，不能确定吴某在什么范围内对案涉工程享有优先受偿权，故其请求暂不能成立，吴某应待甲文化公司和重庆某建筑公司完成工程款结算后另行主张权利。

再审法院最高人民法院认为：本案中，吴某与重庆某建筑公司签订的《建设工程内部承包合同》为无效合同，吴某并非承包人而是实际施工人。《最高人民法院关于审理建设工程施工合同纠纷案件适用法律问题的解释》第二十六条第二款规定的是发包人只在欠付工程价款范围内对实际施工人承担责任，即实际施工人有条件向发包人主张工程价款，但并未规定实际施工人享有工程价款的优先受偿权。《合同法》第二百八十六条仅规定承包人享有工程价款优先受偿权，亦未规定实际施工人也享有该项权利。因此，吴某主张其享有工程价款优先受偿权并无事实和法律依据，二审不予支持并无不当。

【律师解析】

本案中，吴某是实际施工人，一审法院认定吴某享有建设工程价款优先受偿权。但是二审法院和再审法院均认为吴某作为实际施工人不享有优先受偿权。二审法院的观点是，实际施工人享有的建设工程价款优先受偿权应该在发包人欠付工程价款的范围内主张，由于发包人甲文化公司与重庆某建筑公司尚未完成结算，欠付的工程价款无法确定，所以不能确定吴某在什么范围内对案涉工程享有优先受偿权，故其请求暂不能成立，但是如果发包人欠付工程价款的数额确定的话，吴某作为实际施工人仍然可以主张工程价款优先受偿权，因而，二审法院实际上并没有否定实际施工人吴某的建设工程价款优先受偿权，只是认为尚不具备主张条件。

但是最高人民法院则根本否定了吴某的建设工程价款优先受偿权，最高人民法院认为法律只规定了承包人享有建设工程价款优先受偿权，没有规定实际施工人享有建设工程价款优先受偿权，因而吴某不应享有本案建设工程价款优先受偿权。

对于实际施工人是否享有建设工程价款优先受偿权，有的地方司法政策仍主张实际施工人有条件地享有建设工程价款优先受偿权。比如，《江苏省高级人民法院关于审理建设工程施工合同纠纷案件若干问题的解答》（已失效）第十六条规定："实际施工人是否享有建设工程价款优先受偿权？实际施工人在总承包人或者转包人不主张或者怠于行使工程价款优先受偿权时，就其承建的工程在发包人欠付工程价款范围内可以主张优先受偿权。”也有观点认为，建设工程施工合同无效，但工程经竣工验收合格，承包人可以主张工程价款优先受偿权。分包人或实际施工人完成了合同约定的施工义务且工程质量合格，在总承包人或转包人怠于行使工程价款优先受偿权时，就其承建的工程在发包人欠付工程价款范围内可以主张工程价款优先受偿权。

最高人民法院（2021）最高法民申1033号民事裁定书认为，本案各方当事人对侯某某挂靠某建筑公司承建四川省某房地产项目并无异议。截至2014年11月9日，某房地产项目6、7、9号楼主体结构分部工程质量验收合格。因此，原审判决认定侯某某对其所施工的某房地产项目建设工程价款享有优先受偿权，适用法律并无不当，即认可了挂靠实际施工人的建设工程价款优先受偿权。

笔者主张实际施工人不应享有建设工程价款优先受偿权，无论承包人是否怠于行使建设工程价款优先受偿权，理由如上阐述。

二、建设工程价款优先受偿权与抵押权、其他债权的关系

《建设工程施工合同司法解释（一）》第三十六条规定：“承包人根据民法典第八百零七条规定享有的建设工程价款优先受偿权优于抵押权和其他债权。”

依据该司法解释的规定，在同一建设工程之上存在多种权利时，建设工程价款优先受偿权优于抵押权和其他债权，其他债权包括买受人对商品房的债权。

虽然建设工程价款优先受偿权优于买受人对商品房的债权，但是依据最高院关于民事执行的司法政策，买受人作为消费者购买商品住房的权利受到司法政策的特殊保护，在一定的条件下，产生实际对抗建设工程价款优先受偿权的效果。

《最高人民法院关于人民法院民事执行中查封、扣押、冻结财产的规定》第十五条规定：“被执行人将其所有的需要办理过户登记的财产出卖给第三人，第三人已经支付部分或者全部价款并实际占有该财产，但尚未办理产权过户登记手续，人民法院可以查封、扣押、冻结；第三人已经支付全部价款并实际占有，但未办理过户登记手续的，如果第三人对此没有过错，人民法院不得查

封、扣押、冻结。”

《最高人民法院关于人民法院办理执行异议和复议案件若干问题的规定》第二十九条规定：“金钱债权执行中，买受人对登记在被执行的房地产开发企业名下的商品房提出异议，符合下列情形且其权利能够排除执行的，人民法院应予支持：（一）在人民法院查封之前已签订合法有效的书面买卖合同；（二）所购商品房系用于居住且买受人名下无其他用于居住的房屋；（三）已支付的价款超过合同约定总价款的百分之五十。”

依据以上规定，商品住房的买受人，必须符合以上两个司法解释规定的情形，在民事执行中才可以对抗建设工程价款优先受偿权。具体来讲，必须同时符合以下三个条件：第一，所购商品房必须属于住宅，商业房不适用；第二，买房人名下无其他用于居住的房屋，如果还有其他的居住房屋，也不产生对抗的效力；第三，已经支付合同约定总价款的百分之五十以上。缺少任何一个条件，均不产生对抗其他金钱债权的权利，更不能对抗建设工程价款优先受偿权。

由此引出的一个问题是，如果建设工程已经转让第三人并办理过户登记手续，承包人的建设工程价款优先受偿权在该转让的建筑物上是否还存在？

建设工程转让后，承包人是否还享有建设工程价款优先受偿权在司法实践中仍未有定论。有人认为，发包人和承包人只能就发包人享有所有权的建设工程进行折价或者拍卖，不能将第三人所有的建设工程折价或者拍卖，所以建设工程转让后，承包人就该建设工程不再享有优先受偿权。也有人认为，建设工程价款优先受偿权属于法律直接规定的权利，具有担保物权的性质，也具有担保工程价款优先支付的功能，优先受偿权以建设工程的存在为前提，并依附该建设工程，所以即使发生建设工程转让，承包人的建设工程价款优先受偿权仍存在于该工程之上。

笔者认为，建设工程已转让的，承包人不能就该转让的建设工程行使优先受偿权。依据法律规定，建设工程价款优先受偿权优于抵押权和其他债权，但是不能优于物权，建设工程转让第三人且办理过户登记手续的，第三人对该建设工程享有物权，承包人的优先受偿权不能优于第三人的物权，承包人不能就该建设工程申请折价或拍卖的价款主张优先受偿权。但是承包人可以就发包人转让建设工程所获的价款主张优先受偿权，因为发包人转让建设工程的价款与折价、拍卖该建设工程的价款性质完全一致。

司法实务中还应注意的问题是，承包人提起诉讼或申请仲裁主张确认建设工程价款优先受偿权的，应同时申请对建设工程进行财产保全，冻结建设工程的转让，避免发包人在诉讼或仲裁期间将建设工程转让，使承包人的建设工程价款优先受偿权难以实现。

典型案例解析

案例 9.2　建设工程价款优先受偿权与购房者债权的优先关系
——四川某建设公司与徐某、宜宾某置地公司、宜宾某房地产公司案外人执行异议之诉纠纷案

【案例来源】

（2020）最高法民再 122 号

【基本案情】

2015 年 8 月 31 日，徐某与宜宾某置地公司签订《房源成交确认单》。徐某与宜宾某置地公司于 2016 年 1 月 4 日签订《商品房买卖合同》，合同约定，徐某购买宜宾市“某湾一号”10 – B2 – 12 号商铺。

2016 年 1 月 4 日，徐某与某商业管理公司、宜宾某置地公司签订《某湾一号商铺委托代招租协议》，合同约定，由徐某将“某湾一号”10 – B2 – 12 号商铺委托给某商业管理公司对外租赁和管理。

2016 年 8 月 17 日，宜宾某置地公司出具《房屋交付通知书》。同日，徐某与成都某公司签订《前期物业服务合同》。

宜宾市中级人民法院于 2016 年 11 月 21 日作出（2016）川 15 民初 104 号民事裁定，裁定查封宜宾某置地公司价值 1.6 亿元的商铺。2016 年 11 月 29 日，一审法院向宜宾市不动产登记中心发出协助执行通知书、查封清单，查封宜宾某置地公司位于“某湾一号”一、二、三期的车库、商铺、住宅，查封的商铺中包括“某湾一号”10 – B2 – 12 号商铺。

宜宾某置地公司以徐某已在查封前购买该商铺为由，于 2017 年 1 月 3 日对包括此套商铺在内的 53 套房屋向一审法院提出了执行异议，一审法院听证后，

于2017年4月26日作出（2017）川15执异1号执行裁定，驳回了宜宾某置地公司对案涉商铺的异议请求。

徐某于2017年4月12日对涉案商铺提出执行异议，一审法院于2017年5月19日作出（2017）川15执异30号执行裁定，裁定中止对案涉商铺的执行。

一审法院另查明：徐某为原告以宜宾某置地公司为被告向四川省宜宾市翠屏区人民法院提起民事诉讼，四川省宜宾市翠屏区人民法院于2017年6月7日作出（2017）川1502民初2153号民事判决书，该判决认定："原、被告于2015年10月签订合同约定原告购买被告开发的某湾一号10－B2－13号门面，合同签订后，原告向被告支付了购房款4717544元，后原告到现场察看，发现合同约定的商铺已分成两间，双方协商后于2016年1月4日重新签订《商品房买卖合同》，约定原告购买某湾一号地下室10－B2－12号门面。双方均认可该门面总价款为3226302元。后原、被告双方经协商达成协议：由被告分四次退还原告多交的1491242元。"

再审审理查明：宜宾市中级人民法院作出（2016）川15民初104号民事判决，判决宜宾某置地公司、宜宾某房地产公司支付四川某建设公司工程款106347857.4元及相应资金占用费，确认四川某建设公司对某湾一号三期工程（本案所涉10－B2－12号商铺属于某湾一号三期工程的范围）的折价或者拍卖价款享有优先受偿权；该判决已于2019年7月16日生效。四川某建设公司向宜宾市中级人民法院申请强制执行。

【争议焦点】

商品房购买者的债权能否对抗建设工程价款优先受偿权？

【法院裁判】

一审法院四川省宜宾市中级人民法院认为：根据《最高人民法院关于人民法院办理执行异议和复议案件若干问题的规定》第二十八条关于"金钱债权执行中，买受人对登记在被执行人名下的不动产提出异议，符合下列情形且其权利能够排除执行的，人民法院应予支持：（一）在人民法院查封之前已签订合法有效的书面买卖合同；（二）在人民法院查封之前已合法占有该不动产；（三）已支付全部价款，或者已按照合同约定支付部分价款且将剩余价款按照人民法院的要求交付执行；（四）非因买受人自身原因未办理过户登记"的规定，因涉案商铺未登记在徐某名下，故本案应当逐一审查其是否同时满足以上条件。首先，根据已发生法律效力的（2017）川1502民初2153号民事判决可认定徐某与宜宾某置地公司于2016年1月4日签订《商品房买卖合同》，约定徐某购买“某湾一号”地下室10－B2－12号门面，并认定宜宾某置地公司还应返还徐某多支付的价款，据此可以认定徐某与宜宾某置地公司签订了合法有效的书面买卖合同并已支付了全部价款。其次，徐某认为已实际占有诉争商铺，四川某建设公司并不认可。徐某为证明其主张，提供了《某湾一号商铺委托代招租协议》《临时管理规约》《房屋交付通知书》《前期物业服务合同》，四川某建设公司对真实性并无异议，对《房屋交付通知书》真实性有异议，认为其上没有宜宾某置地公司盖章，且该通知是发给“成都某公司”的，不是宜宾某置地公司和徐某双方办理的。宜宾某置地公司对上述证据无异议，并认可商铺已经交付徐某。宜宾某置地公司与徐某系买卖合同的相对人，双方均认可案涉房屋已交付，且有上述证据佐证，在无相关证据否认的情况下，可认为徐某已实际占有案涉商铺。最后，本案未有证据证实系徐某自身原因造成未办理过户登记。综上，四川某建设公司的诉讼请求不能成立。一审不予支持。

二审法院四川省高级人民法院认为：依照《最高人民法院关于人民法院办理执行异议和复议案件若干问题的规定》第二十八条关于“金钱债权执行中，买受人对登记在被执行人名下的不动产提出异议，符合下列情形且其权利能够排除执行的，人民法院应予支持：（一）在人民法院查封之前已签订合法有效的书面买卖合同；（二）在人民法院查封之前已合法占有该不动产；（三）已支付全部价款，或者已按照合同约定支付部分价款且将剩余价款按照人民法院的要求交付执行；（四）非因买受人自身原因未办理过户登记”规定以及第二十九条关于“金钱债权执行中，买受人对登记在被执行的房地产开发企业名下的商品房提出异议，符合下列情形且其权利能够排除执行的，人民法院应予支持：（一）在人民法院查封之前已签订合法有效的书面买卖合同；（二）所购商品房系用于居住且买受人名下无其他用于居住的房屋；（三）已支付的价款超过合同约定总价款的百分之五十”规定的文意来看，第二十八条适用于金钱债权执行中，买受人对登记在被执行人名下的不动产提出异议的情形，第二十九条则适用于金钱债权执行中，买受人对登记在被执行的房地产开发企业名下的商品房提出异议的情形。本案中，宜宾某置地公司系房地产开发企业，同时也是本案的被执行人，案涉商铺登记在宜宾某置地公司名下，同时符合登记在被执行的房地产开发企业名下与登记在被执行人名下两种情形。《最高人民法院关于人民法院办理执行异议和复议案件若干问题的规定》第二十八条是对一般买受人物权期待权的保护，对于包括房地产开发企业在内的所有类型的被执行人均可适用，而第二十九条的保护对象是作为消费者的买受人的物权期待权，是专门针对被执行人为房地产开发企业、买受人为消费者的特别保护条款，旨在保护消费者居住权。但该条款并不排除向房地产开发企业购买房屋的一般买受人获得第二十八条规定的保护，换言之，即使买受人不符合第二十九条的规定，其仍有权寻求第二十八条规定的保护。上述两个条款之间不是排除适用关系，而是补充适用关系，在房地产开发企业作为被执行人的案件中，只要满足其中任何一条规定的情形，买受人的权利都能排除法院执行。本案中，徐某与宜宾某置地公司之间的《商品房买卖合同》签订时间、徐某支付全部购房款的时间及收房时间、处分商铺的时间均早于一审法院查封案涉商铺的时间，且案涉《商品房买卖合同》约定的过户时间为2020年12月30日前，在约定的过户期限届满前，案涉商铺已被一审法院查封，案涉商铺至今未能办理产权过户，并非徐某本人过错所致。徐某对案涉商铺享有的权利符合《最高人民法院关于人民法院办理执行异议和复议案件若干问题的规定》第二十八条规定的情形，一审法院据此确认本案当事人之间的权利义务关系，事实与法律依据充分。

再审法院最高人民法院认为：《合同法》[①] 第二百八十六条规定“发包人未按照约定支付价款的，承包人可以催告发包人在合理期限内支付价款。发包人逾期不支付的，除按照建设工程的性质不宜折价、拍卖的以外，承包人可以与发包人协议将该工程折价，也可以申请人民法院将该工程依法拍卖。建设工程的价款就该工程折价或者拍卖的价款优先受偿”，《最高人民法院关于建设工程价款优先受偿权问题的批复》第一条[②]规定：“人民法院在审理房地产纠纷案件和办理执行案件中，应当依照《中华人民共和国合同法》第二百八十六条的规定，认定建筑工程的承包人的优先受偿权优于抵押权和其他债权。”建设工程价款优先受偿权类似于留置权人的优先受偿权，基于承包人是工程的实际施

① 与本条相对应的条文是《民法典》第八百零七条。

② 该批复已失效，相关条文修订后并入《建设工程施工合同司法解释（一）》，对应《建设工程施工合同司法解释（一）》第三十六条。

工人，其对发包人享有的工程价款已物化到了工程本身，故承包人对于工程享有的优先权优于抵押权和其他债权。四川某建设公司是因工程款纠纷提起诉讼，在诉讼中申请对涉案商铺进行查封才导致的本案执行异议之诉，原审中四川某建设公司已在工程价款优先受偿权的有效请求期限内提起诉讼，并经生效判决确认对案涉商铺折价或拍卖价款享有优先受偿权。原判未注意到该事实将四川某建设公司申请执行的债权作为普通的金钱债权予以审查，错误适用《最高人民法院关于人民法院办理执行异议和复议案件若干问题的规定》第二十八条。《最高人民法院关于建设工程价款优先受偿权问题的批复》（法释〔2002〕16 号）第二条关于已交付购买商品房的全部或者大部分价款的消费者应优先保护的规定，是为了保护个人消费者的居住权而设置的。根据《消费者权益保护法》第二条的规定，消费者是指为生活消费需要购买、使用或者接受服务，其权益受到消费者权益保护法的保护。消费者购房应是直接用于满足其生活居住需要，才能称为上述批复中的消费者，才享有比建设工程价款优先受偿权更优的权利。徐某购买的是商铺，目的是投资，并非用于居住，其享有的权利并不足以对抗四川某建设公司享有的建设工程价款优先受偿权，因此，本案也不能适用《最高人民法院关于人民法院办理执行异议和复议案件若干问题的规定》第二十九条。综上，徐某就案涉商铺享有的权利并不符合《最高人民法院关于人民法院办理执行异议和复议案件若干问题的规定》第二十八条及第二十九条规定的情形，不足以排除四川某建设公司申请的强制执行。四川某建设公司的再审请求应予支持。

【律师解析】

本案中，徐某购买案涉“某湾一号”10－B2－12 号商铺，并支付了全部购房款，徐某对案涉商铺享有普通债权；而四川某建设公司对包括徐某购买的案涉商铺在内的建筑物享有建设工程价款优先受偿权。在徐某的普通债权和四川某建设公司的建设工程价款优先受偿权产生冲突时，哪项权利更应该受到法律保护，更具有优先的权利，是本案争议的焦点问题。

一审法院和二审法院均依据《最高人民法院关于人民法院办理执行异议和复议案件若干问题的规定》第二十八条的规定，认定徐某的债权有对抗四川某建设公司建设工程价款优先受偿权的效力。而最高人民法院认为，本案不能适用《最高人民法院关于人民法院办理执行异议和复议案件若干问题的规定》第二十八条的规定。而《最高人民法院关于建设工程价款优先受偿权问题的批复》第二条关于已交付购买商品房的全部或者大部分价款的消费者应优先保护的规定，是为了保护个人消费者的居住权而设置的。徐某购买的案涉商铺不是住宅，不是为了居住，而是为了投资，因而不符合保护消费者居住权的规定，不能对抗四川某建设公司的建设工程价款优先受偿权。同时该案也不适用《最高人民法院关于人民法院办理执行异议和复议案件若干问题的规定》第二十九条的规定。

在《建设工程施工合同司法解释（一）》施行后，《最高人民法院关于建设工程价款优先受偿权问题的批复》已经被废止。当购房者的债权和建设工程价款优先受偿权产生冲突时，如何认定两者的优先地位?

笔者认为，依据《建设工程施工合同司法解释（一）》第三十六条的规定，承包人享有的建设工程价款优先受偿权优于抵押权和其他债权，包括购房者的债权。因而购房者的债权在通常情形下是不能对抗建设工程价款优先受偿权的，但是，如果购房者的债权符合《最高人民法院关于人民法院办理执行异议和复议案件若干问题的规定》第二十九条的规定，应产生对抗建设工程价款优先受偿权的效力。《最高人民法院关于人民法院办理执行异议和复议案件若干问题的规定》第二十九条规定的金钱债权，既包括一般债权，也包括建设工程价款优先受偿权，所以购房者的债权符合规定的三个条件且能够排除执行的，其不仅能对抗一般债权的执行，也能对抗建设工程价款优先受偿权的执行。

三、建设工程价款优先受偿权的范围问题

1\. 承包人建设工程价款优先受偿的范围

《建设工程施工合同司法解释（一）》第四十条规定："承包人建设工程价款优先受偿的范围依照国务院有关行政主管部门关于建设工程价款范围的规定确定。承包人就逾期支付建设工程价款的利息、违约金、损害赔偿金等主张优先受偿的，人民法院不予支持。"

承包人建设工程价款优先受偿的范围为全部的建设工程价款。关于建设工程价款的范围，住房和城乡建设部、财政部《建筑安装工程费用项目组成》

（建标〔2013〕44 号）按照两种不同的组成标准将其划分为两种不同的组成内容：

（1）建筑安装工程费用项目按费用构成要素组成，划分为人工费、材料费、施工机具使用费、企业管理费、利润、规费和税金。

（2）建筑安装工程费用项目按工程造价形成顺序组成，划分为分部分项工程费、措施项目费、其他项目费、规费和税金。

两者只是分类的不同，包含的内容是一致的。相互之间的关系是：建筑安装工程费按照费用构成要素的人工费、材料费、施工机具使用费、企业管理费和利润包含在分部分项工程费、措施项目费、其他项目费中。规费和税金都是单独计算。

因而，建设工程价款优先受偿权的受偿范围包括人工费、材料费、施工机具使用费、企业管理费、利润、规费和税金。

人工费是指按工资总额构成规定，支付给从事建筑安装工程施工的生产工人和附属生产单位工人的各项费用。包括：计时工资或计件工资、奖金、津贴补贴、加班加点工资、特殊情况下支付的工资。

材料费是指施工过程中耗费的原材料、辅助材料、构配件、零件、半成品或成品、工程设备的费用。包括：材料原件、运杂费、运输损耗费、采购及保管费。

施工机具使用费是指施工作业所发生的施工机械、仪器仪表使用费或其租赁费。包括：施工机械使用费、仪器仪表使用费。

企业管理费是指建筑安装企业组织施工生产和经营管理所需的费用。包括：管理人员工资、办公费、差旅交通费、固定资产使用费、工具用具使用费、劳动保险和职工福利费、劳动保护费、检验试验费、工会经费、职工教育经费、财产保险费、财务费、税金、其他费用。

利润是指施工企业完成所承包工程获得的盈利。

规费是指按国家法律、法规规定，由省级政府和省级有关权力部门规定必须缴纳或计取的费用。包括：社会保险费、住房公积金、工程排污费。

税金是指国家税法规定的应计入建筑安装工程造价内的增值税、城市维护建设税、教育费附加以及地方教育附加。

2. 建设工程价款优先受偿权的标的只包括建设工程，不包括其占用的建设

用地使用权，也不包括转让建设工程运营权的价款

依据《民法典》第八百零七条的规定，承包人和发包人实现建设工程价款优先受偿权时，只能就建设工程进行折价或者拍卖，不包括建设工程所占用的建设用地使用权。但是在对建设工程进行折价或拍卖时，其占用的建设用地使用权要同时进行折价或拍卖，承包人只能对建设工程折价或拍卖的价款行使优先受偿的权利，对于其占用的建设用地使用权拍卖的价款不享有优先受偿的权利。

有些工程，比如高速公路、地铁、湖泊等，如果进行折价或者拍卖将非常困难，但是转让该类建设工程的运营权，比如高速公路的收费权、地铁的运营权等将相对容易。对于转让运营权获取的价款，依据目前的法律规定，承包人不享有优先受偿权，承包人的优先受偿权仅仅限于对建设工程的折价或拍卖，不包括转让建设工程的运营权获取的价款。

笔者认为，应将转让建设工程运营权获取的价款纳入建设工程优先受偿权的受偿范围，更有利于承包人优先受偿权的实现，也更有利于社会资源实现价值的最大化。

典型案例解析

案例 9.3 建设工程价款优先受偿权的标的

——天津某航道局与某港务公司、潍坊港集团建设工程价款优先受偿权纠纷案

【案例来源】

（2020）鲁民终 832 号

【基本案情】

一审法院认定事实：天津某航道局诉某港务公司、潍坊港集团航道、港口疏浚合同纠纷一案，青岛海事法院于2019年7月16日作出（2018）鲁72民初1356号民事判决，判令某港务公司于该判决生效之日起十日内向天津某航道局支付欠付的工程款711249141.47元，并支付迟延支付预付款利息、迟延支付工程进度款利息、迟延支付工程完工款利息、迟延支付工程结算尾款利息，潍坊港集团对上述款项承担连带清偿责任。虽然该判决尚未生效，但某港务公司、潍坊港集团对该判决确认的欠付工程款本金的数额无异议。

天津某航道局提交潍坊港中港区3.5万吨级航道工程一标段、二标段的《施工组织设计报审表》及所附施工组织设计图显示，其施工的潍坊港中港区3.5万吨级航道工程一标段、二标段疏浚工程疏浚出来的泥沙主要位于“吹填二区”，该区域为涉案疏浚工程主要的吹泥位置。

天津某航道局提交潍坊港中港区汽车滚装及杂货物流园区项目海域使用权证书显示，某港务经营公司系潍坊港中港区汽车滚装及杂货物流园项目的海域使用权人，同时标明了宗海位置及其界址。天津某航道局提交潍坊市不动产登记中心滨海区分中心出具的表格文件显示，某港务公司作为海域使用权人持有潍坊港中港区集装箱物流园区项目、潍坊港中港区港口商贸区项目海域使用权证书情况，潍坊港集团作为海域使用权人持有潍坊港中港区港口服务区项目海域使用权情况，作为海域使用权人持有潍坊港中港区钢材及杂货物流园区项目海域使用权情况，某港务公司作为海域使用权人持有潍坊港中港区农产品物流园区项目海域使用权情况。天津某航道局主张，上述六块海域均位于涉案工程疏浚泥沙的吹填区域即“吹填二区”内，当事人对此均无异议，一审法院予以确认。

天津某航道局向一审法院起诉请求：请求确认就某港务公司、潍坊港集团欠付的潍坊港中港区3.5万吨级航道工程一、二标段工程款711249141.47元，对天津某航道局施工形成的陆域工程（潍坊港中港区集装箱物流园区项目、潍坊港中港区港口商贸区项目、潍坊港中港区港口服务区项目、潍坊港中港区农产品物流园区项目、潍坊港中港区钢材及杂货物流园区项目、潍坊港中港区汽车滚装及杂货物流园区项目）折价或拍卖价款享有优先受偿权。

天津某航道局主张，其施工行为最终形成的工程，不仅包括经过疏浚的航道，还包括将疏浚泥沙吹填至“吹填二区”形成的陆域。

某港务公司辩称：根据《潍坊港中港区3.5万吨级航道工程（一标段）合同文件》《潍坊港中港区3.5万吨级航道工程（二标段）合同文件》的约定，合同标的为“航道疏浚作业”，疏浚作业过程中产生的泥沙按规定堆存到指定地点。为此，合同对堆存地点做了明确约定，而且由于距离问题约定的工程价款较高。天津某航道局曲解疏浚作业泥沙堆放地点的性质是错误的。

潍坊港集团辩称：一、涉案区域的性质至今还是海域使用权并非国有土地使用权，涉案海域使用权的形成、取得与天津某航道局施工的航道工程无关，其无权就航道疏浚工程欠款主张对涉案海域使用权享有优先受偿权。二、从航道工程的施工组织设计上可以看出，涉案区域系根据3.5万吨级航道疏浚工程的施工条件、施工工艺、施工方法所确定的纳泥坑，用于存放疏浚航道过程中疏浚出的泥沙，并非航道疏浚工程的标的，天津某航道局将航道疏浚工程与纳泥区混淆。三、涉案工程为港口基础设施工程，关乎民生，符合《合同法》第二百八十六条按照建设工程的性质不宜折价、拍卖的工程，系法律规定的建设工程优先权限制的工程。

【争议焦点】

天津某航道局就潍坊港中港区航道疏浚工程的工程款对其疏浚过程中吹填泥沙形成的陆地区域是否享有优先受偿权?

【法院裁判】

一审法院青岛海事法院认为:《最高人民法院于审理建设工程施工合同纠纷案件适用法律问题的解释（二)》第十七条①规定:“与发包人订立建设工程施工合同的承包人，根据合同法第二百八十六条规定请求其承建工程的价款就工程折价或者拍卖的价款优先受偿的，人民法院应予支持。”依照上述规定，承包人就工程价款对工程折价或拍卖价款有优先受偿权，对工程之外的其他标的物则无权优先受偿。本案中，天津某航道局与某港务公司之间存在潍坊港中港区一、二标段航道疏浚合同，该合同的标的是航道疏浚作业行为，最终形成的工程为经过疏浚的航道。“吹填二区”仅是疏浚航道过程中疏浚出的泥沙的存放地点，本身不属于疏浚工程的一部分。因此，天津某航道局就航道疏浚合同项下工程款主张以疏浚过程中吹填泥沙形成的陆地区域折价或拍卖价款优先受偿，不符合法律规定。

二审法院山东省高级人民法院认为:天津某航道局提出主张的合同依据为《潍坊港中港区3.5万吨级航道工程（一标段）合同文件》《潍坊港中港区3.5万吨级航道工程（二标段）合同文件》，上述合同为航道疏浚合同不是陆域建设合同，尽管在履行航道疏浚合同中，根据合同的约定将疏浚出的泥沙运输至争议陆域并倾倒，但并不意味着天津某航道局成为陆域建设工程的承包人。甚至在本案审理中天津某航道局没有证明该陆域存在建设工程，天津某航道局不

① 本条修订后并入《建设工程施工合同司法解释（一)》第三十五条。

能证明争议的所谓陆域工程的发包人是谁，同时也不能证明天津某航道局是该陆域工程项目的承包人。天津某航道局仅能依据合同约定对疏浚航道工程享有优先权，不能对不能证明是否存在的陆域工程项目享有优先权。

【律师解析】

本案是关于建设工程价款优先受偿权标的的争议。依据《民法典》第八百零七条和《建设工程施工合同司法解释（一）》第三十五条的规定，建设工程价款优先受偿权的标的是建设工程合同的标的，也就是建设工程本身，不属于建设工程合同的标的，也不属于建设工程价款优先受偿权的标的。

本案天津某航道局依据建设工程施工合同施工的标的是航道，其疏浚航道过程中倾倒的泥沙形成的陆地不是合同标的，也不能成为建设工程价款优先受偿权的标的。那么，天津某航道局为什么不起诉主张就航道工程享有建设工程价款优先受偿权呢？大概是因为天津某航道局认识到航道也很难被认定为建设工程价款优先受偿权的标的，因为航道属于“不宜折价、拍卖”的工程，人民法院也很难认定航道工程的建设工程价款优先受偿权。

但是，天津某航道局的债权高达7亿多元，在天津某航道局无法就其施工的建设工程本身行使优先受偿权的情形下，如何保障天津某航道局的债权。笔者建议对于“不宜折价、拍卖”的工程，如高速公路、航道、铁路、环保工程等，可以该建设工程的运营收入作为建设工程价款优先受偿权的标的，保障建设工程价款的实现，从而实现《民法典》第八百零七条规定的建设工程价款优先受偿权的法律价值。

最高人民法院在（2016）最高法民申1281号民事裁定书中也认为：“中人公司、新兴公司对涉案工程应享有法定优先受偿权。因涉案工程为公路建设工程，属于特殊建设工程，无法直接拍卖或折价，该工程的主要经济价值即体现在其通行费用上，故对其收益即年票补偿款作为优先受偿权的行为对象符合实际情况。再审申请人江门中行认为涉案公路年票补偿款不属于工程价款优先受偿权的对象的申请理由不成立。”

但是，关于建设工程的运营权、收益权等能否作为建设工程价款优先受偿权的标的，目前还没有明确的司法政策。

四、合同无效、合同解除建设工程价款优先受偿权问题

1. 合同无效建设工程价款优先受偿权问题

《建设工程施工合同司法解释（一）》第三十八条规定："建设工程质量合格，承包人请求其承建工程的价款就工程折价或者拍卖的价款优先受偿的，人民法院应予支持。"

本条规定了建设工程价款优先受偿权的行使条件是建设工程质量合格，并没有规定以建设工程合同有效为前提条件，也就是在建设工程合同无效的情形下，只要建设工程质量合格，承包人应有权行使优先受偿权。

关于建设工程施工合同无效承包人是否享有建设工程价款优先受偿权，各地的司法政策基本持支持的态度。《江苏省高级人民法院关于审理建设工程施工合同纠纷案件若干问题的解答》（已失效）第十五条规定："建设工程施工合同无效，承包人是否享有建设工程价款优先受偿权？建设工程价款优先受偿权不受建设工程施工合同效力的影响。建设工程施工合同无效，承包人仍然享有建设工程价款优先受偿权。"

但是，笔者认为依据《民法典》的规定，建设工程合同无效，承包人不应享有建设工程价款优先受偿权。

首先，建设工程合同无效，承包人应获取的不是工程价款，而是折价补偿的费用，是发包人补偿承包人投入的损失。《民法典》第七百九十三条第一款规定："建设工程施工合同无效，但是建设工程经验收合格的，可以参照合同关于工程价款的约定折价补偿承包人。"本条规定将建设工程合同无效的后果回归到一般民事法律行为无效的后果上来，即建设工程合同无效的后果仍是返还或者折价补偿，由于建设工程不能适用返还，只能采取折价补偿的方式。这与合同有效情形下，承包人按照合同约定应获取工程价款不是一个法律性质，建设工程价款的优先受偿权是为了保障建设工程价款的受偿，以建设工程价款合法存在为前提条件，对于无效建设工程合同，承包人只能向发包人请求支付折价补偿费用，不享有向发包人请求支付建设工程价款的权利，自然也不享有建设工程价款优先受偿权。

其次，对于因未取得建设工程规划许可证而导致建设工程合同无效的，

建设工程为违法建筑，违法建筑自然不能折价、拍卖，优先受偿权无存在的合法基础，在此情形下，依据《民法典》第八百零七条，承包人不享有优先受偿权。

2. 合同解除建设工程价款优先受偿权问题

《建设工程施工合同司法解释（一）》第三十九条规定："未竣工的建设工程质量合格，承包人请求其承建工程的价款就其承建工程部分折价或者拍卖的价款优先受偿的，人民法院应予支持。"

依据该条规定，未竣工的建设工程，只要建设工程质量合格，承包人就享有优先受偿权，而不论建设工程未竣工的原因，即使是因承包人违约解除建设工程合同而未竣工的，承包人也享有优先受偿权。

司法实务中还存在以下两个难题：第一，在对建设工程进行拍卖实现优先受偿权时，如何确定承包人优先受偿的范围，尤其是存在第三人续建的情况时。这要求在建设工程合同解除时，双方对承包人承建的工程部分进行界定，如果双方未进行界定，法院要通过司法鉴定等形式认定。

第二，如果承包人承建部分比例较小，第三人续建部分比例较大，在承包人主张优先受偿权、第三人不主张优先受偿权的情形下，是否还可以对建设工程进行拍卖以实现承包人的优先受偿权。笔者认为，即使是承包人承建部分比例较小，但是人民法院仍应认定承包人的优先受偿权。只是在执行程序中，人民法院要根据执行的可行性判断，是否对建设工程进行拍卖，此种情形下，人民法院应首先考虑其他的执行方式，避免对建设工程进行拍卖造成社会资源的浪费。

五、建设工程价款优先受偿权的行使规则和期限

1. 建设工程价款优先受偿权的行使条件

依据《建设工程施工合同司法解释（一）》第三十八条、第三十九条的规定，建设工程质量合格，是承包人行使优先受偿权的前提条件。

同时，《民法典》第八百零七条规定"除根据建设工程的性质不宜折价、拍卖外"的，承包人才能行使优先受偿权。《建设工程施工合同司法解释（一）》第三十七条规定装饰装修工程的承包人享有优先受偿权的条件是"装

饰装修工程具备折价或者拍卖条件”。

因而，建设工程价款优先受偿权的行使条件是建设工程质量合格且具备折价或者拍卖条件。

哪些建设工程不宜折价、拍卖？司法解释并没有明确的规定，根据司法实践的经验，属于不宜折价、拍卖的建设工程主要有以下几种：

第一，违法建筑。何为违法建筑？虽然仍存在争议，但是通说认为，违法建筑是指违反《城乡规划法》的规定，未取得建设工程规划许可证的建筑，或者违反建设工程规划许可证建设的建筑。只要取得建设工程规划许可证并按照要求建设的建筑，均为合法建筑。由于违法建筑存在不合法，无法取得合法的物权，不具备法律意义上的价值，所以不能折价或者拍卖。

第二，以公益为目的的教育设施、医疗设施、体育文化设施。对于营利性的教育设施、医疗设施和体育文化设施等工程可以进行折价或者拍卖。

第三，提供公共事业服务的建设工程，如供水、供电、供暖、供气、通信、环保设施、人防等工程。对于政府办公楼等建设工程，一般认为可以折价或者拍卖。

第四，事实上无法折价或者拍卖的建设工程。如市政管道、道路、桥梁、河道、航道等基础设施建设工程。

2. 建设工程价款优先受偿权行使方式和程序

《民法典》规定了承包人行使优先受偿权的两种方式，即“承包人可以与发包人协议将该工程折价，也可以请求人民法院将该工程依法拍卖”。

依据该法律规定，承包人行使优先受偿权不需要以人民法院或者仲裁机构确认承包人享有优先受偿权为前置程序。因为优先受偿权为法定的权利，承包人依法享有，不需要经过人民法院或者仲裁机构的确认。

但是在司法实践中，承包人必须提起诉讼或申请仲裁请求确认其对建设工程折价或者拍卖的价款享有优先受偿权，包括单独提起建设工程价款优先受偿权确认之诉，也包括在工程价款诉讼或仲裁中一并提起建设工程价款优先受偿权确认之诉，然后才能在执行程序中实现优先受偿权。承包人不能和发包人直接协议折价，不能按照实现担保物权案件的程序请求人民法院将建设工程直接拍卖实现优先受偿权，也不能在破产清算或强制清算中向清算组直接主张对建设工程折价或拍卖的价款享有优先受偿权。

法律规定和司法实践目前尚不统一，亟待法律或者司法政策对此问题进行明确。

3. 建设工程价款优先受偿权行使期限

《建设工程施工合同司法解释（一）》第四十一条规定：“承包人应当在合理期限内行使建设工程价款优先受偿权，但最长不得超过十八个月，自发包人应当给付建设工程价款之日起算。”

这是建设工程价款优先受偿权行使期限的法律依据，司法实践中要注意以下两个问题：

第一，关于建设工程价款优先受偿权行使期限的性质。对此问题虽有争议，但是大多数意见认为属于除斥期间，为不变期间，不存在中止、中断和延长的情形。由于除斥期间属于法定期间，不允许当事人约定，所以承包人和发包人约定优先受偿权行使期限长于或者短于十八个月的，该约定无效。

优先受偿权的行使期限自发包人应当给付建设工程价款之日起算，如何确定发包人应当给付建设工程价款之日，也是司法实践中的疑难问题，应考虑以下几种情形：

（1）应以建设工程最终结算价款应支付的时间为起算点，不能以进度款或者阶段性结算价款应支付时间为起算点，也不能以质量保修金的返还时间作为起算点，因为质量保修金是从工程结算价款中预留的部分，是用来保证工程质量缺陷修复的保证金，性质上不同于建设工程价款。

（2）无论是合同履行完毕还是合同解除，如果合同双方对竣工结算价款、合同解除结算价款约定了支付时间的，均依照双方的约定确定应支付时间，并起算建设工程价款优先受偿权的行使期限。

（3）双方对建设工程价款应付时间没有约定，或者约定不明的，可依据《建设工程施工合同司法解释（一）》第二十七条的规定确定：“……当事人对付款时间没有约定或者约定不明的，下列时间视为应付款时间：（一）建设工程已实际交付的，为交付之日；（二）建设工程没有交付的，为提交竣工结算文件之日；（三）建设工程未交付，工程价款也未结算的，为当事人起诉之日。”

第二，承包人在优先受偿权行使期限届满前向发包人书面或口头主张优先受偿权的法律性质和后果。承包人在优先受偿权行使期限届满前通过书面或口头形式向发包人主张了优先受偿权，但是在优先受偿权行使期限届满后再提起诉讼或者申请仲裁请求确认优先受偿权的，人民法院和仲裁机构是否还能确认承包人的优先受偿权？

笔者认为，因为法律并没有规定承包人行使优先受偿权必须通过提起诉讼或者申请仲裁的方式行使，所以只要承包人在优先受偿权行使期限内向发包人主张了优先受偿权，即可认定承包人行使了优先受偿权，即使其在优先受偿权行使期限届满后向人民法院或者仲裁机构请求确认优先受偿权，其优先受偿权仍应受确认，不能因超过了行使期限不予认定。

但是，承包人在优先受偿权行使期限届满前通过书面或口头形式向发包人主张了优先受偿权而发包人未同意，承包人向人民法院或者仲裁机构请求确认优先受偿权的，应适用《民法典》关于诉讼时效的规定，诉讼时效期间从发包人未同意承包人的优先受偿权之日起算。

承包人在优先受偿权行使期限届满前通过书面或口头形式向发包人主张了优先受偿权而发包人同意的，承包人向人民法院或者仲裁机构请求确认优先受偿权的，应不受时间的限制。

这里提醒承包人，应尽量在优先受偿权行使期限内提起诉讼或者申请仲裁请求确认优先受偿权，在行使期限内不便提起诉讼或者申请仲裁的，也应该通过书面函件的形式向发包人主张优先受偿权，避免因行使期限届满而丧失优先受偿权。

典型案例解析

案例9.4 以房折价协议是否为行使建设工程价款优先受偿权的方式

——某银行呼和浩特分行与某路桥公司、某煤化公司、某置业公司申请执行人执行异议案

【案例来源】

(2019) 最高法民再359号

【基本案情】

某银行呼和浩特分行诉某煤化公司、某置业公司、张某、刘某借款合同纠纷一案，诉讼期间，一审法院于2015年2月6日作出（2015）呼民四初字

00006－1号民事裁定查封了某置业公司相关房产。一审法院于2015年8月5日作出（2015）呼民四初字00006号民事判决，其中第三项为："某置业公司以其抵押的两处房产（大酒店、工业大厦）的所有权以及上述两处房产相应土地使用权的价值范围内对上述第一项判决承担担保责任。"该判决生效后，某银行呼和浩特分行向一审法院申请强制执行。

2014年3月，某路桥公司通过招标程序获得某置业公司大酒店、工业大厦附属工程施工权。2014年3月28日，某路桥公司与某置业公司就附属工程签订了14018号《建设工程施工合同》，并于2014年3月31日进行了备案。当年某路桥公司按照施工合同要求完成了工程施工，但某置业公司一直拖欠某路桥公司工程款和人员工资未付，直至2015年1月13日双方签订《房屋顶账协议书》，以某置业公司名下的工业大厦商用房103号、107号计款326040元，以及工业大厦地下库房计款1090032元，两项合计抵顶工程欠款1416072元。

2016年3月22日，某路桥公司作为案外人向一审法院提出执行异议，请求解除对工业大厦商用房103号、107号及地下库房的查封。2016年5月2日，一审法院作出（2016）内01执异45号执行裁定书，裁定中止一审法院（2015）呼民四初字00006－1号民事裁定中对工业大厦商业用房103号、107号以及地下库房的查封。

某银行呼和浩特分行向一审法院起诉请求：准许对一审法院于2015年8月5日作出的（2015）呼民四初字00006号民事判决项下某置业公司位于内蒙古乌海市海南区工业大厦商用房及地下库房的执行。

【争议焦点】

某路桥公司与某置业公司签订《房屋顶账协议书》是否视为行使了建设工程价款优先受偿权？某路桥公司是否就本案涉案房产享有建设工程价款优先受偿权？

【法院裁判】

一审法院内蒙古自治区呼和浩特市中级人民法院认为：判决生效后即产生既判力，非经法定程序不得随意变更或否定该判决内容。本案所涉生效法律文书（2015）呼民四初字00006号民事判决，某置业公司以其抵押的大酒店、工业大厦楼房一幢的所有权及上述两处房产相应土地使用权的价值范围内对上述第一项判决承担担保责任。本案诉争房产包含在生效判决所指抵押房产之列，当事人可依据法律规定向人民法院申请就生效法律文书中执行内容进行强制执行，人民法院执行部门对诉争房产的执行行为并无违法之处，某银行呼和浩特分行请求许可执行的诉讼请求应当予以支持。

某路桥公司虽与某置业公司签订《房屋顶账协议书》，但是至今未取得涉案房产的所有权，其仅为合同债权人，并未提起优先受偿权确认之诉，故不当然享有建设工程价款优先受偿权，其所享有的民事权益不足以对抗生效法律文书的强制执行力。

二审法院内蒙古自治区高级人民法院认为：本案中，某路桥公司与某置业公司就大酒店及工业大厦附属工程签订了14018号《建设工程施工合同》，且按照施工合同要求完成了工程施工。因某置业公司一直欠付工程款，故某路桥公司于2015年1月13日与某置业公司签订《房屋顶账协议书》，约定以工业大厦商业用房103号、107号房屋及库房折抵工程款1416072元。某银行呼和浩特分行认为该《房屋顶账协议书》属于债权债务关系，非行使建设工程优先受偿权。对此，二审法院认为，《房屋顶账协议书》系某路桥公司与某置业公司约定以案涉工程的部分房屋及地库的所有权和使用权折价抵顶某置业公司所欠某路桥公司的工程款，该折价抵顶行为系某路桥公司行使其建设工程款优先受偿权的行为。某路桥公司主张行使的建设工程款优先受偿权应优于某银行呼和浩特分行享有的抵押权，某路桥公司就案涉标的物享有足以排除强制执行的民事权益，一审法院判决准许执行错误，应予纠正。

再审法院最高人民法院认为：二审判决认定"《房屋顶账协议书》系某路桥公司与某置业公司约定以涉案工程的部分房屋及地库的所有权和使用权折价抵顶某置业公司所欠某路桥公司的工程款，该折价抵顶行为系某路桥公司行使其建设工程款优先受偿权的行为"，依据并不充分。首先，《房屋顶账协议书》约定以工业大厦103号、107号房屋的所有权及地下库房使用权抵顶工程款1416072元，该协议中并无某路桥公司行使建设工程价款优先受偿权的意思表示。其次，根据某路桥公司与某置业公司签订的《建设工程施工合同》，某路桥公司的施工范围为大酒店、工业大厦的附属设施工程（装修工程、管道工程、电气工程），某路桥公司与某置业公司签订的《房屋顶账协议书》中约定的103号、107号房屋及地下一层库房并非某路桥公司承建。即便某路桥公司施工范围包括案涉争议房产的附属工程，依照《最高人民法院关于装修装饰工程款是否享有合同法第二百八十六条规定的优先受偿权的函复》，装饰装修工程承包人的优先权只能在建筑物因装修装饰而增加价值的范围内优先受偿。因此，某路桥公司并不能对《房屋顶账协议书》中约定的103号、107号房屋及地下一层库房行使建设工程价款优先受偿权。故，二审判决认定“《房屋顶账协议书》系某路桥公司行使其建设工程款优先受偿权的行为”，并据此认定某路桥公司对案涉房产的权利优于某银行呼和浩特分行对案涉房产的抵押权，依据不足。

同时，最高人民法院认为：一审判决认为“某路桥公司并未提起优先受偿权确认之诉，故不当然享有建设工程价款优先受偿权”，进而认定“某路桥公司所享有的民事权益不足以对抗生效法律文书的强制执行力”，理由虽有不妥，但是结论正确。

【律师解析】

本案最主要的争议焦点问题是承包人与发包人签订的《房屋顶账协议书》是否为行使建设工程价款优先受偿权的方式。如果是，则承包人行使了建设工程价款优先受偿权，其对《房屋顶账协议书》中的建筑物享有优先受偿权，可以对抗银行在该建筑物上的抵押权。如果不是，则承包人未行使建设工程价款优先受偿权，其对《房屋顶账协议书》中的建设物不享有优先受偿权，不能对抗银行在该建筑物上的抵押权。

在此问题上，一审法院和二审法院持不同的观点。一审法院认为承包人“并未提起优先受偿权确认之诉，故不当然享有建设工程价款优先受偿权”，即承包人与发包人虽然签订《房屋顶账协议书》，但是并不能以此认定承包人享有建设工程价款优先受偿权，还必须向人民法院提起确认之诉才能认定。二审法院则认为“《房屋顶账协议书》系某路桥公司与某置业公司约定以案涉工程的部分房屋及地库的所有权和使用权折价抵顶某置业公司所欠某路桥公司的工程款，该折价抵顶行为系某路桥公司行使其建设工程款优先受偿权的行为”，所以认定某路桥公司享有建设工程款优先受偿权。

再审法院最高人民法院对于折价抵顶行为是否为某路桥公司行使其建设工程款优先受偿权的行为没有明确的表述。一方面认为一审法院认为的“某路桥公司并未提起优先受偿权确认之诉，故不当然享有建设工程价款优先受偿权”理由不正确。另一方面又认为“该协议中并无某路桥公司行使建设工程价款优先受偿权的意思表示”，折价抵顶协议没有明确行使建设工程价款优先受偿权的意思表示，还不能认定为某路桥公司已经行使了建设工程价款优先受偿权。所以最高人民法院的观点为，承包人行使建设工程价款优先受偿权并不一定提起优先受偿权确认之诉，但是在有关的协议中应该明确表示行使建设工程价款优先受偿权，签订折抵协议行为本身不能证明承包人行使了建设工程价款优先受偿权。

那么，签订折抵协议是否就是行使建设工程价款优先受偿权的方式？笔者认为，签订折抵协议应该认定为行使建设工程价款优先受偿权的方式之一，不需要在协议中再明确表示。因为，《民法典》第八百零七条规定了承包人行使优先受偿权的两种方式，其中之一就是“承包人可以与发包人协议将该工程折价”，所以将建设工程折价抵顶工程价款是法律规定的承包人行使建设工程价款优先受偿权的方式之一，签订折抵工程价款的协议本身就是行使的方式之一，无须在协议中再明确表示行使建设工程价款优先受偿权。

但是，签订建设工程价款折抵协议虽然是承包人主张行使建设工程价款优先受偿权的方式，但是签订了建设工程价款折抵协议并不代表承包人就享有了建设工程价款优先受偿权，其是否享有建设工程价款优先受偿权，仍然需要得到人民法院或仲裁机构的认定，因为承包人享有建设工程价款优先受偿权还要具备一定的条件，该条件是否具备应该由司法机关进行认定。承包人与发包人签订折抵协议在法律上的意义，应该是承包人在优先受偿权的法定除斥期间内行使了优先受偿权的权利，不会导致建设工程价款优先受偿权在经过了除斥期间后丧失。同时自建设工程价款优先受偿权诉讼时效开始起算，承包人可以在诉讼时效内向人民法院或者仲裁机构提起优先受偿权确认之诉，最终由人民法院或者仲裁机构认定承包人是否享有建设工程价款优先受偿权。

在山东省高级人民法院（2020）鲁民终 425 号民事判决书中，一审法院认为：“依照相关法律规定，承包人向发包人主张优先受偿权存在两种形式：一种是协议将工程折价；另一种是申请人民法院将该工程变卖。如果双方在协商过程中，发包人拒绝将工程折价，承包人向人民法院请求保护其权利的诉讼时效期间，适用《民法总则》有关诉讼时效的规定。诉讼时效从承包人向发包人主张优先受偿权，而发包人未予同意时起计算。本案中，鲁光集团于 2016 年 2 月 27 日盖章确认天元集团向其主张行使了优先受偿权，后双方当事人就工程欠款达成分期履行协议并经一审法院制作民事调解书予以确认。鲁光集团虽未按调解书履行支付欠款的义务，但是在进入破产程序之前，鲁光集团从未明确拒绝将工程折价。直至2019年进入破产程序后，鲁光集团破产管理人才对天元集团主张优先受偿权的申请不予确认。因此，本案建设工程价款优先受偿权的请求并未超出诉讼时效。”二审法院认为：“一审法院认定天元集团已在法律规定的期限内行使了建设工程价款优先受偿权，是正确的。天元集团在向破产管理人申报债权时，鲁光集团破产管理人对优先受偿权不予确认，天元集团在法律规定的诉讼时效期间内及时提起诉讼，所以，一审法院认定其主张权利并未超过诉讼时效期间，本院认为亦无不当。”在该案中，承包人在建设工程价款优先受偿权的除斥期间内通过结算报告的形式向发包人主张了建设工程价款优先受偿权，在发包人破产清算时向管理人主张行使建设工程价款优先受偿权，管理人予以拒绝，人民法院认为应该以管理人拒绝之日起算建设工程价款优先受偿权的诉讼时效期间，承包人在诉讼时效期间内向人民法院起诉确认建设工程价款优先受偿权的，人民法院应予支持。

六、建设工程价款优先受偿权事前放弃的效力

《建设工程施工合同司法解释（一）》第四十二条规定：“发包人与承包人约定放弃或者限制建设工程价款优先受偿权，损害建筑工人利益，发包人根据该约定主张承包人不享有建设工程价款优先受偿权的，人民法院不予支持。”

这是关于承包人放弃或限制建设工程价款优先受偿权的规定，应从以下几个方面理解该条规定：

第一，允许发包人和承包人约定，也允许承包人单方面放弃或者限制建设工程价款优先受偿权，只要不损害建筑工人的利益。建设工程价款优先受偿权虽然是法定的权利，但是仍属于承包人的民事权利，承包人有权放弃或者限制。放弃的方式，既可以是发包人和承包人约定，也可以是承包人单方面作出放弃或限制的意思表示。

第二，发包人和承包人约定或承包人单方放弃或限制优先受偿权的时间。对于建设工程价款优先受偿权的成立时间，目前司法仍未有统一的观点，但是无论在优先受偿权成立之前还是成立之后，发包人和承包人约定或者承包人单

方作出放弃或限制优先受偿权意思表示的，均有效。实践中，无论发包人和承包人在签订建设工程合同时，还是在工程施工或结算中，只要在优先受偿权行使期限届满前，双方约定或承包人单方放弃或限制优先受偿权的，均有效。

第三，如损害建筑工人利益，发包人和承包人约定放弃或者限制建设工程价款优先受偿权的无效。《民法典》赋予承包人建设工程价款优先受偿权的立法宗旨是保护建筑工人的劳动报酬权利，如果发包人和承包人约定放弃或者限制建设工程价款优先受偿权损害建筑工人利益，影响承包人向建筑工人支付劳动报酬，就侵害了优先受偿权的立法根基。所以，如损害建筑工人利益，发包人和承包人约定放弃或者限制建设工程价款优先受偿权的无效。

第四，司法实践中，如何判断是否损害了建筑工人的利益，应当结合承包人的整体资产负债、经营以及现金流等情形综合考虑。目前关于此类案件的判决还很少，需要在司法实践中不断积累经验。同时还要防止承包人的道德风险，如果承包人故意拖欠建筑工人的工资报酬而以此否定原放弃优先受偿权的效力，应作出对承包人不利的认定。当然实践中承包人是否故意拖欠建筑工人的工资报酬，如何查实，是司法操作中的难题，也需要不断积累司法经验。

·第十章·

建设工程案件诉讼时效问题

《民法典》第一百八十八条规定："向人民法院请求保护民事权利的诉讼时效期间为三年。法律另有规定的，依照其规定。诉讼时效期间自权利人知道或者应当知道权利受到损害以及义务人之日起计算。法律另有规定的，依照其规定。但是，自权利受到损害之日起超过二十年的，人民法院不予保护，有特殊情况的，人民法院可以根据权利人的申请决定延长。"

这是《民法典》关于普通诉讼时效期间的规定，法律未对建设工程纠纷案件的诉讼时效期间作出特别规定，应适用普通诉讼时效期间的规定，所以建设工程纠纷案件的诉讼时效期间为三年。建设工程纠纷案件诉讼时效期间的适用，最核心的问题是确定诉讼时效期间的起算点。关于建设工程纠纷案件诉讼时效期间的起算点，司法实践中还存在不同的观点，也有不同的司法认定标准，本章按照建设工程纠纷案件的不同类型分别分析。

一、建设工程价款诉讼时效起算点

承包人享有向发包人要求支付工程价款的请求权，依据《民法典》第一百八十八条的规定，发包人向承包人支付工程价款的履行期限届满而未支付的，承包人应当知道其债权受到了损害，发包人工程价款支付期限届满之次日应起算承包人工程价款债权的诉讼时效。

但是，由于工程价款组成包括工程进度款、工程结算款和质保金，工程价款由于迟延支付还会产生违约金或利息损失等，要确定工程价款债权的诉讼时效，首先要厘清工程价款债权适用诉讼时效的范围。同时工程价款结算以及支付情形复杂，如何确定发包人支付工程价款的履行期限也是一个很复杂的问题。笔者根据司法实践经验，就下列问题逐一进行分析。

1. 建设工程进度款不能起算诉讼时效期间，应就工程最终结算价款起算诉讼时效期间，同时建设工程质保金应单独起算诉讼时效期间

依据《民法典》第一百八十九条："当事人约定同一债务分期履行的，诉讼时效期间自最后一期履行期限届满之日起计算。"建设工程进度款是整个工程结算价款的组成部分，属于分期支付的工程价款，工程结算价款才能最终确

定双方债权债务数额，所以应就工程结算价款起算诉讼时效期间，工程进度款不能起算诉讼时效期间。

建设工程会预留一定比例的工程质保金，而且质保金在缺陷责任期满后支付，一般会晚于工程结算价款的支付时间。质保金是和工程结算价款一起起算诉讼时效期间，还是单独起算诉讼时效期间？这个主要依据质保金是否为最后一期支付的工程价款，如果质保金属于最后一期支付的工程价款，那么整个工程价款应依据质保金支付期限起算诉讼时效期间。如果工程质保金不属于最后一期支付的工程价款，质保金与工程价款属于不同性质的债权，则应分别起算两者的诉讼时效期间。笔者认为质保金和建设工程价款不属于同一性质的债权，质保金是发包人从工程价款中预留的工程质量保证金，是担保承包人完成质量缺陷修复义务的担保金，不再是建设工程价款，是从建设工程价款的性质演变为担保的性质，因而性质已经发生变化。既然质保金属于另外一种性质的债权，其诉讼时效期间应单独起算。

2. 迟延支付建设工程价款的违约金或利息，不应单独起算诉讼时效期间

发包人迟延支付建设工程价款而应承担的违约金或者利息，依附于建设工程价款之上，如建设工程价款不存在，违约金和利息自然不存在。因而建设工程价款的违约金或者利息的诉讼时效也依附于建设工程价款的诉讼时效，不能单独起算诉讼时效期间。建设工程价款的诉讼期间届满，同时建设工程价款违约金或者利息的诉讼时效期间也届满。否则会出现建设工程价款的诉讼时效期间届满，而建设工程价款的违约金或者利息诉讼时效期间还未届满的现象。

3. 如何确定发包人支付建设工程价款履行期限届满，承包人建设工程价款诉讼时效期间起算点的问题

笔者以承包人提起诉讼或者申请仲裁时，建设工程价款已完成结算和未完成结算两种情形进行分析：

第一，建设工程价款已完成结算的。

承包人提起诉讼或者申请仲裁时建设工程完成结算的，自发包人应支付工程价款期限届满之日起算诉讼时效期间。

如建设工程合同明确约定发包人工程结算价款支付期限，应自合同约定的工程结算价款支付期限届满之次日起算诉讼时效期间。但是，如约定的支付期限在工程结算完成之日前，双方的结算引起诉讼时效的中断，工程价款结算完

成之日重新起算诉讼时效期间。

如建设工程合同未约定发包人支付建设工程结算价款的期限，或者约定不明，发包人应付款时间的确定依据《建设工程施工合同司法解释（一）》第二十七条的规定："利息从应付工程价款之日开始计付。当事人对付款时间没有约定或者约定不明的，下列时间视为应付款时间：（一）建设工程已实际交付的，为交付之日；（二）建设工程没有交付的，为提交竣工结算文件之日；（三）建设工程未交付，工程价款也未结算的，为当事人起诉之日。"具体来讲，建设工程先完成结算，然后实际交付的，建设工程交付之日为应付款之日，交付之日的次日开始起算建设工程价款诉讼时效期间。建设工程先实际交付，然后完成结算的，建设工程交付之日为应付款之日，交付之日的次日开始起算建设工程价款诉讼时效期间，但是建设工程价款的结算行为引起诉讼时效的中断，从完成建设工程价款结算之日重新起算诉讼时效期间。如果建设工程价款结算完成，但是建设工程未交付，承包人提交结算文件之日为发包人应付款之日，提交结算文件之日的次日起算诉讼时效期间。

第二，建设工程价款未完成结算的。

建设工程价款未完成结算的，是否存在诉讼时效的问题，司法实践中有三种不同的观点：第一种观点认为，建设工程未完成结算的，不应存在诉讼时效的问题，因为依据《民法典》的规定，诉讼时效期间从权利人知道或者应当知道权利受到侵害之日起计算，工程价款未结算，承包人不知道其是否应当主张工程价款以及主张工程价款的具体数额，承包人不知道自己的工程价款债权是否受到侵害，所以不存在诉讼时效问题。第二种观点认为，建设工程价款未结算的也存在诉讼时效问题，应自双方约定的结算期限届满之日起算诉讼时效期间，因为结算期限届满，发包人仍未完成结算的，承包人应知道其工程价款债权受到了侵害，承包人应积极通过诉讼或者仲裁的方式请求发包人完成结算并支付工程价款。第三种观点认为，建设工程未结算的也存在诉讼时效问题，诉讼时效期间从工程价款应支付之日起算，因为虽然建设工程价款未结算，但是发包人应支付工程价款的期限届满，承包人应知道其工程价款债权受到了侵害，所以应自发包人工程价款支付期限届满之日起算诉讼时效期间。

笔者同意第三种观点，第一种观点没有认识到诉讼时效产生根源，只要承包人的工程价款债权受到侵害诉讼时效就成立，与工程价款是否完成结算没有必然的关系，所以工程价款债权的诉讼时效与发包人应支付工程价款的期限有关。同时如认为工程价款未结算，不存在诉讼时效问题，那么不能促使承包人积极行使自己的工程价款债权，也不利于发包人确定自己的债务数额，使承包人和发包人的债权债务关系始终处于不确定状态，不利于社会秩序的稳定。第二种观点认为诉讼时效期间自双方约定的工程价款结算期间届满起算，也不符合诉讼时效期间规定的基本原则，诉讼时效期间自权利人权利受到侵害时起算，但是工程价款债权受到侵害是其应支付而未支付之日，并不是工程价款结算完成之日，工程价款结算完成之日可能发包人还不应支付工程价款。因而，笔者同意第三种观点，建设工程价款的诉讼时效期间自发包人应支付工程价款期限届满之日起算，发包人应支付工程价款期限届满而未支付的，承包人的工程价款债权受到侵害，诉讼时效期间起算，即使发包人和承包人未完成结算。但是如果发包人应支付工程价款期限无法确定而导致诉讼时效期间无法起算，或者发包人应支付工程价款之日为当事人起诉之日，不存在工程价款诉讼时效的问题。

发包人应支付工程价款的期限如何确定？第一，建设工程合同有明确约定的，依据合同约定。约定建设工程价款在结算完成后支付，现在又未完成结算的，发包人支付工程价款的期限无法确定，诉讼时效期间就无法起算，承包人在任何时候提起诉讼或者申请仲裁，均未超过诉讼时效期间。第二，建设工程合同对建设工程结算价款支付期限没有明确约定，或者约定不明的，应依据《建设工程施工合同司法解释（一）》第二十七条确定发包人应支付工程价款的期限。建设工程价款未完成结算，但建设工程已经实际交付的，交付之日为发包人应支付工程价款之日，交付之日的次日应起算建设工程价款债权的诉讼时效期间。福建省高级人民法院在《关于审理建设工程施工合同纠纷案件疑难问题的解答》认为："当事人对付款时间没有约定或者约定不明，承包人请求发包人支付工程价款的，诉讼时效从建设工程交付之日起算。"福建省高级人民法院主张，无论建设工程价款是否完成结算，承包人的工程价款债权的诉讼时效从建设工程交付之日起算。

建设工程未交付，工程价款也未结算的，发包人应支付工程价款之日为当事人起诉之日，所以在承包人提起诉讼或者申请仲裁之日，也是发包人工程价款应支付之日，此时才起算诉讼时效期间，该种情形下，承包人工程价款债权不存在诉讼时效问题。

需要注意的问题是，虽然建设工程价款未完成结算，但是如果在诉讼时效期间内承包人向发包人提交结算报告，或者发包人和承包人就结算协商但未达成一致意见，双方的结算会引起诉讼时效的中断。

典型案例解析

案例 10.1 建设工程价款诉讼时效的认定

——熊某与四化建公司建设工程施工合同纠纷案

【案例来源】

（2019）最高法民再 193 号

【基本案情】

1994 年至 2000 年，熊某分别以湘潭县保温防腐安装公司第四施工队、湘潭县保温防腐安装公司第四工程处、岳塘公司的名义承接了四化建公司发包的包括裂解炉本体防腐、高要锦纶厂通风一期、番禺埃克森防腐保温、精丙烯互供改造、G1107 罐、G1109 罐、G805 罐、裂解炉底部烧嘴改造等工程在内的多个工程。

2001 年 5 月 12 日，熊某以岳塘公司的名义就其承接的工程与四化建公司进行了初步结算，并制作了五页《湘潭保温队熊某结算情况汇总表》（以下简称结算汇总表），其中第五页结算汇总表上的工程结算金额为：1. 高要锦纶厂通风一期 170000 元；2. 番禺埃克森防腐保温 3000000 元；3. 裂解炉本体防腐 1248535 元；4. 精丙烯互供改造、G1107 罐、G1109 罐 300000 元；5. G805 罐、裂解炉底部烧嘴改造 270000 元，总计 4988535 元。甲方四化建公司二处由原经营科长尹传闰、原二处处长刘欣欣签字，尹传闰还载明“此 5 项未谈妥，此表具体以结算数据为准”。乙方熊某未签字盖章，但载明“声明：保留按合同和实际工程量及签证单结算的权利”。

此后，熊某便向四化建公司就其承接的工程主张工程款并要求对结算未达成一致的工程进行结算，其间四化建公司陆续支付了部分工程款。2009 年 11 月 18 日，四化建公司在支付了一笔 19906.77 元的工程款后便未再向熊某支付工程款，双方也未就工程款的支付情况进行核算。后熊某又通过发催告函的方式向四化建公司催讨工程款，无果后，熊某遂于2013年1月28日以四化建公司未支付结算汇总表上的五项工程的工程款为由向岳阳市岳阳楼区人民法院起诉，并申请对第2项、第3项工程量进行鉴定，岳阳市岳阳楼区人民法院委托湖南天翔工程造价咨询有限公司进行鉴定，湖南天翔工程造价咨询有限公司出具湘天翔〔2014〕造字第207号、208号鉴定报告，结论为第2项番禺埃克森防腐保温工程造价为7681736.09元，第3项广州乙烯裂解炉本体防腐工程造价1634353.37元。后熊某撤回在岳阳市岳阳楼区人民法院的起诉，重新向一审法院提起诉讼，请求四化建公司支付涉案五项工程的工程款10056089.46元（包括鉴定后的第2项、第3项的工程款和认可的第1项、第4项、第5项的工程款）。

【争议焦点】

熊某的起诉是否超过诉讼时效？

【法院裁判】

一审法院岳阳市中级人民法院认为：由于熊某与四化建公司之间就涉案五项工程只进行了初步结算，但双方并未达成一致，即没有明确的付款金额，债权债务关系并没有最终确认，且熊某也一直在通过多种方式向四化建公司主张权利，因此熊某的起诉并未超过诉讼时效。

二审法院湖南省高级人民法院认为：关于熊某的起诉是否超过诉讼时效的问题。由于熊某与四化建公司就涉案五项工程只进行了初步结算，双方并未达成一致，即没有明确的付款金额，债权债务关系并没有最终确认，且熊某也一直通过多种方式向四化建公司主张权利，虽然四化建公司称期间的催款函系岳塘公司而非熊某本人向其发出，但2010年12月8日的催告函已经载明岳塘公司的利益均属于熊某的个人利益，而且四化建公司打款也均是打到熊某的个人账户上，故熊某的起诉并未超过诉讼时效，四化建公司主张本案已过诉讼时效的理由不能成立，对于其该项上诉请求，应予驳回。

再审法院最高人民法院认为：关于熊某的起诉是否超过诉讼时效的问题。原《民法通则》第一百三十五条规定，向人民法院请求保护民事权利的诉讼时效期间为2年，法律另有规定的除外；第一百三十七条规定，诉讼时效期间从知道或者应当知道权利被侵害时起算。本案查明的事实表明，四化建公司与熊某于2001年5月12日签订结算汇总表，就涉案五项工程进行了初步结算，但未就最终结算金额达成一致，债权债务关系没有最终确认。之后，四化建公司陆续向熊某支付部分工程款，2009年11月18日支付了最后一笔工程款19906.77元后再未支付。因此，熊某主张2009年11月18日是其知道自己的权利受到侵害的时间，本案诉讼时效应从2009年11月18日起算，有事实依据。2010年12月30日及2011年11月20日，熊某向四化建公司发送了要求结算和付款的催告函。虽然2010年12月30日的催告函是以湖南省岳唐防腐绝热工程建设有限公司名义发出，但其中明确载明催告的是四化建公司与熊某的工程款结算与支付问题。可以认定熊某通过《催告函》《要求支付工程款的函告》催告的均为涉案工程款，均产生诉讼时效中断的效力。原审认定熊某于2013年1月28日向岳阳市岳阳楼区人民法院起诉要求四化建公司支付工程款，未超过诉讼时效，并无不当。

【律师解析】

本案关于建设工程价款诉讼时效存在争议。三级人民法院均认定本案的建设工程价款债权未超过诉讼时效。主要理由是：双方2001年5月12日签订的结算汇总表未能完成最终结算，双方的债权债务关系没有最终确定，因而不能起算诉讼时效，熊某的建设工程价款债权诉讼时效应该自2019年11月18日起算，因为2009年11月18日发包人支付了最后一笔工程款19906.77元后再未支付，2009年11月18日是熊某知道自己的权利受到侵害的时间。没有按照建设工程价款应支付的时间起算诉讼时效，如果按照建设工程价款应支付的时间，依据《建设工程施工合同司法解释（一）》第二十七条的规定，没有完成结算的，建设工程实际交付之日为应支付工程价款之日，应支付工程价款之日的次日应起算诉讼时效，然后再查明在诉讼时效期间内是否存在诉讼时效中断的问题。本案没有查明建设工程实际交付之日，所以没有从建设工程交付之日起算诉讼时效。

本案诉讼时效的起算时间是发包人停止向承包人支付工程价款之日，也就是发包人以实际行动表明拒绝支付工程价款之日。所以在司法实践中，建设工程价款诉讼时效起算点的问题以及如何认定承包人应该知道建设工程价款债权受到损害的时间，人民法院会综合考虑各种因素，作出衡量和判断，并没有完全固定的标准。

当然，律师提示，对于承包人而言，应尽早向发包人主张工程价款，依据现有的法律和司法解释的规定，至少应在建设工程实际交付之日起三年内通过书面形式向发包人主张工程价款，或者提起诉讼或申请仲裁主张。

二、建设工程质量纠纷案件诉讼时效

发包人请求承包人承担建设工程质量缺陷责任的诉讼时效期间如何起算，目前还没有明确的司法政策规定。依据《民法典》第一百八十八条，发包人向承包人主张建设工程质量缺陷责任的诉讼时效应自发包人知道或者应当知道建设工程存在质量缺陷之日起算。

如何确定发包人知道或者应当知道建设工程存在质量缺陷之日？根据建设工程的司法实践经验，建设工程质量缺陷分为竣工验收时的质量缺陷以及建设工程保修期的质量缺陷。竣工验收时出现的建设工程质量缺陷，发包人在竣工验收时知道或者应当知道，所以应自竣工验收合格之日起算诉讼时效期间。在建设工程保修期内出现质量缺陷的，发包人发现建设工程质量缺陷并能确定是由承包人原因造成的，自建设工程质量缺陷原因确定之日起算诉讼时效期间。

典型案例解析

案例 10.2　建设工程质量索赔的诉讼时效认定问题

——长春某科技公司与河南某钢结构公司建设工程施工合同纠纷案

【案例来源】

(2018) 最高法民再 152 号

【基本案情】

2006 年 2 月 20 日，河南某钢结构公司与少林汽车公司签订《建设工程施工合同》一份，由河南某钢结构公司承揽少林汽车公司联合厂房钢结构工程的加工、安装工程。2 月 21 日，河南某钢结构公司与少林汽车公司签订《技术协议》，约定：该工程屋脊电动采光排烟天窗的采光板采用厚度为 10mm 北京产德国拜耳中空阳光板。

2006年6月15日，河南某钢结构公司将该工程中的阳光板（采光带）及电动窗等工程分包给长春某科技公司施工，并签订《协议书》一份，协议第七条约定："乙方（长春某科技公司）所用材料必须符合国家有关标准及04J621－2图集（附：材料表清单）的要求。"第二条约定："进场时间及工期：采光窗2006年7月10日材料进场，2006年7月25日完工，电动窗2006年7月20日进场，2006年7月31日完工。"第十条约定："乙方应严格遵守工期的规定，每提前（延误）一天，甲方（河南某钢结构公司）予以奖（罚）1000元人民币。"另，合同附件《采光带、圆拱电动窗主要材料清单》上明确注明：圆拱阳光板的品牌为北京拜耳。该材料清单为复印件，上盖有长春某科技公司的印章。

协议签订后，为保证按期完工，河南某钢结构公司、长春某科技公司双方于2006年7月21日签订《责任状》一份，约定："所有电动排烟窗、采光带你方（长春某科技公司）必须于2006年7月30日全部安装完毕，否则将对你方进行罚款60万元，再每拖延一天，追加罚款10万元。"2007年8月1日，长春某科技公司向河南某钢结构公司回函，该函中显示"少林汽车公司天窗项目2006年9月15日已安装完成"。

2008年，长春某科技公司将河南某钢结构公司诉至法院，诉请剩余工程款751788（1796364－1044576）元。长春市二道区人民法院（2008）二民二初字345号判决支持诉请；（2009）长春市中级人民法院（2009）长民四终字283号判决维持原判。该两份判决对案件事实认定为：双方所签合同中对阳光板的品牌没有明确约定，河南某钢结构公司提出作为合同附件的《少林汽车公司采光带、圆拱电动窗主要材料清单》只有复印件，没有原件，长春某科技公司不予认可（河南某钢结构公司对本案提起的反诉请求因未交纳反诉费用，未予审理）。

2008年4月21日，河南某钢结构公司诉请少林汽车公司支付工程款及违约金、诉讼费用。少林汽车公司反诉请求：1. 河南某钢结构公司支付屋面采光窗、塑钢窗材料费、工时费2028431元；2. 支付屋面保温棉、内板材料费、工时费1930261元；3. 支付延期交工违约金2100383元；4. 诉讼费用。该案经（2009）郑民一初字49号民事判决书判决：（一）少林汽车公司支付工程款

10819900元；（二）少林汽车公司支付违约金；（三）河南某钢结构公司支付塑钢窗不合要求的损失156569.88元；（四）河南某钢结构公司支付延期违约金62681.8元；（五）河南某钢结构公司修复厂房屋面；（六）驳回本诉和反诉的其他诉请。双方不服，均提起上诉。河南省高级人民法院作出（2011）豫法民二终字137号民事判决书，判决维持河南省郑州市中级人民法院（2009）郑民一初字49号民事判决第（一）、（五）、（六）项，变更河南省郑州市中级人民法院（2009）郑民一初字49号民事判决第（二）项为少林汽车公司支付工程款利息，变更河南省郑州市中级人民法院（2009）郑民一初字49号民事判决第（三）项为河南某钢结构公司维修义务履行完毕后，支付少林汽车公司损失费用156569.88元，变更河南省郑州市中级人民法院（2009）郑民一初字49号民事判决第（四）项河南某钢结构公司支付工程延期违约金1598385.9元，河南某钢结构公司支付阳光板更换费用1010970元。该判决书认定：2010年12月20日，科学研究院公司出具《司法鉴定事项的书面答复》中明确载明，河南某钢结构公司所安装的阳光板不能判定为北京拜耳产品，且塑钢窗工程也确实存在质量问题。2006年8月28日拜耳公司出具的证明系河南某钢结构公司出具的虚假证明。

2014年1月13日，河南某钢结构公司向一审法院起诉请求：1. 长春某科技公司赔偿给河南某钢结构公司造成的阳光板更换损失1010970元；2. 长春某科技公司赔偿因其逾期完工给河南某钢结构公司造成的经济损失1598385.9元；3. 长春某科技公司支付逾期完工违约金的50%计2623000元；4. 判令长春某科技公司赔偿河南某钢结构公司利息损失140000元；5. 判令长春某科技公司赔偿河南某钢结构公司其他经济损失38976元（长春案件诉讼费、执行费、保全费）；6. 诉讼费用由长春某科技公司承担。

【争议焦点】

本案河南某钢结构公司的起诉是否超过诉讼时效？

【法院裁判】

关于河南某钢结构公司的起诉是否超过诉讼时效问题。二审法院河南省高级人民法院认为：因长春某科技公司使用的阳光板是否符合合同约定，河南某钢结构公司就分包部分应承担的违约责任等问题需等河南某钢结构公司诉少林汽车公司建设工程合同纠纷一案的判决结果予以确定，因此，河南某钢结构公司于该案终审判决作出之后提起本案诉讼，未超过诉讼时效。

再审法院最高人民法院认为：《民法通则》第一百三十七条规定，诉讼时效期间从知道或者应当知道权利被侵害时起计算。但是，从权利被侵害之日起超过二十年的，人民法院不予保护。有特殊情况的，人民法院可以延长诉讼时效期间。该法第一百四十条规定，诉讼时效因提起诉讼、当事人一方提出要求或者同意履行义务而中断。从中断时起，诉讼时效期间重新计算。

第一，河南某钢结构公司要求长春某科技公司承担违约责任的诉讼时效起算点如何确定。诉讼时效主要针对债权请求权，人身权、物权请求权一般不适用诉讼时效制度。在合同关系中，债务人一方的合同义务构成债权人一方合同权利的内容。债务人不履行或不适当履行合同义务，构成对债权人合同权利的侵害，债权人由此取得请求债务人履行义务，承担相应民事责任的权利。因此，在合同纠纷案件中，诉讼时效起算点为债权人知道或应当知道债务人存在违约行为的时间。如果合同约定了履行期限（包括分期履行），从履行期届满时起开始计算诉讼时效期间。本案中，河南某钢结构公司主张长春某科技公司逾期完工、更换阳光板品牌需承担民事赔偿责任，那么诉讼时效起算点分别为长春某科技公司实际完工时间以及河南某钢结构公司知道长春某科技公司安装的阳光板品牌不是北京拜耳品牌的时间。根据原审查明的事实，完工时间是2006年9月15日，河南某钢结构公司曾于2008年4月17日向长春某科技公司发送《少林汽车公司联合厂房采光带、电动排烟窗索赔清单》，称因拜耳阳光板更换为普特阳光板，要求每平方米扣除30元差价款。在长春某科技公司向吉林省长春市二道区人民法院起诉河南某钢结构公司加工承揽合同一案中，河南某钢结构公司于2009年3月20日提出反诉，要求长春某科技公司支付其逾期完工违约金600000元和经济赔偿金270801元，后因河南某钢结构公司未交诉讼费，吉林省长春市二道区人民法院未予审理。从这两个时间点起算至河南某钢结构公司在吉林省长春市二道区人民法院提起反诉，没有超过二年诉讼时效，而且提起反诉造成诉讼时效中断，应重新计算，即在之后的二年内行使请求权，不会超过诉讼时效。但河南某钢结构公司直至2014年1月13日向河南省郑州市中级人民法院起诉已经超过了二年诉讼时效。

第二，二审判决认为“因长春某科技公司使用的阳光板是否符合合同约定，河南某钢结构公司就分包部分应承担的违约责任等问题需要河南某钢结构公司诉少林汽车公司建设工程施工合同纠纷一案的判决结果予以确定，因此河南某钢结构公司于该案终审判决作出之后提起本案诉讼，未超过诉讼时效”，没有事实和法律依据。首先，河南某钢结构公司和少林汽车公司之间的建设工程施工合同纠纷案，与河南某钢结构公司和长春某科技公司之间的建设工程施工合同纠纷案是两个独立的民事诉讼。它们是基于两个独立的合同关系而发生的争议。按照合同相对性原理，只有合同当事人向合同相对人承担民事责任。即使是第三人原因造成违约，根据《合同法》第一百二十一条[①]“当事人一方因第三人的原因造成违约的，应当向对方承担违约责任。当事人一方和第三人之间的纠纷，依照法律规定或者按照约定解决”的规定，也应分别解决。其次，河南某钢结构公司在少林汽车公司诉其一案中应否承担违约责任，不是长春某科技公司在本案承担违约责任的前提与基础。在实体处理上，人民法院应该根据两个合同分别约定的义务内容以及当事人是否全面适当地履行了义务，来确定合同当事人应否承担违约责任，即使在涉及总包合同纠纷案中，河南某钢结构公司承担了违约责任，在分包合同纠纷案中长春某科技公司也不一定承担民事责任。因此，河南某钢结构公司的权利是否受到长春某科技公司侵害，并不需要以河南某钢结构公司在其与少林汽车公司一案中承担违约责任为判断依据，而应以长春某科技公司是否违约为判决依据。

综上所述，河南某钢结构公司提起本案诉讼已超过二年诉讼时效，其已丧失胜诉权。长春某科技公司关于河南某钢结构公司提起本案诉讼超过诉讼时效的再审请求成立。一、二审判决适用法律错误，处理不当，应予纠正。

【律师解析】

本案主要争议焦点是关于建设工程质量索赔的诉讼时效。一审法院和二审法院均支持河南某钢结构公司的起诉未超过诉讼时效，再审法院最高人民法院认为河南某钢结构公司的起诉已经超过了诉讼时效。不同之处是对诉讼时效期间起算点认定不同。

最高人民法院认为河南某钢结构公司知道长春某科技公司安装的阳光板品牌不是北京拜耳品牌的时间为河南某钢结构公司起诉主张质量索赔的诉讼时效起算点，河南某钢结构公司曾于2008年4月17日向长春某科技公司发送《少

---

① 与本条相对应的条文是《民法典》第五百九十三条。

林汽车公司联合厂房采光带、电动排烟窗索赔清单》，称因拜耳阳光板更换为普特阳光板，要求每平方米扣除 30 元差价款。可以推知最迟 2008 年 4 月 17 日，河南某钢结构公司应该知道长春某科技公司安装的阳光板品牌不是北京拜耳品牌，应该知道其权利受到了损害，所以应自此起算诉讼时效。至 2009 年 3 月 20 日河南某钢结构公司在法院提出质量反诉，引起诉讼时效中断，诉讼时效重新起算，依据当时有效的法律规定，诉讼时效期间为两年。至 2014 年 1 月 13 日其向河南省郑州市中级人民法院起诉，已经过了 4 年 10 个月的时间，超过诉讼时效。

一审法院和二审法院以河南某钢结构公司与少林汽车公司之间的判决时间作为河南某钢结构公司起诉长春某科技公司诉讼时效的起算点，明显没有法律依据。

所以发包人主张建设工程质量索赔的诉讼时效应自发包人知道或者应该知道建设工程存在质量问题之日起算，如何认定发包人知道或者应该知道建设工程存在质量问题之日，人民法院应综合考虑各种因素确定。

三、建设工程工期索赔纠纷案件诉讼时效

建设工程工期延误的，发包人有权要求承包人承担工期延误违约金。如果工期延误是由发包人造成的，承包人有权主张发包人赔偿工期延误的损失，包括停工窝工的损失等。那么发包人或承包人主张建设工程工期索赔的诉讼时效期间如何起算，依据《民法典》第一百八十八条的规定，应自发包人或承包人知道或者应当知道建设工程工期延误之日起算。

如何确定发包人或承包人知道或者应当知道建设工程工期延误之日？根据建设工程的司法实践经验，一般情形下，实际竣工日期在合同约定的竣工日期之后的，或者在合同约定竣工日期届满之后，建设工程尚未竣工验收的，应认定为建设工程工期已经延误，发包人或承包人在合同约定的竣工日期应知道建设工程工期已经延误的事实。发包人或承包人主张工期延误索赔的，应自合同约定的竣工日期起算工期索赔的诉讼时效。在诉讼时效期间内，如发包人或承包人向对方主张过工期延误赔偿请求的，引起诉讼时效期间的中断。

典型案例解析

案例 10.3　发包人主张工期违约金的诉讼时效
——科技园公司与省外建公司建设工程施工合同纠纷案

【案例来源】

(2019) 鲁民终 2199 号、(2020) 最高法民申 3752 号

【基本案情】

2001 年 8 月 5 日，科技园公司与省外建公司签订施工合同一份，约定由省外建公司承建科技园公司发包的曲阜技术创新中心（孵化器）工程。合同约定的开工日期为 2001 年 8 月 5 日，竣工日期为配合土方开挖 8 月 5 日—15 日，主体 8 月 16 日—11 月 16 日，除内装修及外墙装饰 2002 年 4 月 20 日完成外，其余所有工程 2002 年 2 月 16 日完成。合同专用条款 35.2 条约定，工程每拖延一天竣工罚 10000 元人民币。

2001 年 12 月 28 日，科技园公司与省外建公司签订施工合同一份，约定由省外建公司承建科技园公司发包的曲阜技术创新中心 1—12 轴工程。合同约定的开工日期为 2001 年 12 月 28 日，竣工日期为与土建同步，不得拖延。竣工与装修日期一致。合同专用条款 35.2 条约定，无约定的，每拖延一天罚 2000 元人民币。

2002 年 6 月 8 日，科技园公司与省外建公司签订施工合同一份，约定由省外建公司承建科技园公司发包的曲阜技术创新中心（地下展厅）工程。合同约定的开工日期为 2002 年 6 月 8 日，主体竣工 2002 年 7 月 28 日。竣工日期为 2002 年 9 月 20 日。合同专用条款 35.2 条约定，工程每拖延一天竣工罚 10000 元人民币。

2004 年 6 月 17 日，科技园公司以案涉工程存在质量问题为由，将包括本案被告在内的设计单位、建筑单位、监理单位等 4 家公司诉至法院，要求各公司承担修复费用。曲阜法院于 2014 年 6 月 16 日出具（2004）曲民初字 1660 号民事判决书，判决各公司分别承担相应的修复费用。各公司不服，上诉至济宁市中院，济宁市中院于 2015 年 5 月 8 日出具（2014）济民终字 2639 号民事判

决书，判决驳回上诉，维持原判。山东省高院于2017年12月25日出具（2017）鲁民再325号民事判决书，维持了济宁市中院的2639号民事判决。

2006年，省外建公司诉至曲阜法院，要求法院判令科技园公司支付下欠的工程款。曲阜法院于2007年4月26日出具（2006）曲民初字1671号民事判决书，判决解除双方签订的三份建筑施工合同，并判令科技园公司向省外建公司支付下欠的工程款670余万元，该判决书现已生效。

2018年，科技园公司再次向曲阜法院提起诉讼，要求法院判令包括省外建公司在内的设计、建筑、监理公司承担其就案涉工程的投资损失。曲阜法院出具（2018）鲁0881民初1931号民事判决书，驳回了科技园公司的诉讼请求。2018年12月17日，济宁中院出具（2018）鲁08民终5663号民事判决，维持了一审判决。

2019年4月10日科技园公司向一审法院提出诉讼请求：一、判令被告支付原告工期违约金3000万元，利息自起诉之日起按照人民银行贷款利率计算至实际清偿完毕之日止；二、诉讼费用由被告承担。

【争议焦点】

本案科技园提出的工期违约金诉讼请求是否超过诉讼时效期间？

【法院裁判】

一审法院济宁市中级人民法院认为：曲阜法院（2006）曲民初字1671号民事判决现已生效，该判决书已解除了原、被告双方签订的三份建筑施工合同，原、被告于2007年4月26日和27日分别收到该判决书。《民法总则》第一百八十八条①规定，“向人民法院请求保护民事权利的诉讼时效期间为三年。法律另有规定的，依照其规定。诉讼时效期间自权利人知道或者应当知道权利受到损害以及义务人之日起计算。法律另有规定的，依照其规定。但是，自权利受到损害之日起超过二十年的，人民法院不予保护；有特殊情况的，人民法院可以根据权利人的申请决定延长”。根据该条规定，原告在案涉工程所涉的三份施工合同已被法院解除12余年后再次起诉，要求被告依照合同约定承担逾期责任，显然已经超过诉讼时效，依法应予以驳回。

---

① 《民法总则》修订后并入《民法典》，并于2021年1月1日被废止，与本条相对应的条文是《民法典》第一百八十八条。

二审法院山东省高级人民法院认为：本案一审中省外建公司已就超过诉讼时效问题提出了抗辩，而科技园公司是在案涉工程所涉施工合同已经被人民法院生效裁判确定解除十余年后，于2019年4月10日依据同一合同关系，向一审法起诉要求省外建公司依照合同约定承担工程逾期竣工责任，要求支付违约金3000万元。经审查，科技园公司主张存在逾期的三项工程，合同约定的竣工时间分别为2002年9月20日、2002年2月16日、2002年2月16日。经查，案涉工程已交付使用多年，合同约定的工程竣工时间距离科技园公司本次提起诉讼的时间，已超过十六年。科技园公司没有提交证据证明，此前曾就承担工程逾期竣工违约责任向省外建公司主张过权利。因此科技园公司的起诉已远远超过法定的诉讼时效，一审法院据此驳回诉讼请求正确。

科技园公司申请再审主张：1. 科技园公司在（2004）曲民初字1660号案中经再审认定案涉工程存在质量问题后才能确认省外建公司应承担违约责任，诉讼时效应自2017年再审判决书生效之日起算。2. 科技园公司在（2004）曲民初字1660号案中主张保留诉讼权利是行使诉讼权利的一种方式，产生诉讼时效中断的效力。科技园公司在（2015）曲商初字801号案中已主张违约金，证明科技园公司此前曾就案涉工程逾期竣工违约责任向省外建公司主张过权利。后因该案发回重审，科技园公司就违约金问题另行诉讼才产生本案。

再审法院最高人民法院认为：本案再审审查的争议焦点是原判决认定科技园公司提起本案诉讼超过诉讼时效是否正确。经原审查明，科技园公司与省外建公司签订的三份施工合同约定的工程竣工时间均为2002年，案涉工程未在约定期限内完工使工期延误的事实即已确定，科技园公司此时应知道其权利受到损害，诉讼时效自此开始计算。科技园公司主张需以另案裁判文书确认案涉工程存在质量问题为主张违约责任的依据，并以另案裁判文书的生效时间作为诉讼时效的起算时间，不具有法律依据。科技园公司主张其在（2004）曲民初字1660号案中保留了对其他损失进行诉讼的权利，但其后并未在法定期间内以工程逾期为由向省外建公司主张权利。科技园公司主张其在（2015）曲商初字801号案中主张了违约金，但此时亦超过了法定诉讼时效。科技园公司并未提交充分有效的证据证明存在诉讼时效中断的法定事由，原判决认定科技园公司的起诉已超过法定的诉讼时效，并无不当。

【律师解析】

本案发包人提起工期违约金之诉，三级人民法院均认定发包人的起诉超过了诉讼时效期间。关于建设工程工期违约金的诉讼时效期间的起算点，最高人民法院认定是合同约定的竣工日期，建设工程未在合同约定的竣工日期内完工的，发包人应该知道建设工程工期已经延误的事实。发包人认为工期延误给其造成损失的，主张按照合同约定要求承包人承担工期延误违约金的，应自合同约定的竣工之日知道其权利受到了损害，其主张权利的诉讼时效期间应自此起算。

另外，在诉讼时效期间内，发包人如向承包人主张工期违约金，会引起诉讼时效的中断。如果不存在诉讼时效中断的情形，诉讼时效期间届满后，发包人向承包人主张工期违约金的主张将不再得到人民法院的支持，即发包人丧失胜诉权。

律师提示，无论发包人或承包人，对建设工程工期延误索赔的诉讼时效期间自合同约定的竣工之日开始计算，如果不能在诉讼时效期间内提起诉讼或者申请仲裁，应及时向对方主张工期违约赔偿的请求，并保留相应证据。

图书在版编目（CIP）数据

建设工程纠纷案件疑难法律问题及案例精析 / 孔令昌编著. —北京：中国法制出版社，2022.4
ISBN 978-7-5216-2524-0

Ⅰ.①建… Ⅱ.①孔… Ⅲ.①建筑工程-经济纠纷-案例-中国 Ⅳ.①D922.297.5

中国版本图书馆CIP数据核字（2022）第023503号

责任编辑：朱丹颖（ss-nuannuan@hotmail.com）　　封面设计：杨泽江

建设工程纠纷案件疑难法律问题及案例精析
JIANSHE GONGCHENG JIUFEN ANJIAN YINAN FALÜ WENTI JI ANLI JINGXI

编著/孔令昌
经销/新华书店
印刷/保定市中画美凯印刷有限公司
开本/710毫米×1000毫米　16开　　印张/18.5　字数/248千
版次/2022年4月第1版　　2022年4月第1次印刷

中国法制出版社出版
书号ISBN 978-7-5216-2524-0　　定价：78.00元

北京市西城区西便门西里甲16号西便门办公区
邮政编码：100053　　传真：010-63141600
网址：http：//www.zgfzs.com　　**编辑部电话：010-63141667**
市场营销部电话：010-63141612　　**印务部电话：010-63141606**

（如有印装质量问题，请与本社印务部联系。）